實戰智慧館 482

巴菲特勝券在握

傳奇股神的投資奧義

The Warren Buffett Way

Investment Strategies of the World's Greatest Investor

By
Robert G. Hagstrom

羅伯特・海格斯壯　著

羅若蘋　譯

新版推薦文

投資理財專家好評推薦

有人問我：「價值投資是否已經無用？」那是因為多數人把股市看成是投機的場所，僅有少數人理解股市的漲跌主要是企業的盈餘推動，而成功的企業特質未曾改變，包括成長、資本報酬與競爭優勢。

閱讀本書，請把自己當成一位企業分析師，懂得挑出值得長抱的好公司，才是真正價值投資。如同巴菲特說過：「學投資的人只要把兩堂課學好：如何評估一家公司的價值，以及如何思考市場價格。」投資人僅需專心一志研究基本事實的簡單象徵，而不要依據市場的價格來做交易！

——Jenny Wang（JC趨勢財經觀點版主）

我們可以發現，「前所未見」這四個字在二〇二〇年可以說是不斷的重複出現。前所未見的疫情、前所未見的熔斷、前所未見的無限QE（量化寬鬆）、前所未見的負油價期貨報價……

在這些前所未有的動亂之中，持續複習巴菲特的選股智慧，確確實實的是「勝券在握」的唯一法則。

——雷浩斯（價值投資者、財經作家）

新版推薦文

投資人該向巴菲特學習什麼？

Mr. Market 市場先生（財經作家）

市場先生自己剛開始學習投資時，「巴菲特」三個字就不斷縈繞在耳邊，看到許多人向華倫・巴菲特（Warren Buffett）學習、致敬，談論他的投資方法，也觀察到有許多人宣稱自己的方法跟巴菲特類似。

後來我開始查閱關於巴菲特相關資料與書籍，在書局的架上，你可以找到一整列和巴菲特有關的書。實際上，巴菲特從來不談論自己投資方法的細節，他從來不會說自己的投資方法是根據某個固定的流程，或參考一定的指標數值來做出決定。坊間絕大多數的書籍，除了他每年寫給股東的信以外，作者都不是巴菲特本人，大多是透過巴菲特過去的採訪、每年的年報、投資紀錄，從隻字片語中，逐漸歸納的結論。而這本書也是其中之一，作者透過巴菲特過去大量的言論，提供一個完整的投資框架，歸納出巴菲特的投資邏輯，並藉由巴菲特過去實際的投資互相印證，對於想了解價值投資基本原則的人提供了一份完善的整理。

在研究巴菲特的過程中，也許你心中會有個疑問：「如果這些方法有用，那為什麼世界上沒有第二個巴菲特呢？」

我們看完書並不會變成巴菲特，原因是在資金、資訊、知識經驗上，一般人和巴菲特有極大的落差。

例如巴菲特一通電話就能聯繫到美國某間前五百大企業總經理，了解經營的概況與管理階層。巴菲特想買進時，有些時候他使用的是「收購」而不是單純買股票，除了買在更好的價格，也擁有更多影響經營的能力。即使只是一句「看好企業的前景」，對巴菲特和普通人來說可能就有完全不同的解讀。

儘管如此，這本書的作者依然提供了一些普通人就能做到的方法，只要做到這些事，即使我們不能成為巴菲特，但在投資裡面依然有機會避開許多危險，趨向更好的結果。

其中，市場先生認為有幾個簡單但非常重要的概念。

不要去管股價的漲跌變化

首先是：「不要去管股價的漲跌變化。」這件事聽起來很容易，但市場上超過九〇%的人都難以做到。

例如，絕大多數投資人害怕大跌，一遇到大跌就有許多人恐慌賣出。背後的原因是——

在絕大多數人心中，買股票並非在賺取企業的獲利和盈餘，而是在賺取買低賣高的價差。賺價差是一種投機行為，對投機者來說，由於無法確保未來長期的成果，因此一旦不如預期就會賣出。

但對於投資者來說，想法剛好相反，如果未來長期的投資成果能夠透過分析被預期，那麼大跌對投資者來說，就是一場跳樓大拍賣，能用更便宜的價格買到理想中的標的。

巴菲特說過：「如果你期望自己這一生都要繼續買進股票，就應該學會這種接受股價下跌趁機加碼的方式。

「對我而言，所謂的股票市場並不存在。它只是一個讓我看看是否有人在那裡想要做傻事的參考罷了。」

當我們在開始買股票之前，起心動念不同，追求的目標就會因此改變，進而得到不同的成果。

如果股價不該是投資的依據，那該依據什麼？

另一個很重要的投資概念是：「我們應該把自己當成企業擁有者。」

這不是往自己臉上貼金或者異想天開，而是股票真實的定義就是如此：股票是一家企業所有權的分割，擁有股票代表擁有分享企業未來利潤的權利，以及參與公司事務的表決權。

大多數人買股票，可能的想法是「買進一股，股價兩百元，每股盈餘（EPS）可以得到十塊錢。」

但巴菲特買股票，他的想法可能是：「這間企業市值一百億元，每年盈餘八億元。」一般人可能只會看到每股盈餘、股價、財務指標，也許最多再用幾個指標做檢查。但如果作為企業的擁有者，你會評估企業創造的利潤、實際能拿到手的獲利、企業利潤的來源、盈餘再投資帶來的報酬、企業的前景等等。

當你設定的自我角色不同，視野中所看到的事情就會不一樣。

當然，我們的確不可能真的去參與企業經營，會透過代理人去進行，因此這些代理人是否足以信任，勢必也是檢驗評估的一環。這點也許對一般人來說難以進行，但或多或少也有資訊可以依循。

你該承認自己不知道的事物

到這裡，也許你會思考：「可是分析很困難，那該怎麼辦？」

實際上，巴菲特的作法也給了我們最好的答案：「挑簡單的事情做，不懂就不要投資。」巴菲特說：「我所喜歡的企業，一定具有我所能了解，並且認定它能夠持續長久的經營優勢。

「投資成功與否並非取決於你了解的有多少，而是在於你能否老老實實承認自己所不知道的東西。」

這也是巴菲特的投資，往往聚焦在一些業務範圍簡單可理解的領域。例如：可口可樂、銀行、保險公司、食品公司、傳統媒體等等。當你專注在簡單、自己理解的領域，各種評估工作就會相對容易，預期之外的事情也會少，而且不需要多做些什麼事。

但絕大多數投資人在做的事情往往「完全相反」。

人們忙於尋找更多的可能性、更好的機會，想從更冷僻的地方，挖角到其他人還沒注意到的資訊，認為做越多研究，就能得到更好的成果。

這邏輯上似乎也沒錯，但這種方法也許僅限於專職投資人、研究員、基金經理人，不適合絕大多數資金少、時間少、資訊落後的普通人。

在投資領域更努力，成果往往不一定更好。

巴菲特說：「買進一家頂尖企業的股票然後長期持有，比起一天到晚在那些不怎麼樣的股票裡忙得暈頭轉向，絕對容易得多。」

投資裡最難，也最簡單的道理

最後談談投資最難，也最簡單的事情：「保持耐心。」

亞馬遜公司（Amazon）創辦人傑夫・貝佐斯（Jeff Bezos）曾經問巴菲特：「你的投資理念非常簡單，為什麼大家不直接複製你的做法呢？」

巴菲特說：「因為沒有人願意慢慢變富。」

在投資領域，如果想讓成果更好，也許我們需要改變的並非投資技巧，而是讓自己的心態和以前有所不同。

希望你閱讀這本書以後，對投資能有更進一步的收穫。

新版推薦文

市場很複雜，但贏家的原則卻很簡單

安納金（財經作家）

本書作者羅伯特·海格斯壯（Robert G. Hagstrom）過去曾以長達十年的時間追蹤觀察巴菲特的投資原則及其細節，寫成《巴菲特勝券在握：傳奇股神的投資奧義》一書，該書於一九九四年上市至今，全球銷售超過百萬冊，一九九六年在台灣發行中譯版，成為了我在大學時期相當重要的投資啟蒙書籍之一，也是市場上許多股票投資族耳熟能詳的經典著作之一。

這本著作自問世至今走過了二十多年，此時它的價值越發彌足珍貴！個人進入股市中，經歷二十三個年頭的翻騰與打滾後，深切體悟每一位投資人若要在股市獲取好的長期回報，未必需要具備高深的專業知識或者複雜的財務工程技術；相對的，唯有足夠冷靜、理性，且遵守一些簡單而基本的原則和紀律，方能獲致成功，甚至可以有超越指數的表現。如此的體會，也正呼應這一本經典著作所要傳達給我們的訊息。

哪些是可被羅列為投資世界裡「一些簡單而基本的原則」？作者於本書中歸納出巴菲特

做投資決策時依據的四步驟、十二個基本原則。當我因提筆寫推薦序而重新檢視書中的這些步驟及原則時，這才不禁讚嘆，每每發出共鳴、深有所感！並非之前讀過無感，也不是因時間相隔太久而遺忘了書中內容，而是震驚於「大道至簡」的這個道理，走過「見山是山，見山不是山，見山還是山」所描述的三種不同階段，當回顧自己一路以來的時間淬鍊，心中不免泛起層層波浪！

投資的世界廣大無邊，許多初學者往往憑藉個人喜好或者機緣，有意或無意地接觸到某種面向的分析方法或投資交易模式（最常見的是技術分析、財報分析，或者近幾年流行的「存股」方法），而成為他們進入市場拚搏的準則，也是烙印在他們心中深信不疑的教條。然而，市場永遠會以不同的樣貌來考驗每一位投資人，他的方法是否經得起考驗？他的信念是否堅定不移？他的紀律是否貫徹到底？市場永遠會在未知的時間裡，以出其不意的方式，讓不同投資信仰的人陷入一段「完全失靈」的環境，讓原本深信自己可以是贏家的人輸得一塌糊塗，慘敗到信心全無。這就是市場，它絕對可以摧毀任何一種投資人的信念，無論他原本深信的是技術面、基本面、籌碼面、消息面、總體面，還是其他各個面向。市場的殘酷多變、重重的考驗，讓原本見山是山的人，因此見山不再是山。

也唯有遭受過市場的洗禮，走過「見山不是山」的階段，投資人方能適時體認到自己的渺小與不足，於是展開更開放的學習之路，這才開啟成為一個贏家的途徑：開放的心胸、廣泛的學習，而在至少兩次的大空頭洗禮之後，成為一個成熟穩定的成功投資者，最後達到「見山還是山」的境界。當我們經歷過大風大浪之後，看透了市場的本質，對於投資的基本原則也才漸漸地了然於胸。對我而言，相隔二十多年再度翻起手上這一本已經暢銷全球百萬冊以上的經典著作，此時更加有感而發，心情有如辛棄疾的那段經典詞句：「眾裡尋他千百度，驀然回首，那人卻在燈火闌珊處。」

如果投資可以簡單，誰想要複雜？我認為，金融市場確實複雜、多變，而且也不斷在汰舊換新；然而，投資的道理卻是如此簡單、顯而易見，而且恆常不變、歷久彌新。例如，此書當中的一道重要原則：「把重點集中在股東權益報酬率，而不是每股盈餘。」就點出許多投資人過度地追求未來獲利，以及股票分析師們永遠沒有估準的EPS，忽略了之所以投資於一家公司，成為該公司的股東時，真正最重要的事：股東權益報酬率。因此，巴菲特說過：「我們在投資的時候，要將自己看成是企業分析家，而不是市場分析師或總體經濟分析師，更不是股票分析師。」這就是一個大道至簡的例證，但市場的混亂總是把投資人搞糊塗而忘本了。

此書當中所列舉的十二個原則，對我的啟發層面既深且廣，有道是「合抱之木，生於毫末；九層之台，起於累土；千里之行，始於足下」最適切不過了。每一道原則都是如此的清晰、簡單而恆久不變；經過自己二十多年來的股海翻騰、進進出出，到最後來看，這些原則對我仍簡單好用，並且讓我心中十分踏實。

作者表示，巴菲特也將這些原則當成他主要負責的投資控股公司——波克夏哈薩威（Berkshire Hathaway）的準則。他在自己購買的企業中尋找這些特質，同時也期望每天走過自己辦公室門口的時候，也能夠看到自己的公司擁有同樣的特質。願你和我一樣，亦能在心中引起對此書的共鳴；也願你我和巴菲特一樣，在投資世界裡獲得長期而穩定的優渥回報。

願善良、紀律、智慧與你我同在！

深入導讀

股神出招，名不虛傳

陳忠慶（前群益投信總經理、中國多家基金公司顧問）

進入本篇導讀的主軸之前，我們先來看看幾則有關華倫．巴菲特的報導及評析。

美國的美國銀行（Bank of America）二〇一一年八月二十五日發布聲明指出，巴菲特主持的波克夏公司將投資五十億美元在該銀行，並取得五萬股沒有到期日的優先股及七億股普通股的認股權證，認購價是七．一四美元，執行效期十年。

美國銀行今年以來的股價至八月二十四日已暴跌四八％，巴菲特入股消息一出，二十五日股價一度飆漲二六％，收盤以七．六五美元作收，比前一日上漲九．四％。

巴菲特的這項投資，根據光譜（Spectrum）資產管理公司投資長賈柯比（Phil Jacoby）推估，以美國銀行二十五日的收盤價計算，優先股價值約為三十五億三千萬美元，認股權證約值二十七億三千萬美元，合計六十二億六千萬美元，相對於巴菲特的投資額五十億美元，一日就賺進近十三億美元，獲利率逾二五％。

相關評論是，股神出招，名不虛傳。

另外，稍早的報導指出，八月十五日，巴菲特接受美國公共電視台訪談，他在節目中說：「上週一，我們在股票市場的買入資金超過二〇一一年的任何一天。」其中所謂的「上週一」就是美國主權債信評等被降級的首個交易日——八月八日，當日道瓊指數暴跌六三四．七六點，跌幅重挫五．五五%，為二〇〇八年十二月以來單日最大跌幅。

逢低買進，危機入市

這顯示巴菲特又一次在市場大跌時趁低買股，他在八月十一日也對美國《財星》（*Fortune*）雜誌表示，目前沒有跡象顯示新的衰退在逼近，他正利用市場大跌的機會進場低接，他說：「跌得越厲害，我買得越多，我們正在進場。」於是，大陸媒體對巴菲特逢低進場的手法下了這樣的標題：〈為什麼抄底的又是巴菲特？〉。

巴菲特真的這麼神嗎？在很多人心目中的確很神，上網搜索他的名字，還可以看到大學舉辦的「巴菲特青年營」、銀行辦的「少年巴菲特理財營」，各式各樣諸如「行銷巴菲特」、「向巴菲特學習」、「你也可以成為巴菲特」等之類的課程充斥；還有，國內基金公司（投信）要募集新基金，也會拿巴菲特做為榜樣，強調巴菲特看好消費類股，在他的第二季股票投資組合中布局四〇%的消費類股，藉此推銷新推出的新興消費商機基金。

想和巴菲特沾上邊的方式還有以「挑戰巴菲特」、「勝過巴菲特」為口號，推銷著作、課程或招募投顧會員。

這種種跡象顯示，巴菲特無疑已被視為投資的成功典範，將來也會是如此。不過，總有人不這麼認為，像最近大陸比亞迪汽車公司宣布要大裁員七〇％，之前股價連番重挫，已從二〇〇九年十月的最高點八八．四港元跌至二〇一一年八月底的一五．九八港元，股價嚴重縮水八〇％，就讓不少人質疑當初巴菲特入股比亞迪一〇％股權的眼光，股神還是會失手、失算？

巴菲特是二〇〇八年九月透過波克夏公司以每股八港元收購比亞迪一〇％的股權，交易金額為十八億港元，當時也被認為是在金融海嘯比亞迪股價重跌後抄底，此後股價果然一路上撈，最高點時巴菲特的帳面獲利一度超過十倍。

雖然質疑的聲音紛紛出現，但仍有人認為不到三年的投資還是有近倍的獲利，並非失算。而稍早國內電子業大廠鴻海董事長郭台銘，在股東會談到比亞迪和巴菲特時，則不認為巴菲特是股神，直斥比亞迪和巴菲特的結合，只是「一個吹牛的加上一個炒股的」所造就的神話。這應該和鴻海與比亞迪纏訟經年有關，巴菲特算是樹大招風，被颱風尾掃到。

一舉一動始終動見觀瞻

總之，巴菲特至今仍動見觀瞻，一舉一動都引人注目。儘管他自己也承認自二〇〇八年金融風暴以來做了一些「蠢事」，幾樁投資案接連失利，但如果看二〇一一年第二季波克夏公司的獲利，淨利仍達三十四億二千萬美元，比去年同季的十九億七千萬美元成長七四%，他仍然是眾人稱羨的投資贏家。

另一些數據也可以彰顯巴菲特的投資成就無與倫比。本書作者羅伯特．海格斯壯於一九九五年曾在書中做了一項統計，自巴菲特一九六五年開始掌理波克夏後，三十年間，每年平均帶來的複利報酬率是二三．三%，這可是驚人的成功投資成果。

如果我們再比較一下波克夏當年淨值只有二千二百萬美元，如今已高達一千六百三十億美元（至二〇一一年第二季），巴菲特掌舵的四十五年半期間，淨值暴增至七四〇九．一倍，年平均複利報酬高達二一．六三%。想想看，這期間發生了多少全球性經濟及金融危機，波克夏仍能屹立不搖且有高獲利，這種成就可說是無人能及。

很多人可能會說，這樣的成就和我們距離太遠了，不論是專業的機構投資人（基金、證券自營商、企業自有資金操盤手、政府基金）或一般散戶，自從十多年前華文報刊、書籍、部落格開始報導、介紹巴菲特以來，有多少人敢聲稱師法、學習或複製巴菲特投資法而成功獲致傲人的投資績效？

的確可能不多，但不代表巴菲特的投資操作策略或方法不適用於我們。我在金融理財圈打滾已近三十年，看到太多人手握資金在市場中起起伏伏，最終總因沒能理性面對行情、讓情緒左右投資而賺少賠多，以失敗收場。

投資要賺錢，頭腦清醒、理性而不受情緒左右十分重要。偏偏股票市場是一個不理性的市場，是情緒聚積場所，各式各樣人的喜、怒、哀、樂、興奮、抑鬱大量匯集激盪，於是多數人的投資結果都事與願違。

對專業的機構投資人來說，從進行投資判斷與決策到真正下單買賣，都有一定的作業流程與機制，以避免相關人員陷入不理性與情緒化。所以我認為，一般散戶若能掌握類似的原則、方法與投資流程，也可以讓自己不隨波逐流、追高殺低，落得血本無歸。

以巴菲特來說，他的成功建基於投資策略始終如一，而他被視為獨特的投資策略，卻是以常識或一般知識為基礎，堅守某些原則，不盲目隨從股市各式各樣的投資方法或策略。

不奇特卻創造高獲利

其中他信守的原則，也是建基於一般人都能理解的種種認知，例如選擇一個企業的股票來投資，該企業是否簡單且易於了解？是否有穩定的經營史？長期的發展遠景是否看好？經營階層是否理性？對股東是否坦白？是不是能夠不被市場拖著走？獲利情況是否夠好？能為股東創造多少利潤？若要投資，該企業有多少實質價值？能否在市價低於實質價值時買進

（撿便宜）？凡此種種，我們當中的多數人可能都會視為理所當然，不論是頂下一家小店或參與企業投資（不論是否參與經營），對前述的各重點都會在意。

奇怪的是，多數人投資股票時就會忽略這些重點，只在意短期股價變動、資金的聚散、人氣的起伏，以及種種技術分析指標的變動，情緒也隨之上上下下，導致不易做理性判斷。

這是因為多數人都受到現有的股票交易方式的影響和限制，只知在買進和賣出間追逐價差，而忘了（或根本不知）買賣股票原本只是轉移股權，持有股權原本是做為股東，股東的權益則是來自於企業營運所獲致的利潤。做為股東原本是希望能從企業不斷獲利、不斷成長中，收取其源源不斷的成功經營成果。股票市場只是方便股東轉移股權，但由於現代面貌的股市運作，買賣股票賺取價差反而成為投資股權的主要目的，持有股權等待分配股利則淪為被套牢的不得已做法。

巴菲特的獨特投資策略扭轉了這種不正確的投資觀及操作手法，如果我們還給股權投資原有的面貌，他的投資法其實稱不上獨特，因為根據常識，多數人會和他一樣重視那些層面與原則，會採取和他一樣的作為，但就是因為整個證券市場已發展成另一種面貌，以另一種模式在運作，許許多多的人已經以異於巴菲特的方式或策略在進行所謂的投資，所以他那種「普通」的投資考慮、原則及策略才會顯得獨特，這實在是十分諷刺的事。

只是，事實證明，他的老古板投資策略確實管用，在這本書中，作者羅伯特．海格斯壯為他的投資策略所造就的空前成功做了種種見證，從他創立合夥投資事業，到實際參與企業經營，到以他的投資考慮、原則及策略在市場中精挑細選有獲利能力、可以為他帶來利潤的上市公司投資，造就了個人及投資人可觀的報酬，都做了詳細的論述。

十二原則帶來成功

閱讀這本書，我們可以看到巴菲特以他過人的才識，加上他在企業、市場中的親身歷練，信守他用來做為投資決策的原則、策略，小心謹慎的進行每一種投資；尤其是他挑選做為永久持股（華盛頓郵報、蓋可保險、首都／美國廣播公司、可口可樂）、收購企業、投資固定收益有價證券以及數種他認為值得投資的好股票的詳細過程，及種種評估、考慮和時機的拿捏，幾乎就是冷靜、理性、成功投資的親身示範。

最重要的是，本書告訴我們，投資要成功賺錢並不需要高深的股票投資「專業知識」或技術，只要冷靜、理性，運用一些簡單的方法就可以獲致成功。作者根據巴菲特過去的投資案例，歸納出他做為決策依據的基本原則，並區分為四類：

一、企業原則

- 這家企業是簡單可以了解的嗎？
- 這家企業的經營歷史是否穩定？

‧這家企業的長期發展前景是否看好？

二、經營原則

‧經營者是否理性？

‧經營者對公司股東是誠實坦白的嗎？

‧經營者是否會盲從其他法人機構的行為？

三、財務原則

‧把重點集中在股東權益報酬率，而不是每股盈餘。

‧計算出「股東盈餘」。

‧尋找高毛利率的公司。

‧對於保留的每一塊錢盈餘，確定公司至少已創造了一塊錢的市場價值。

四、市場原則

‧這家企業的價值是什麼？

‧這家企業是否能以顯著的價值折扣購得？

根據這些原則，巴菲特的投資策略很簡單，那就是：步驟一、不理會股票市場每日的漲跌；步驟二、不擔心經濟情勢；步驟三、買下一家公司，而不是股票；步驟四、管理企業的投資組合。

從前兩個步驟可以知道，巴菲特並不做短線進出，「股票市場是狂歡與抑鬱交替發作的場所」，注意股票市場的目的，只是想確定「有沒有人最近做了愚蠢的事，讓我有機會用不錯的價格購買一家好企業」。

至於步驟三，可以知道，巴菲特投資企業的股票，不論是否參與經營，都在意這家企業的營運績效、獲利能力、實質價值，以及能否以好的價錢買進，於是他會運用前述的十二個原則做為評量的依據，以企業主的立場去看待。事實上，股東本來就是業主，原本就該關心這些層面，只是太多投資股票的人把自己看作是投資人，而無意成為股東，所以才會只在意股價的每日變動。但巴菲特證明，以買公司的立場做評估，投資獲利絕對大於只想賺差價，而且長期如此。

第四個步驟也是以企業主的立場、心態進行投資，所以不會在股價有所變動時，將手中一種以上的持股（即投資組合），隨著差價的高低，任意拋售。很多投資人會把差價最大的股票脫手獲利了結，這是因為他們只是短視的注重差價利得；但如果以管理企業的角度來看，就不會出售手上持有的最強企業的股票。這兩種策略的差異是，最後的勝利總是那些持有最強企業並持續獲利的人，貪圖價差往往把獲利賠給錯誤的買賣進出。

巴菲特就是利用如此簡單的投資原則以及策略創造了他的龐大財富。他小心謹慎，只投資他了解的行業、企業，拒絕投機，所以風險極小甚至沒有風險。他相信長期績效，選擇企業重視四、五年的營運績效，而不是年度表現，所以長期平均報酬率幾乎都能擊敗整個股市的平均值（以標準普爾五百指數為代表）。

投資，要用經營者的角度

閱讀本書，令我有一種深獲我心的感覺，因為，我個人本不是財經背景出身，會投入理財投資相關行業，純粹是因為參與證券市場投資，才點滴累積相關知識。但也因為沒有財經背景，所以我是以常識為依循去了解投資市場。結果，我有很多想法與做法竟與巴菲特不謀而合，具備了若干相同信念。

譬如說，我一向強調長期投資，每月存七千元，三十年可以有一億就是典型的提倡長期投資。而且，我還指出這期間可以不必注意經濟景氣循環、不必在意股票市場的起落，純然是以常識及身邊的現象做為判斷依據。這與巴菲特的投資策略步驟一和步驟二雷同。

但巴菲特更值得學習的是步驟三和步驟四，強調不論是否參與經營，要以企業主的立場、心態去挑選、注意企業，才能進行投資。當然，台灣的股市無論規模、發展的歷史、制度及管理都還不夠完備、成熟，上市公司要能經得起巴菲特式的檢驗，恐怕也是寥寥無幾，但這套投資法還是可以對有意自己投資股票的人有幫助，以選擇貨真價廉的投資標的。對於企業經營者，更可以在擴展經營版圖時利用他的方法走得更穩健踏實，十分值得國內的財團經營者參考。

只是，有人可能會說，企業經營者利用巴菲特的方法來評價企業的營運績效、獲利能力、實質價值可能沒有困難，但一般社會大眾恐怕會有問題，因為巴菲特的十二個原則毫無疑問涉及多數人視為畏途的財務分析，並非一般人都能勝任。

這種說法有部分道理，但財務相關分析真的那麼難嗎？其實本書中有相當多的篇幅是針對巴菲特所挑選的企業（包括永久持股及非永久持股），一家一家詳細地根據十二個原則剖析，所涉及的財務分析數據如何得來也做了說明，並沒有十分艱難；很多資料及數據在上市公司的年報及季報中都會揭露，並不需要投資人親自計算分析，反而是了解巴菲特的評價原則後，原來季報或年報中所載的資料及數據變得更具實際用途，讓投資人更懂得如何閱讀年報或季報以及其中的財務報表。

挑股票的「明牌」

其實，我個人覺得本書引人入勝之處可以說就是這類分析，讀者可以把第四章到第八章詳述的對各投資標的的評量，及巴菲特所採取的投資行動當作是示範，也可以視為投資「明牌」（已經詳細說明了為什麼可以投資，獲得了多少利潤以及前景如何看好），最重要的是可以學習如何以同樣的方法評價、挑選國內的上市公司。

當然，其他章節也充滿了不少足以啟發讀者，可以幫助投資人投資制勝的內容，揭示了一位成就無與倫比的偉大投資者的思維、信念、投資觀和成功之道。

例如巴菲特只投資他了解的企業（不像我們的投資人多數是聽明牌逐勢進出），或具有競爭優勢的企業（如特許行業或寡頭壟斷）；他認為營運良好的大企業有暫時性麻煩或整體股市下跌，而使得股價下跌，正是進場撿便宜時，而不是隨著市場的脈動殺低；投資時巴菲特是觀察一家公司的全貌，但大多數投資人則只觀察一家公司的股價變動；巴菲特重視經營者的誠實、坦白，能否為股東利益著想，一般投資人則只重視股價是否會攀升（國內投資人更會寄望「公司派」會放利多拉抬股價）；凡此種種，都不是高深的道理，可以說是以常識出發，但卻可獲致成功的投資結果。

所以，透過這本書，可以讓我們反思，投資獲利其實不難，只要穩紮穩打、有耐心、紀律，不要想一步登天就好了。多數人投資賠錢，就是因為想一步登天，短期獲取暴利，結果淪為投機，當然就賺少賠多。

《巴菲特勝券在握》是一本難得的好書，值得反覆再讀，用以汲取巴菲特投資策略的精髓，在投資市場中長期獲利。

巴菲特
勝券在握

目錄

原文序

巴菲特的關鍵投資決策

彼得．林區（知名投資家）

一九八九年初，我在家的一個週末夜晚，電話鈴響了。當時十一歲的次女，安妮，第一個接起電話。她告訴我是巴菲特打來的，我想這一定是開玩笑。打電話來的人開口說：「我是來自奧瑪哈的華倫．巴菲特（好像怕我會把他與其他的華倫．巴菲特搞混似的）。我剛看完你的書，我好喜歡它，而且我想要引用你的一句話，放在《波克夏年報》（Berkshire Annual Report）中。我老是想寫一本書，但從未開始。」他說話非常快速，言語中充滿了熱情，在十五或二十秒內說了大概四十個字，包括一些大笑和哈哈的笑聲。我立即同意他的請求並和他談了五至十分鐘。我記得他最後說：「如果你到了奧瑪哈，卻不過來拜訪我，你將會在內布拉斯加州名聲掃地。」

顯然我不想在內布拉斯加州名聲掃地，約六個月後，我依他的囑咐前去拜訪。巴菲特讓我參觀他辦公室的每一個地方（那並不需要花很長的時間，因為他所有的工作所需就塞在小於半個網球場的空間），我對所有十一個員工打招呼。在那裡看不到一部電腦或股票行情螢光幕。

約一小時後，我們到了當地的一家餐廳，在他的指引下，我吃了一客非常棒的牛排和三十幾年來第一次喝到的櫻桃可口可樂。我們討論孩童時期的工作經驗、棒球和橋牌，並對我們過去曾經投資的公司交換意見。華倫和我討論或回答波克夏擁有的每一種股票，以及相關的操作問題（他從不稱他的公司為波克夏哈薩威）。

投資要守紀律有耐心

為什麼巴菲特是歷史上最優秀的投資人？他做為一個個人、股東、經理人和一家公司的所有者是什麼樣子？《波克夏年報》有什麼特別之處？為什麼他要花這麼多的心血在這裡面？我們能從中學到什麼？為了嘗試回答這些問題，我直接和他討論，並且重讀那最後五年的年報和他早期當主席時的報告（一九七一和一九七二年的報告各只有兩頁的文章）。除此之外，我也和九個在過去四到三十幾年來，曾與巴菲特有密切關係的人談過，他們和他分別有不同的關係，並各有不同觀點，這九個人分別是：傑克·伯恩（Jack Byrne），羅伯特·丹漢（Robert Denham），唐·奇奧（Don Keough），卡洛·露米斯（Carol Loomis），湯姆·墨菲（Tom Murphy），查理·孟格（Charlie Munger），卡爾·雷查德（Carl Reichardt），法蘭克·

隆尼（Frank Rooney），和塞斯．休菲爾德（Seth Schofield）。

單從他個人的特質來講，受訪者的反應是相當一致的。首先，巴菲特非常知足。他愛他所做的一切，喜歡與人相處，喜愛閱讀大量的年刊、季報和多份的報紙及各類期刊。身為投資人，他有紀律、耐性、彈性、勇氣、信心和決心。他總是在尋找無風險或風險最少的投資標的。此外，他非常善於機率計算，並總是穩操勝算。我想這應該歸功他對簡單數學計算持續的熱愛，和對橋牌活動保持一種積極參與的熱中精神，以及在高風險的保險和再保險行業裡的長期經驗，培養出能承擔高風險的忍受力。他非常樂意接受在那種血本無歸的機會下，而實際報酬卻很豐厚的冒險。他列出自己的失敗和錯誤紀錄，卻不提出任何辯解。他喜歡開自己的玩笑，卻能客觀地稱讚他的同仁。

巴菲特是個偉大的商業研究者，也是一位不可思議的聽眾，他能迅速準確判斷一家公司或一個複雜議題的主要因素。他能在短短的兩分鐘內便決定不做某項投資，並只根據幾天的研究，就判斷出現在是該進行重大投資計畫的時候。他總是隨時做好準備，就如同他在某年度報告時所說的，「諾亞並不是在已經開始下大雨的時候，才著手建造方舟。」

做為一名經營者，他幾乎從不打電話召喚各部門負責人或公司主管，反倒很高興他們不分晝夜隨時打電話要求他做報告或提供諮詢。在投資某支股票，或併購一家公司的行動結束之後，他成了啦啦隊和回音響板，以棒球管理來比擬，「在波克夏我們不用去告訴一個打擊率四成的打擊手如何揮棒」。

巴菲特的自學精神以及適應環境的能力，能從公開演說和使用電腦看出端倪。一九五〇年代，巴菲特投資一百美元上卡內基課程，他說，這麼做「不是為了讓我在演說的時候膝蓋不發抖，而是要學會，當膝蓋正在發抖的時候，還能繼續發表演說」。在波克夏的年會，面對兩千多名聽眾，巴菲特和孟格同坐在講台上，在沒有講稿的情況下，他發表演講並回答問題，這讓威爾．羅傑斯（Will Rogers）、班．葛拉漢（Ben Graham）、金恩．所羅門（King Solomon）、菲爾．費雪（Phil Fisher）、大衛．萊特曼（David Letterman）和比利．克里斯多（Billy Grystal）等人十分開心。為了能夠多玩橋牌，一九九四年年初，華倫學習使用電腦，如此他便能夠經由網路，參加來自全國其他地區的玩家的牌局。也許在不久的將來，他將開始從電腦網路上擷取數以百計的電腦資料和信息，做為投資研究的參考，這些資訊服務在今日的公司都可取得。

如何運用巴菲特的投資策略？

巴菲特強調成功投資的重要因素，取決於企業的實質價值，和支付一個合理划算的交易價格。他不在意最近或未來一般股市將會如何運作。一九八八年和一九八九年他購買了十億美元的可口可樂股票，這些股票在六年上漲了五倍，在過去六十幾年來則陸陸續續共漲了五百倍。三年裡，他靠可口可樂的股票將手中的錢變成了四倍，更計畫在未來的五年、十年和二十年內賺更多的錢。一九七六年，當政府員工保險公司（Government Employees Insurance Company, GEICO，編註：簡稱蓋可保險）的股票從一股六十一美元下跌到二美元，且一般人都認為其股價絕對會降至零的時候，他反而大量買入，成為蓋可保險主要的股權所有者。

一般投資人如何應用巴菲特的投資策略呢？巴菲特從不投資他不了解的企業，或是在他的「競爭優勢圈」外的企業。所有的投資人都可以在投入大量的時間後，獲得或增強他們的「競爭優勢圈」，不過先決條件必須是圈內的、自己專精的或是樂於研究的產業。一個人在他的一生當中，未必每次都得分毫不差，正如華倫說的，在他四十年的職業生涯裡，只有十二個投資決策，造成他今日與眾不同的成功地位。

如果能強迫投資人更謹慎透徹做好投資研究，只要專注於持有少數幾種股票，便可以大大降低投資風險。通常，超過七五％的波克夏普通股持股，僅由五種不同的有價證券組合而成。本書一再強調一個原則：當大企業有暫時性的麻煩或股市下跌，並創造出有利可圖的股價時，應進場買下這些大企業的股票。不要再試著預測股票市場的方向、經濟情勢、利率或選舉結果，並停止浪費金錢在以此糊口的人身上。研究公司的現況和財務情形，並評估公司將來的展望，當一切都合你意的時候，就買下它。許多人盲目投資，從某方面來說，這就像通宵玩牌，卻不曾看清手中的牌一樣。

當蓋可的股價降至每股二美元，或當許多專家都認為富國銀行（Wells Fargo）或通用動力公司（General Dynamics）的情況很糟，使得投資人的信心備受打擊時，很少投資人會有知識和勇氣下決心去購買這些公司的股票。然而，巴菲特所買的卻是獲利紀錄良好、經營得法的公司，而且在市場上是強勢獨占的企業，例如首都／美國廣播公司（Capital Cities／ABC）、吉列（Gillette）、華盛頓郵報公司（Washington Post）、聯合出版社（Affiliated Publications）、房地美（Freddie Mac），或可口可樂（其中可口可樂已替波克夏哈薩威賺進六十億美元的利潤，或六十億美元的股東權益）。

除了波克夏的股東們一直接受其指導之外，巴菲特也利用《波克夏年報》讓一般大眾成為更佳的投資人。提到他的家庭，他是報紙編輯的後裔，而他的姑媽艾麗絲則是任職公立學校三十幾年的教師。巴菲特喜歡從事企管教學和著書工作，尤其是投資方面。二十一歲時，他自願在奧瑪哈的內布拉斯加州大學教書。一九五五年，還在紐約工作的時候，他在斯卡斯戴爾中學（Scarsdale High School）裡教授有關股票市場的成人教育課程。從一九六〇年代末至一九七〇年代的十年裡，他免費替克萊頓大學（Creighton University）上演講課程。一九七七年，他任職於艾爾．商默二世（Al Sommer, Jr.）所領導的委員會，大力鼓吹證券交易委員會致力於企業資訊透明化的原則。在他參與此委員會之後，一九七七年後期和一九七八年初期所出版的《一九七七年波克夏年報》，在內容上有了大幅改變。內容的格式比較類似於那些他從一九五六到一九六九年所寫的合夥人報告。

《波克夏年報》已成投資教材

從一九八〇年代初開始，《波克夏年報》開始告知股東控股公司和新投資的績效，並提供最新的保險和再保險產業的狀況，同時（自從一九八二年以後）也列出了有關波克夏併購企業的標準，這報告提供了許多例子，並運用了大量的比喻、寓言和隱喻，解釋投資股票時的騙局和禁忌。

巴菲特替波克夏未來的績效設定了很高的標準，從長期面來看，他希望公司的實質價值每年能逐漸增加一五％，從一九五六年到一九九三年，除了他自己以外，沒有人會訂下如此嚴格的標準。他曾說公司的規模越大，想維持這個標準也越困難，但總是有機會，波克夏一直保有許多現金以備隨時投資所需，而且公司每個年度的現金也一直保持成長。他的信心可由一九九三年六月的年報第六十頁最後幾個字看出，「波克夏從一九六七年以後，還沒有配發過現金股利。」

巴菲特曾提過他一直想寫一本有關投資的書，希望未來付諸實現。然而，在那之前，他的年報內容充滿著類似十九世紀作家如：愛倫·坡（Edgar Allen Poe）、薩克萊（William Makepeace Thackery）和狄更斯（Charles Dickens）等，以連續體寫成的文章。一九七七年到一九九三年的《波克夏年報》，就是那本書裡的十七個章節。同時在此，我們現在有《巴菲特勝券在握》這本書，海格斯壯不僅刻畫巴菲特的職業生涯，而且舉例說明他的投資技術和方法是如何形成的，同時也提及在這過程中，對其有重要影響的人物。本書也細述了造成巴菲特無與倫比成就的關鍵投資決策，揭示了一位不斷創造財富的投資者，他的思考方式和哲學觀以及他的生財之道。而最重要的是對任何人而言，無論其財富多寡，巴菲特的策略都一樣有效。

自序

真正了解巴菲特的方法學

羅伯特・海格斯壯（本書作者）

華倫・巴菲特是個讓人吃驚的人。不僅是他已成為美國投資權威中的權威，他在投資上的成績更無人能比，這要回溯至數十年前。巴菲特個人的財產淨值已超過一百億美元，這完全直接來自他對投資的悟性。然而，他個人風格和氣質，與你所期待的百萬富翁典型迥然不同。他領導的波克夏哈薩威總公司不在紐約，而在內布拉斯加州的奧瑪哈市；他自己開車、繳稅；他親切、仁慈又誠實；他也非常聰明、行動敏捷和直覺敏銳；他熱情豐沛、魅力天成。巴菲特博得媒體以及大小投資人對他的喜愛。

本書的原始版本（精裝本）銷售成績突出，身為本書作者，與有榮焉。但無庸置疑的，這份殊榮應歸功於巴菲特。當投資人對投資市場迷惑甚於理解時，毫不令人詫異的是，全球各地的投資人熱中於巴菲特的投資方法和理念。

巴菲特的投資策略核心是「買進—持有」（buy-and-hold），直接訴求大眾。買進優良企業，持有這個投資數年，然後從企業經營狀況獲利。這個觀念簡單又直接，投資人容易明瞭這個方式的原理。巴菲特的吸引力是雙重的：首先，他是「買進－持有」投資策略的代表，其次，他剛好因善於運用這種投資方式而致富。

不用硬K兩吋厚的投資手冊

我認為這本書描述的是個簡單的方法。不用學電腦程式，也不用硬K兩吋厚又難懂的投資銀行業務手冊。不論你的資本財力足以買下一家公司十分之一的股份，或僅足以購買一百股，本書皆可助你獲得有利的投資報酬率。但千萬不要以巴菲特為標準來評斷自己。他的聰穎、資源、強大的直覺，以及數十年在企業投資和經營所累積的經驗，都使你不太可能獲得相仿的報酬率。相對的，你應該和你同級的團體比較，不管它是成長型共同基金、指數基金或整個投資市場。

你必須願意深入研究你想投資的公司，對市場的短期波動，你的情緒也必須保持處變不驚，這樣才能成功。若常常需要來自股票市場的印證，你從本書獲利的可能性必然減少。但若你能獨立思考，並運用簡單的方法，又有勇氣堅持信條，則獲利的機會就會大為增加。

從本書出版那年起，無論是巴菲特或波克夏哈薩威都發生相當多的事。因此，書中的內容也隨之做了調整，以反映巴菲特當時的投資。

當時發生的最著名事件就是媒體廣為宣傳的迪士尼公司（Disney）併購首都／美國廣播公司。這次併購是有史以來第二大宗企業收購案例，而巴菲特也因此成為迪士尼公司最大股東之一。本書第八章對此併購有清楚說明和分析。本章在平裝本中是全新的一章，同時收納了巴菲特當時另外四個收購，亦即甘尼特公司（Gannett）、匹茲堡國民銀行企業（PNC Bank Corporation）、所羅門股份有限公司（Salomon, Inc.）以及美國運通（America Express）。

在修訂版本中，我們做了一點編輯修正，更新了幾個表格。在附錄的估價表中，特別採用書中的「股東盈餘」（owner-earnings）一詞，取代原先較含混的「現金流量」（cash flow）。且將表中的「K」定義為貼現率，通常相當於三十年期美國國庫債券利率。但你會看到當利率呈週期性下跌時，巴菲特有時會將貼現率調整，而高於債券利率。

當時即使有了這些修訂，但本書所列舉的原則並沒有改變，「那就是為什麼會被稱為原則。」巴菲特如是說。我必須表明，我那時是一家共同基金——焦點信託（Focus Trust）的基金經理人。當時這家基金公司擁有本書所討論的幾種股票。特別是，此家基金購入美國運通、首都／美國廣播公司、迪士尼和甘尼特四種股票，我也在第八章以註解的方式說明這項事實。

一九八四年，當我在美國一家經紀商受訓為投資經紀人時，我讀到波克夏哈薩威公司年報。這是我第一次接觸到巴菲特。就像許多讀過《波克夏年報》的人一樣，我立刻被巴菲特清楚簡明的寫作吸引。做為一九八〇年代的年輕專業人員，當時我滿腦子只想要趕上瞬息萬變的股票市場、經濟情勢和不斷買進賣出的證券。然而每次讀到有關巴菲特的報導或他寫的文章時，他理性的聲音在喧鬧嘈雜、甚囂塵上的市場，彷彿一股清流。就是他那種平靜的影響力激勵我寫這本書。

人人皆能學會的投資策略

撰寫此書前，我從未與巴菲特會面，寫書過程中也未與他磋商。然而我有幸得以援引他二十年來所寫之有關投資主題的各類文章，為本書增添額外風采。全書中我大量運用波克夏哈薩威公司的年報，尤其是主席致辭。承蒙巴菲特先生惠予授權，使我得以使用這些版權所有的資料，而他只要求出版前先看過本書。然而授權並不暗示巴菲特先生一起創作此書，他也沒有傳授我任何祕密策略，有的只是那些他已寫出公諸於世的。很少人注意到，幾乎巴菲特先生所做的事情都已公諸於世。我認為對投資人最有價值也最需要的，就是深入研討他的理念和策略，以及波克夏公司那些年來根據這些策略進行的收購，我將這些一併集結整理於本書內。

撰寫本書所面臨的主要挑戰是，證明或反對巴菲特先生的聲明：「我所做的是在每個人的能力範圍內。」暫且不論他的成功，有人爭辯說因為巴菲特的個人特質，他的投資方法不能被廣為採用，我不同意。我承認巴菲特先生有強烈的個人特質，這是他成功的本錢；但我堅信只要真正了解他的方法學，就能運用在個人與機構投資者。本書的主旨在幫助投資者運用那些投資策略，我相信正是同樣的策略導致巴菲特的成功。

為了讓讀者採用巴菲特的方法，有必要先列出他的投資原則，我認為本書在這點上做得很成功。但我想強調的是，即使你一一遵行本書列出的綱要，也不太可能在未來三十年，能夠平均每年獲得二三％的利潤。連巴菲特先生都承認波克夏很難再有這種表現。然而你若能遵行這些要領，我確信你在市場上會有較好的機會，遙遙領先其他投資者。

第1章

史上最強投資人

我不放棄我所熟稔的投資策略，雖然這方法目前很難在股市賺到大錢；但我不會採用自己不了解的投資方法，這些方法未經理論驗證過，反而有可能產生巨大虧損之風險。

多年來，學術界人士和投資專家一直在辯論所謂「有效率市場理論」（efficient market theory）的可行性。這個頗受爭議的理論，暗示分析股票是浪費時間，因為所有有用訊息都反應在目前的股價上。那些堅信此理論學說的人半開玩笑表示，一個經驗豐富的財務分析師花幾小時閱讀最近的年報或每季報表所得到的結果，投資人只需直接投擲飛鏢在股票報表上便能獲得。

儘管如此，仍有一些人不斷打破那些主要經濟情勢指標而獲致成功——最有名的例子便是巴菲特——這暗示「有效率市場理論」學說仍有其缺點。但是，效率市場理論學派的人士則表示，不是其理論學說有缺點，而是像巴菲特的情況是一種統計學上罕見的「五個標準差」（five-sigma）現象。

一九九三年秋天，《富比士》（*Forbes*）雜誌編列一份美國最富有人士排行榜，榜上除了杜邦（DuPont）、美隆（Mellon）、皮尤（Pew）、洛克菲勒（Rockfeller）等幾個家族之外，還有六十九名個人，他們各自擁有淨值估計在十億美元以上的財產。其中名列榜首的巴菲特，擁有淨值八十三億美元的財產。在這六十九個人中，巴菲特是唯一從股票市場獲取財富的人。一九五六年，他用一百美元開始投資生涯；十三年後，他擁有的現金高達二千五百萬美元；二十二年之後，他已擁有全美最多的財富。但為了能真正欣賞巴菲特，你不應只注意他的錢財和豐功偉績。

十一歲買下人生第一張股票

華倫．愛德華．巴菲特（Warren Edward Buffett），一九三〇年八月三十日出生於內布拉斯加州的奧瑪哈。他是霍華德（Howard）和莉拉．巴菲特（Leila Buffett）的兒子。霍華德．巴菲特長期住在奧瑪哈，是當地的一個股票經紀人，也是共和黨的國會議員。當華倫．巴菲特還是個小男孩時，便對數字著迷。他能輕易在腦海裡做數學運算。八歲時，巴菲特開始閱讀父親收藏的股市書籍。十一歲時，則在父親擔任經紀人的哈李斯厄漢公司（Harris Upham）記錄股價板；同年他買進自己第一張股票「城市服務特別股」（Cities Service Preferred）。

巴菲特因為父親任職國會，因而遷往華盛頓特區居住，此時，他的興趣轉向自創投資事業。十三歲，巴菲特替兩家報社，《華盛頓郵報》（*Washington Post*）和華盛頓的《時代前鋒報》（*Times-Herald*）送報。他用自己的存款購買兩台單價二十五美元的二手彈子機，並將它們放置在當地的理髮院。很快地，巴菲特便擁有了七台彈子機，而且每星期還能拿五十美元回家。不久後，巴菲特與一個中學朋友用三百五十美元買下一部一九三四年的勞斯萊斯汽車，並以每天三十五美元的價格出租。至十六歲中學畢業時，他已有六千美元的存款。

跟著名師學習

在內布拉斯加大學念大二時，巴菲特讀到班傑明．葛拉漢（Benjamin Graham）的經典之作《智慧型股票投資人》（*The Intelligent Investor*）。這篇有關投資的論文對巴菲特影響深遠，所以拿到學士文憑之後，他便離開故鄉奧瑪哈遠行至紐約，進入哥倫比亞大學商學研究所就讀，受教於葛拉漢。葛拉漢一向鼓吹了解公司實質價值的重要性。他相信能正確計算出這個價值，並以此做為購買股票參考，讓投資人能獲得較佳利益。這套數學方法，引發巴菲特對數字的敏銳度。

從哥倫比亞大學得到經濟學碩士學位後，巴菲特回到奧瑪哈，在他父親的經紀公司裡擔任一項固定的職位。在這個時期，巴菲特和從前的老師保持聯絡，並且寫信告訴他許多投資的主意。一九五四年，應葛拉漢之邀，巴菲特遷回紐約，加入葛拉漢紐曼（Graham-Newman）公司。完全沉浸在良師的投資方法裡。除了巴菲特外，葛拉漢也雇用了華特．史洛斯（Walter Schloss）、湯姆．奈普（Tom Knapp），和比爾．盧恩（Bill Ruane）。二十八年來，史洛斯繼續在自己的投資公司經管金錢。奈普成為了普林斯頓的化學專家，是特威迪暨布朗合夥公司（Tweedy, Brown Partnerships）的創始人之一，而盧恩則創立了紅杉基金（Sequoia Fund）。

二十五歲創立投資事業

一九五六年，葛拉漢紐曼公司解散。當時六十一歲的葛拉漢決定退休，巴菲特回到奧瑪哈，帶著從葛拉漢得到的知識與來自親朋好友的財力支持，開始他的有限合夥投資事業。當時，他二十五歲。

公司開始時，由七個「有限責任合夥人」（limited partner）一起出資十萬五千美元。富有無限連帶責任的「一般合夥人」（general partner）巴菲特則從一百美元開始投資。那些有限合夥人每年回收他們投資的六％，和超過此固定利潤以上之總利潤的七五％。巴菲特的酬勞是另外的二五％。往後十三年，巴菲特的金錢以每年二九．五％的複利成長實屬不易。雖然道瓊工業指數在那十三年中，有五年是下跌的，但巴菲特的合夥公司卻依然持續不墜。

巴菲特向合夥人說明，「我們的投資將以實質價值，而非熱門股做為投資的選擇基礎」，並保證「將會嘗試減低長期資本損失（非短期的名目股價損失）」。在合夥期間，巴菲特不僅買下較冷門的股票，也盡量保持對許多公營事業及私人企業的興趣。一九六一年，他買下登普斯特機械製造公司（Dempster Mill Manufacturing Company），那是一家生產農業設備的公司。一九六二年，他開始購買一家叫作波克夏哈薩威（Berkshire Hathaway）紡織公司的股票。當時它正艱苦支撐其營運。

隨著知名度增加，越來越多的人要求巴菲特替他們理財。隨著投資人的陸續加入，越來越多的合夥關係也跟著成立，一九六二年巴菲特決定重組這些合夥關係，成為一個合夥體。那一年，他把合夥營業處，從家鄉搬到位在奧瑪哈的奇威特廣場（Kiewit Plaza），至今他的營業處仍在這裡。到一九六五年之前，合夥體的資產已達到二千六百萬美元。

拒絕隨投機風氣起舞

一九六九年，巴菲特決定結束合夥投資。他發現市場充斥投機風氣，而真正有價值的投資卻相對難求。在一九六〇年代後期，市場被一些高價位的成長型股票主宰。「俏麗五十」（nifty fifty，所謂五十，指的是本益比）常掛在每個投資人的口中。像雅芳（Avon）、IBM、寶麗來（Polaroid）和全錄（Xerox）等公司的股票交易，其本益比高達五十到一百倍。巴菲特寫信給他的合夥人，坦承他已跟不上目前市場環境步調。「然而，在某一點上，我是清醒的，」他表示，「我不放棄我所熟稔的投資策略，雖然這方法目前很難在股市中賺到大

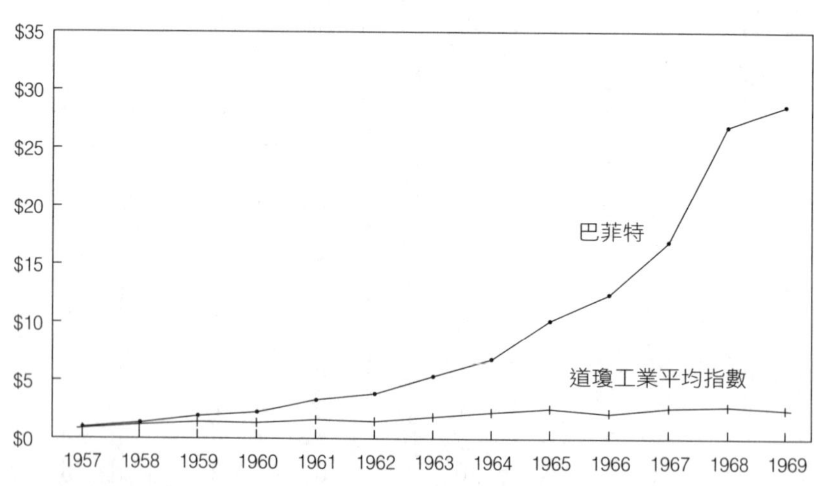

圖1.1　持續獲利！巴菲特的公司與道瓊工業指數比較

錢；但我不會採用我不了解的投資方法，這些方法未經理論驗證過，反而有可能產生巨大虧損之風險。」

合夥之初，巴菲特曾經立下目標，希望每年獲利率平均超過道瓊工業指數報酬率十個百分點。在一九五七年和一九六九年間，他的確做到了——不只十個百分點而是二十二個百分點（見上頁圖1.1）。當合夥解散時，投資人各自收到他們投資比例的利潤。有些投資人學到市府公債投資，有的則被指定為資金管理人。唯一受巴菲特推薦的人是盧恩，是他在哥倫比亞的同班老同學。盧恩同意經營管理一些合夥人的金錢，紅杉基金因此誕生。其他的合夥成員，包括巴菲特，將其股份投資在波克夏哈薩威。巴菲特的合夥持份已經成長到兩千五百萬美元，這使他足以控制波克夏哈薩威。在未來的二十年裡，巴菲特和波克夏的財富皆持續狂飆。

早期的波克夏哈薩威

波克夏棉花製造公司（Berkshire Cotton Manufacturing）成立於一八八九年，四十年後，波克夏與其他紡織工廠合併成為新英格蘭最大的工業公司之一。在此時期，波克夏生產全美國棉花所需的二五％，並消耗新英格蘭發電量的一％。一九五五年，波克夏和哈薩威製造公司合併，公司名字也跟著改為波克夏哈薩威。

很不幸地，合併後的幾年，景氣持續低迷。不到十年，股東權益已經滑落一半，營運損失也超過一千萬美元。儘管公司合併的結局如此悲慘，巴菲特合夥體仍在一九六五年取得波克夏哈薩威的控制權。在之後的二十年，巴菲特連同管理紡織部門的肯恩．卻斯（Ken Chace），雖一起努力想重振新英格蘭的紡織業，結果卻非常令人失望，股東權益報酬率勉強才達到兩位數。

一九七〇年代末期，波克夏哈薩威的股東開始質疑繼續投資紡織品是否為明智之舉。巴菲特不隱瞞經營上的困境，但在許多場合，他解釋自己的想法：這種紡織工廠是地方上最大的雇主；勞動力則來自年齡比較老的團體，他們的工作專業技術較難移轉；管理階層顯示出高度的工作熱忱；公會也一直很講理；最後，巴菲特相信紡織企業仍有一些利潤可圖。然而，他清楚表示，希望紡織品部門在適當資本支出賺取利潤。「我不會因為只是要讓公司的獲利率增加一丁點，而關掉一個利潤低於正常的事業。」巴菲特表示。「我也覺得即使是一家有超額利潤的公司，也不該資助一項在未來將有重大虧損的投資活動。亞當．斯密（Adam Smith）不會同意我的第一點建議，而馬克思（Karl Marx）也不會同意我的第二點建議；」他解釋，「中庸之道，是唯一讓我覺得舒服的投資策略。」

隨著波克夏哈薩威進入一九八〇年代，巴菲特領悟到一些事。首先，紡織品的特性使得企業想獲得高利潤幾乎不可能。紡織品屬日用品類，就定義來講，日用品是很難和競爭者的產品有太大差異。來自外國的競爭廠商，雇用工資較低的勞工，把利益榨乾了。其次，為了維持競爭力，紡織工廠渴求大量資金投入，以改良生產設備——碰上通貨膨脹，此舉相當駭人，如果企業回收的利潤不足，將造成企業災難。

巴菲特面臨抉擇困境。如果他為了保持競爭，而在紡織部門做重大的資金投資，則波克夏哈薩威在一個不斷擴張資本的基礎下，所剩的將只有蠅頭小利。如果停止投資，波克夏的紡織工廠在競爭力上，將落後其他國內紡織製造商。不論波克夏是否要再投資，國外的競爭者仍因雇用比較低廉的勞力而維持其優勢。

到了一九八〇年，年報顯示紡織部門未來的惡兆。該年度，紡織事業失去了它在巴菲特寫給投資人的信中所享有的聲望和主導地位。而在隔年的信中，甚至未做任何相關討論。最後不可避免地，在一九八五年七月，巴菲特結束了紡織事業投資，也結束了一個一百多年的企業。

儘管在紡織投資上巴菲特遭到挫敗，但這並不代表他個人徹底失敗。首先，巴菲特在公司轉型上學習到寶貴的一課：結論是它們很少成功；其次，紡織投資在較早的幾年，確實創造了足夠的資金，可以讓波克夏買下一家保險公司，這是公司另一項輝煌的事蹟。

買保險公司奠定傳奇的開始

一九六七年三月，波克夏哈薩威以總價八百六十萬美元，購買了總部設在奧瑪哈的兩家績優保險公司的股權：國家償金公司（National Indemnity Company）和全國火水險公司（National Fire & Marine Insurance Company），它是波克夏哈薩威傳奇成功的開始。

要鑑賞這則傳奇，先要了解擁有一家保險公司的真正價值何在。保險公司有時是好的投資標的，有時卻不然。但是，他們一定是一流的投資工具。保險客戶支付保費，提供經常性的流動現金；保險公司則把現金加以投資，直到保戶申請理賠為止。因為不確定何時會發生理賠，保險公司傾向投資變現能力高的有價證券，主要是股票和債券。如此，巴菲特不只取得了穩健經營的保險公司，亦獲得日後投資所需的豐厚資金來源。

嗅到保險費率的風險

一九六七年，國家償金公司和全國火水險公司擁有價值二千四百七十萬美元的債券，和七百二十萬美元的股票投資組合。兩年內，巴菲特使兩家保險公司的股票和債券總值達到四千二百萬美元。對像巴菲特這樣一個經驗豐富的股票玩家而言，這是張漂亮的成績單。他還算成功地管理好有關紡織公司的證券投資組合。一九六五年巴菲特經營波克夏的時候，公司持有價值二百九十萬美元的上市證券。第一年結束時，巴菲特使證券價值增加到五百四十萬美元。一九六七年，投資上的收益是整個紡織事業的三倍，為普通股投資組合的十倍。

巴菲特退出紡織業，進軍保險業的時候，有人認為他不過是從一家普通商品公司轉換至另外一家普通商品公司，因為保險公司正如紡織業，都在賣一些無法製造差異化的產品。保單都已標準化，任何人都能再複製一份。保險公司不會因商標、專利、地點的優勢或原料而有所不同。要領到執照很容易，而且保險費率也是公開的。一般而言，唯一可區別保險公司差異的屬性是其人力資源的優劣。每個經理人投入的努力，都對公司績效有巨大影響。

一九六〇年代末期，保險是個利潤頗佳的行業。一九六七年度結束時，國家償金公司收到的一千六百八十萬美元保費中，就淨賺了一百六十萬美元。到了一九六八年，淨利上升到二百二十萬美元，保費則增至二千萬美元。巴菲特早期在保險業的成功，使他更積極擴張這個領域。一九七〇年代，他買下三家保險公司，並併購了其他五家保險公司。

儘管保險事業持續獲利，到了一九七〇年代後期，巴菲特卻開始有些擔憂。某些他不能立即控制的因素開始影響保險成本。雖然消費者物價指數每年以三％成長，但醫藥費和汽車修理費卻快速成長三倍。此外，經法院判決必須賠償給原告的損害賠償費用，也以驚人的速度增加。巴菲特估計總成本每個月約成長一％；除非保險費率相對上漲，否則收益會開始縮減。

但是，費率不漲反跌。在商品市場上，低價策略是為增加市場占有率。巴菲特知道問題出在一些公司寧願賠本經營，也不願冒失去市場占有率的風險。顯然它們是在打賭保險費率將會回升，如此一來公司便能獲取利潤，並抵銷掉稍早已認列的虧損。然而，巴菲特的常識卻阻止他擴張波克夏的保險事業至無利可圖的交易。巴菲特相信，大多數的保險人會繼續接受無利可圖的保單，直到極大的災難（無論是天然的或財務上的）出現為止。

只做價格合理的交易

由於不願在價格基礎上競爭，巴菲特找到其他兩個方法來凸顯波克夏保險公司。首先是藉由它的財務實力。在產物保險業界，波克夏的投資組合淨值僅次於州立農業保險公司（State Farm），排名第二。除此之外，波克夏的投資組合對保費收入的比率，是這行業平均值的三倍。

第二個方法是，巴菲特不在意波克夏承保保額大小。依照巴菲特的作風，任何年度，他願意承保保額為去年五倍或只有五分之一的保單。他希望公司一直能承保大量的保單，但價格必須合理。如果價格非常低廉，交易不多他也覺得無妨。這種承保哲學被國家償金公司的創立者傑克．林華特（Jack Ringwalt）灌輸在該公司的企業文化中。自那時候起，巴菲特表示，波克夏從不放棄遵奉這種承保原則。

巴菲特解釋，波克夏保險成交量的戲劇性改變，不只因為波克夏本身的原因，更因為那些「今天在這裡，明天便離去」的其他保險公司。當競爭對手以低於預期成本的價格承保時，顧客便離波克夏而去。但當保險公司因為近期的虧損而退卻，紛紛從市場消失時，巴菲特強調，波克夏依舊繼續做一個穩定的保險供應商，但只做價格合理的生意。巴菲特的方法被比喻為保險業的安定劑。「當市場供應量不足時，我們加入大把的供應量，而當市場供應充裕的時候，我們便較不具競爭力。當然，我們不是因為要做穩定劑而遵循這個政策，」他表示，「我們遵循這個政策，是因為我們相信它是最合理、最有利的企業經營方法。」

一九九〇年代，激烈的價格競爭、持續不斷的保險虧損和不好的投資報酬，共同為保險業製造一幅不安景象。巴菲特不斷演講表示，財務結構健全和負責的財政，將使波克夏哈薩威與眾不同。波克夏優良的財務實力，已使它的保險營運方式不同於其他同業。也就是說，巴菲特使得波克夏保險公司的財務結構健全，造成它在市場上形成某種獨占力量，否則充其量，它將只是另一種商品企業罷了。

可以肯定的是，波克夏保險公司在過去多年承受不少痛苦，而巴菲特也因錯誤的保險決策，嘗到該吃的苦頭。但是他的投資專業知識，以及運用一般常識於商業決策的作風，已使得波克夏哈薩威的股東們，具有令人欣羨的地位。

從經營中學習評價一家公司

波克夏哈薩威以控股公司而聞名。除保險公司，也擁有報紙、糖果、家具、珠寶、百科全書出版社、真空吸塵器以及製造和銷售制服的公司。

關於巴菲特如何取得這些不同企業的故事，相當有趣。也許除此之外，這些故事還能使我們了解巴菲特如何評價一家公司。

你也許會有一點吃驚，他評估可能被併購公司的標準，竟和評估波克夏股票投資組合的標準相同。關於巴菲特的投資策略，還有另一個影響因素。如我們將於後文所見，擁有這些公司也提供了巴菲特實際的經營經驗，這對他後來收購股票是很重要的參考資訊。

藍籌印花公司

在收購波克夏哈薩威不久，巴菲特開始計畫併購一家名為多角化零售（Diversified Retailing）的控股公司的股票。它擁有巴爾的摩一家百貨商店——赫區柴德肯恩（Hochschild-Kohn），並擁有聯合零售連鎖店（Associated Retail Stores），那是一家專賣女裝的公司，有七十五間連鎖店。如同紡織工廠，巴菲特以低於帳面價值的價格買下這家公司，公司的管理人員，如巴菲特所言是「第一流的」。但很不幸，也正如紡織工廠，低廉的併購價格和頂尖的管理人才，並沒有讓巴菲特從這陷入困境的企業中解脫。在與多角化零售公司合併三年後，巴菲特賣掉赫區柴德肯恩百貨公司。並在一九八七年，賣掉聯合零售連鎖店。兩者皆因經濟衰退而出售。但是，就像當初紡織工廠給予巴菲特機會，使他能籌資加入保險業一樣，買下多角化零售公司，也讓波克夏有機會經營管理三種新的事業。

除了百貨公司之外，多角化零售公司還擁有一家名叫藍籌印花（Blue Chip Stamps）的公司。它提供超級市場和加油站換取商品的贈券送給顧客。印花被收集在本子裡，用來兌換商品。為了採買所需贈品，那些超級市場和加油站設立一筆錢或一些流動資金，而由藍籌印花公司負責管理。一九六〇年代後期，藍籌印花公司未兌現的印花，相當於超過六千萬美元的流動資金。這些流動資金使得巴菲特可以購買其他企業，包括糖果公司、報紙和儲貸業。

波克夏哈薩威藉由它的附屬公司，在一九六〇年代末期開始購買藍籌印花公司的股權。巴菲特自己也買了藍籌印花公司的股票。在多角化零售公司和波克夏哈薩威合併之後，波克夏哈薩威變成藍籌印花公司的大股東。終於，在一九八三年，透過兩家公司的合併，波克夏哈薩威取得藍籌印花公司全部的股權。

時思糖果店

一九七二年一月，藍籌印花公司買下時思糖果店（See's Candy Shops），這是美國西岸一家盒裝巧克力製造商和零售商。對方開價四千萬美元。時思擁有一千萬美元現金，所以實價是三千萬美元。巴菲特開價兩千五百萬美元，賣主同意接受。

查克．赫金斯（Chuck Huggins）負責時思的長期業績，自從被藍籌印花公司買下後，時思便一直由赫金斯經營，包括二百二十五家糖果店，並且每年要監督二千七百萬磅糖果的生產和行銷。一九九三年，時思有二億零一百萬美元的銷售額，而且回饋給波克夏二千四百三十萬美元的營業淨利。由於巧克力的銷路當時在美國頗為蕭條，便曉得這是極佳的成果。時思的成功基於兩個重要因素：產品品質和顧客服務。

一九八二年，有人向巴菲特出價一億二千五百萬美元，想要買下時思，這是一九七二年買進價格的五倍。巴菲特決定不賣，這是明智的決定。接下來的十一年，時思已回饋給波克夏二億一千二百萬美元的稅後盈餘了。同一時期，時思總共提撥了四千四百萬美元的資本支出，扣掉折舊和攤銷費用約略等於三千九百萬美元。

水牛城新聞報

像時思一般，《水牛城新聞報》（*Buffalo News*）也經由併購藍籌印花公司，而成為波克夏哈薩威的事業之一。一九七七年，藍籌印花公司以三千三百萬美元，自小愛德華．芭特太太（Mrs. Edward H.Butler, Jr.）手中買下《水牛城新聞報》。還是小男孩時，巴菲特和童年的朋友曾一起出版過一份賽馬消息小報《馬童快訊》（*Stable Boy Selections*）。當時，他只能夢想擁有一家大都市的報社。今天，巴菲特可以吹噓《水牛城新聞報》的成功，一如驕傲的父親吹噓兒子成功一般，他是有絕對的理由感到自豪。

滲透率和新聞占版面的比率，是評定一家報紙成功與否的兩個重要準則。滲透率，或說當地住家每天購買此報紙的百分比，《水牛城新聞報》在大都市報紙的市場滲透率，排名第一。新聞占版面的比率，即報紙投入到新聞而非廣告的部分，在一九九〇年，到達五二．三％。這使得《水牛城新聞報》成為全國最「富有新聞」的報紙。

新聞占版面的比率和利潤間的關係是緊密相連的。新聞占版面比率高的報紙將會吸引比較廣泛的各類讀者，因此增加了市場滲透率。而高的滲透率又使報紙成為企業寶貴的廣告工具。此外，由於《新聞報》持續降低成本，因而能發行一半頁數是新聞的報紙。

《新聞報》的成功主要來自總編輯默里．萊特（Murray Light）和發行人史丹．利普西（Stan Lipsey）的努力。二人自藍籌印花公司買下他們及後來被波克夏哈薩威併購後，一直跟隨著《水牛城新聞報》成長，成為報業的翹楚。

鎖定簡單且可了解的公司

自一九八二年起，巴菲特開始在波克夏的年報刊登廣告，收購準備出售的企業，特別是尋找稅後盈餘能力一直維持在千萬美元以上的公司。此外，他也尋找不需舉債太多，便能有很好股東權益報酬率的公司。這企業必須是簡單且可了解的。如果它牽涉到高科技，他承認將無法了解這家公司。最後，巴菲特希望公司本身就足以提供經營管理的能力，他並不想要供應管理技術。

在波克夏一九九〇年的年報中，巴菲特特別針對那些想賣掉家族企業的人，撰寫一則給投資人的信與他們分享。有趣的是它透露出巴菲特的想法。

巴菲特在信中指出，波克夏沒有收購部門或接受過企管碩士訓練的經理人。他收購公司，但不提供管理。巴菲特收購的企業在經營上有非常高的自由度，且通常由收購前的同一批家族經營者繼續經營。事實上，巴菲特通常會要求成功管理企業的經理人，繼續留在公司服務。因為稅務上的理由，波克夏購買公司大部分的股權，如此方能合併盈餘。以前的公司所有者仍保有少數股權。巴菲特唯一控制的部分是資金的分配和高層管理人員的報酬。在這二個範圍之外，經理人可對他們認為適宜的一切公司大小事，自己做決定。正如巴菲特所言，有些經理人會和他討論企業環境，有些則不會。這是個人特質使然。

在買賣完成之後，巴菲特會寫信給賣主，告訴他們：你不會比以前更富有；未來，你將只擁有不同類型的財富。你將會以企業的一部分來交換一大筆現金。這些現金最後仍將投入股票市場和債券市場，比起原來的企業，這是你較不熟悉的領域。

因為家族企業中握有股份的家族成員，在資產管理上時常發生衝突，所以波克夏所提供的企業關係模式相當理想。那些原家族企業所有者能夠重新分配家族成員的財富，並同時保有他們長期珍惜的部分企業股權。而巴菲特則得到了一個偉大的公司，並分配到一定比例的公司盈餘，以及一組證明其經營紀錄卓越的管理階層。

從《波克夏年報》的公告中，可以看到一群已經被收購的公司名單。一九九三年，非保險事業的總銷售額達到二十億美元；波克夏的稅後盈餘淨值達一億七千六百萬美元——占一九九三年波克夏全部營業收益的三七%。

內布拉斯加家具商場

內布拉斯加家具商場（Nebraska Furniture Mart）雖然在奧瑪哈僅有一間門市，但是是全美國最大的家用家具店。一九八三年，波克夏哈薩威購買九〇%的股權，剩餘的一〇%，則由那些繼續經營企業的家族成員保有。路易·布朗金（Louie Blumkin）仍為總經理，而他的三個兒子：龍恩（Ron）、俄夫（Irv）和史蒂夫（Steve）繼續為公司的成功而效力。家族的女家長及董事長為蘿絲·布朗金（Rose Blumkin），即路易的母親。布朗金太太（暱稱為B太太）一九三七年以五百美元創立內布拉斯加家具商場。當巴菲特買下它時，B太太已九十高齡而仍然一星期工作七天。

從開業第一天起，B太太的行銷策略就一直是「價格低廉，誠實公道」。當巴菲特購買這間家具店的時候，它在一個二十萬平方呎的商店裡，每年的銷售額達一億美元。在收購十年後，每年的銷售額成長至兩億零九百萬美元，屬於波克夏的稅後淨利則成長至七千八百萬美元。

有趣的是，內布拉斯加家具商場的銷售額成長比奧瑪哈的人口更快。當這間家具店每年的銷售額達四千四百萬美元的時候，巴菲特表示，好像已滿足了奧瑪哈全部的家具需求。所以，這間家具店如何繼續成長？答案是逐漸增加它的銷售區域。幾年前，愛荷華州得梅因市（Des Moines）的一份消費者報告指出，內布拉斯加家具商場是門市不在該城的二十間家具零售商中，最受消費者歡迎的第三名；它遠在一百三十哩外的奧瑪哈。

波珊珠寶店

B太太從俄國移民後不久，她的父母和五個兄弟姊妹也隨後跟來。她的姊妹之一，麗貝卡（Rebecca），在一九四八年嫁給了路易斯．弗萊德曼（Louis Friedman），並一起買下內布拉斯加州奧瑪哈的小珠寶店。弗萊德曼先生的兒子艾克（Ike）在一九五〇年加入家族企業，最後艾克的兒子和二個養子也加入了。

布朗金經營家具生意的方法，和弗萊德曼從事珠寶買賣的方法如出一轍：價格低廉，誠實公道。正如內布拉斯加家具，波珊（Borsheim's）珠寶店也有一個很大的賣場。因此，波珊的費用支出比率遠低於大多數的競爭者。波珊創造了高銷售量和強勁的購買力。著眼於費用支出和光臨店面的顧客流量，使波珊在銷售旺季每天有四千名以上的顧客光臨，弗萊德曼確實有他成功的祕訣。

如同NFM，波珊也設法使它的市場延伸到奧瑪哈以外的地方。一些顧客旅行數百英里就為了到波珊採購。公司也有一強勢的郵購企業，這使得營業成本降低——占銷售額的一八%，其他競爭者則是四〇%。執美國低價零售業牛耳的沃爾瑪（Wal-Mart），其營業成本則低至一五%。能用在尿布上的，巴菲特說，也能用在鑽石上。藉著壓低成本，波珊能夠在低廉的價格上銷售產品，並且擴張它的市場占有率。據巴菲特表示，除了紐約市的蒂芙尼（Tiffany），奧瑪哈的波珊珠寶店的業績凌駕全國任何其他的珠寶店。

費區海默兄弟公司

一九八六年一月，費區海默兄弟公司（Fechheimer Brothers Company）的董事長，同時也是波克夏哈薩威的一個長期股東鮑勃．海德曼（Bob Heldman）寫信給巴菲特。他表示曾經看過波克夏的廣告，而且認為費區海默公司合乎巴菲特的投資條件。巴菲特和海德曼在奧瑪哈碰面，結果到了這年夏日，巴菲特又增加了新的事業。

費區海默兄弟公司專門製造和分銷制服。公司歷史可一直追溯到一八四二年，而海德曼家族自一九四一年以後便加入公司。一如布朗金和弗萊德曼，海德曼也是跨世代的工作家族。鮑勃和兄弟喬治（George）以及他們的兒子——蓋瑞（Gary）、羅傑（Roger）和佛烈德（Fred）——都位居企業的管理階層。海德曼家族希望繼續經營企業，但是重新分配企業的財富更重要。從波克夏得到一些現金，並仍然保有公司部分的所有權，對他們來說是最好不過了。

巴菲特從未拜訪過位在辛辛那提的費區海默總部，也不曾到過它的任何一個工廠。這家公司的經濟實力非常穩固，他們也教育公司管理階層的下一代，做為新的接班人。一九八六年巴菲特支付四千六百萬美元，買下公司八四%的股權。在緊接著的六年間，營收從七千五百萬美元成長到一億二千二百萬美元，而資本支出每年平均少於二百萬美元。在此時期，費區海默已經回饋給波克夏四千九百萬美元的稅後淨利，平均賺進最初股東權益的一四%。

史考特費澤公司

史考特費澤公司（Scott & Fetzer Company）擁有幾項領導性的產品，包括柯爾比吸塵器、世界百科全書（包括兒童手工藝作品和早期的學習教育）、韋恩火爐、機油箱、污水幫浦、坎貝爾空氣壓縮機、氣動工具和油漆工具等。公司總部設在俄亥俄州西湖城（Westlake），而由洛夫．史奇（Ralph Schey）經營。

當波克夏買下史考特費澤公司的時候，這家公司經營十七種業務，每年銷售額達七億美元。巴菲特把公司分為三個部門——柯爾比吸塵器、世界百科，和史考特費澤製造部門——都由史奇經營。

一九八六年一月，巴菲特支付三億一千五百萬美元現金給史考特費澤，使它成為波克夏收購行動中，最大的企業之一。自此以後，這個併購已遠超出他自己樂觀的期望。而史考特費澤的三個部門，約占波克夏非保險營業盈餘的三五%。

一九九二年，史考特費澤賺進一億一千萬美元的稅前盈餘。難以置信的是，巴菲特說，公司一達成這些盈餘，只用了一億一千六百萬美元的股本和極少的借款。史考特費澤的股東權益報酬率，巴菲特表示，很容易便能名列《財星》（*Fortune*）五百大企業的前幾名。併購之後，公司一直在減少固定資產和存貨的投資。史考特費澤已回饋給波克夏哈薩威超過百分之百的盈餘，同時也不斷遞增自己的盈餘，波克夏哈薩威從史考特費澤的收購中，獲利頗多，其中主要的原因，巴菲特吐露，是洛夫．史奇之故。

ＨＨ布朗製鞋公司

一九九一年七月，波克夏以現金購買ＨＨ布朗製鞋公司，這是一家專門製造、進口和銷售鞋子的公司。一九九二年，它的稅前利潤有二千五百萬美元。

巴菲特表示，就算是處在最佳狀況，鞋業仍是一種不易經營的行業；想要成功，製鞋公司需要傑出的管理人才。幸運的是，波克夏哈薩威在ＨＨ布朗的購進成本中，包括了法蘭克．隆尼（Frank Rooney）。

一九二九年，一位名叫雷．海佛曼（Ray Hefferman）的企業家以一萬美元買下HH布朗。不久之後，隆尼娶了海佛曼的女兒。結婚那天，他的岳父告訴他，應該放棄任何想在HH布朗工作的念頭。隆尼為此轉為梅爾維爾製鞋公司（Melville Shoe Company）效力，後來甚至成為梅爾維爾企業的總經理。海佛曼九十歲時，罹患疾病，終於要求隆尼回來經營HH布朗公司。海佛曼死後，海佛曼家族決定賣掉製鞋事業，成為波克夏哈薩威控股公司旗下的一員。

雖然鞋業一直是不好經營的行業，但為了三個因素，巴菲特仍然決定購買HH布朗公司。首先，該公司有相當的獲利能力；其次，隆尼同意繼續管理這家企業；第三，HH布朗公司有個不尋常的薪資制度，依照巴菲特所言「深得我心」。每一年，HH布朗支付經理人基本薪資七千八百美元，加上公司資金轉投資之後盈餘的固定比率當作紅利。巴菲特表示，這讓經理人知道天下沒有白吃的午餐，這項公平的獎賞制度是要付出代價的。他表示，事情經常是，不論利潤、虧損和資本轉投資收益如何，經理人都拿固定薪水。在HH布朗，那些經理人，真的與股東們「穿同一雙鞋」（意即「同甘共苦」）。

德克斯特鞋業

用現金併購公司是巴菲特的偏好。然而，他偶而會發行波克夏哈薩威的股票，以交換公司的所有權，但條件是，只有當波克夏得到的實質價值和所放棄的一樣多時。一九九三年秋天，波克夏同意以四億二千萬美元的波克夏哈薩威股票——二萬五千二百二十一股，買下德克斯特製鞋公司（Dexter Shoe Company），以擴大它在製鞋業的投資。

德克斯特製鞋公司總部設在緬因州，是全美國最大的獨資鞋類製造商。因為有了HH布朗的成功，使巴菲特十分熟悉製鞋業。巴菲特表示，德克斯特製鞋公司是波克夏欣賞的類型：公司有長期獲利紀錄。它的鞋子，巴菲特認為，代表一種獨有的商品特許權。德克斯特的新英格蘭鞋，包括了它眾所周知的平底靴和船型鞋。最後，巴菲特喜歡德克斯特專注在長久目標的經營哲學。巴菲特承認，他會以現金或股票購買德克斯特。想要波克夏哈薩威股票的，就是德克斯特的股東。

理念一致的合夥人

任何有關巴菲特和波克夏哈薩威的論述，若沒有提到查理．孟格（Charlie T. Munger）都不算完整。那些波克夏年報讀者們口中的「查理」，是波克夏哈薩威的副董事長。在巴菲特的眼裡，他也是波克夏的共同經營合夥人。

他們的友誼開始於三十多年前。查理是土生土長奧瑪哈本地人，但是，跟巴菲特不同的是，他所受的教育是法律事務而不是商業。從哈佛法學院畢業之後，查理在洛杉磯開了一家名叫孟格托爾斯暨奧爾森（Munger Tolles & Olson）的法律事務所。在一九六〇年拜訪奧瑪哈期間，查理和巴菲特碰面，話題很自然地轉到投資上。巴菲特嘗試說服查理致富之道在投資而不是法律。巴菲特的論據很令人信服，不久之後，查理也創立了類似巴菲特的投資合夥事業。

從一九六二到一九七五年，查理極為成功地經營了一個投資合夥事業。儘管一九七三至一九七四年股市低迷，他的合夥事業每年仍有一九．八％的平均年複利報酬率，遠勝於同一時期道瓊工業指數的平均報酬率五％（見下頁圖1.2）。查理的投資組合是集中在較少類、但金額較大的股票上，所以投資報酬變動很大。雖然如此，他的方法卻與巴菲特非常類似，他們倆都在找尋一些股價低於其潛在價值的企業。

查理投資的其中一個公司是藍籌印花公司。與巴菲特同時，查理在一九六〇年代末期，開始買進藍籌印花的股票；最後，他成為該公司的董事長。他的責任包括管理藍籌印花公司的有價證券投資組合，那是用來抵銷印花償還負債用的。

從一九六〇到一九七〇年代，查理和巴菲特一直保持聯絡。一九七八年多角化零售公司與波克夏哈薩威合併的時候，他們的關係更為正式了。那時，查理成為波克夏哈薩威董事會的成員；波克夏和藍籌印花公司合併的時候，他成為副董事長。在藍籌印花公司到達盈餘高峰之時，巴菲特和查理不只取得時思糖果和《水牛城新聞報》，在一九七三年，他們更取得魏斯科財務公司（Wesco Financial Corporation）八〇％的股權。

魏斯科財務公司

查理擔任藍籌印花公司的董事長期間，路易斯．文森緹（Louise Vincenti）是魏斯科財務公司的總經理。在藍籌印花公司和波克夏哈薩威合併之後，當時七十七歲的文森緹退休下來，查理便成為魏斯科的董事長兼總經理。公司有三個主要的子公司：精密鋼鐵（Precision Steel）、魏斯科財務保險公司（Wesco-Financial Insurance Company）以及共同儲貸公司（Mutual Saving and Loan）。

精密鋼鐵公司位於伊利諾州的富蘭克林公園市，是魏斯科在一九七九年以一千五百萬美元買下。精密鋼鐵公司給人的第一印象，看起來像另一家普通商品公司。但是，該公司在供給特級鋼片上享有盛名。它們的價格合理，而且技術服務一流。在供應短缺時期，精密鋼鐵公司得到全國的認同，是可信任的供應商。自一九八〇年以後，精密鋼鐵公司從未賠錢。在一九九三年，它的營業淨收入達

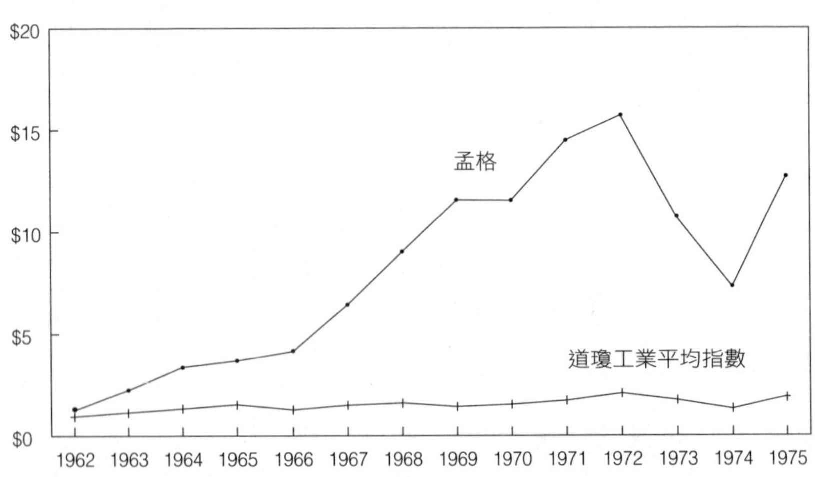

圖1.2　獲利金額累計，孟格的投資與道瓊工業指數比較

二百萬美元，占魏斯科總淨收入的一〇%。

一九八五年，魏斯科投資四千五百萬美元於一項和波克夏哈薩威的聯合投資計畫中，並且成立「魏斯科財務保險公司」（Wes-FIC）。最初，魏斯科財務保險只承作部分的消防員基金（Fireman's Fund）再保業務。一九八八年以後也開始承保產險；後來在內布拉斯加州、猶他州和愛荷華州都有執照許可證。查理也仿效巴菲特長久以來的作風，不承保無利可圖的保單。現在，就像波克夏哈薩威，魏斯科財務保險是家長期性資本企業，而且是短期表現良好的保險公司。雖然如此，在一九九三年，魏斯科財務保險的營業收入仍達一千兩百四十萬美元，是魏斯科總淨收入的六〇%。

雖然查理固定在每年的魏斯科年報上，向魏斯科的股東們說明保險企業的風險所在，但很清楚地保險業才是巴菲特的最愛。查理的最愛則是儲貸業。

查理參與儲貸業可追溯到二十幾年前。當時，他遭受無知員工怠工，甚至從事犯罪活動及監督人員不足、缺乏財源等因素所造成的產業風險。類似這種可怕的經驗，巴菲特對保險業也有相同的體會。

當儲貸業的災難開始出現時，很少人願意或有能力採取因應措施，以躲過這明顯的金融恐慌。但是，孟格卻鼓起勇氣改變，帶領共同儲貸公司進入新的方向。在一九七九和一九八五年間，因為儲金的高成本和未來利率的不確定，共同儲貸公司沒有新的放款。一九八〇年，查理賣掉十五個分公司，只留下總部和對街購物中心的一間分公司。他還賣掉儲蓄帳戶中的三億零七百萬美元，和同值的最高殖利率貸款抵押。唯一留下的是最低殖利率和最快到期的抵押。

簡言之，在看到那些危險訊號之後，查理減輕他的裝載，排除障礙，準備揚帆航行至暴風圈內。一九八一年，儘管營業利潤低，共同儲貸公司仍有最高的股東權益與總負債比。共同儲貸公司也有高比率的資產投資於短期票券、中期免稅債券和公用事業特別股票，它們的稅前獲利幾乎是一般存放款抵押投資組合的二倍。

巴里司和詹姆斯

三十年間，查理和巴菲特之間的友誼更密切了。巴菲特把他倆比喻為波克夏版的「巴里司和詹姆斯」（Bartles and Jaymes，編註：美國知名的酒精飲料），在波克夏的股東年會，他們坐在歐芬戲院（Orpheum Theater）舞台上的直靠背椅，回答股東們的問題。幾年前，巴菲特羞怯地宣布買了一架公司專機，查理為此感到懊惱。查理認為這主意很奢侈，而且想為這架飛機命名為「精神錯亂」（The Aberration）。巴菲特開玩笑表示，查理所謂奢侈的旅行，是坐有冷氣的公共汽車。事實上，查理確實會坐飛機旅行，但坐的是普通艙。由於彼此在為飛機命名一事上無法妥協，查理和巴菲特最後決定採用「無議」（The Indefensible）這個名字。

查理的節儉不只在他選擇旅行的方式而已。每年，查理都要負責撰寫魏斯科的年報。

他不雇用財務公關，也不使用彩色曲線圖表，時常年復一年，在年度報告裡使用相同的描述。不像巴菲特，查理在年報裡，確實使用過魏斯科公司總部的相片（黑白的），但許多年來他始終使用同一張，直到股東們嘲諷他使用這麼舊的相片，連一九六〇年代的車都還看得見，他才終於換了張新的魏斯科公司總部的相片——但仍是黑白的。能夠看出的唯一差異，查理表示，就是房屋建築前面的那些樹長高了。還好，經過這些年，魏斯科股東的投資也成長了。一九七三年當波克夏併購魏斯科的時候，魏斯科的股價是六美元一股。至一九九三年年底，上漲到一股一百二十九美元。多年來，除一般適度的股利發放外，從一九七三年以後，魏斯科的股票報酬率達一六．六％。

一九九一年，肯恩．卻斯退休了，而巴菲特的妻子蘇珊被提名遞補波克夏哈薩威董事會的缺。巴菲特太太是波克夏哈薩威的第二大股東。而且如果她活得比巴菲特久，她將會繼承他的波克夏股份。假使巴菲特死了，有兩件事可以使波克夏的股東們以資慰藉。首先，沒有任何巴菲特的股票會被賣掉，巴菲特太太也受命，不得因為誘人的價格，而出售任何波克夏的子公司。而更重要的是，巴菲特已經請查理接下管理波克夏哈薩威的重責大任。除此之外，巴菲特幽默地向他的股東們解釋，「我一死，波克夏的盈餘將立刻增加一百萬美元，因為查理將在隔天就賣掉公司專機，無視我希望和無議號一起埋葬的願望。」

查理和巴菲特都對以一般常識為標準的經營原則，抱持不讓步的態度。就像巴菲特，在保險業裡忍受著低報酬，有時甚至拒絕接受保單一樣，當存放款業務難以控制風險的時候，查理也會拒絕放款。兩者皆表現出管理高品質企業所必備的管理能力。波克夏哈薩威的股東們很幸運有這兩位合夥管理人來照顧他們的利益，幫他們在各種經濟環境下賺錢。依照巴菲特對強制退休的規定——他根本不信這一套——波克夏的股東們將繼續受益於兩個人而非一人的智慧，直到長遠的未來。

貫徹個人準則的領導風格

巴菲特不是一個容易說得清楚的人。事實上，他真的難以形容，這可以從他時常露出祖父般的慈祥面容看出。論智謀策略，他是一個天才；但從他與朋友交往時所表現出的親切平實特質來看，他又是個一點都不複雜的人，是個平實、坦率、直言不諱、正直、誠實的人。他既有老謀深算的智慧，又時常顯露出莊稼漢的幽默。他推崇合於邏輯的事理，但不能忍受愚蠢。他喜愛簡單明瞭，痛恨複雜冗長。

當我們閱讀年報時，時常可以驚訝地發現到，巴菲特輕鬆地引用聖經、凱因斯（John Maynard Keynes）或梅．蕙絲（Mae West，編註：美國女演員，以胸部豐滿出名）的話。當然，我們必須親自閱讀，才能體會其中的妙理。每一份報告均厚達六十至七十頁，充滿著大量的資訊，而且沒有圖案、彩色照片和表格。凡是只要能堅持從第一頁開始，而且中間沒有任何間斷地閱讀至最後一頁者，在完成這項艱苦訓練後，都能得到一劑財務管理、幽默智慧、理直氣壯的誠實營養補針。巴菲特十分坦率，對波克夏的優勢和弱勢，均不避諱地加以強調。他認為波克夏股票的投資人亦是公司股東之一，所以他有義務告訴他們全部的資訊。

巴菲特所領導的這家公司其實就是他個人人格、管理哲學及其生活方式的具體表現。細看波克夏，我們似乎可以領略巴菲特的主要原則，幾乎全涵蓋在他的管理當中。這些特質——如後面章節所介紹的——是巴菲特尋找投資標的的準則，處處可見於波克夏哈薩威投資公司。同時，巴菲特的投資策略亦散見於這些公司非凡、卻又令人耳目一新的企業政策：慈善捐款決策過程與管理階層薪酬計畫，這兩個例子應足以說明這一切。

績效論薪酬

管理階層薪酬計畫，長久以來是股東與管理者間爭論不休的話題。高階管理階層的年薪動輒以百萬計。除了優厚的年薪，公開上市公司的主管人員亦習於接受公司贈與固定價格的股票選擇權，這些贈與和主管人員的工作表現毫不相干，而與公司的盈餘息息相關。

股票選擇權沒有經過選擇就分配給主管人員，巴菲特說，會造成表現不好的主管人員與表現良好的主管享有同等的獎勵。巴菲特認為，即使你的球隊贏得錦標，對打擊率三成五的打者給予的獎賞，必與一成五的打者不同。

在波克夏，巴菲特採用績效來衡量主管的薪資報酬。薪資報酬與企業大小無關，與年齡或波克夏的整體利潤也無關。巴菲特所關心的是，每一單位績效都應受到獎勵，不論波克夏的股價是漲是跌。主管應依其責任範圍內預定目標的達成率計算，如增加銷售額、縮減費用或凍結資本支出。年終的時候，巴菲特並不分配股票選擇權，而改以簽支票的方式做為員工獎勵，主管可自由支配這些現金，大部分的人用它購買波克夏的股票，願意與公司股東承擔同一風險。

因此巴菲特容許高額分紅。經營保險事業的麥克．戈德堡（Mike Goldberg）在一九九二年薪酬即高達二百六十萬美元。然而當保險景氣跌入谷底時，他僅獲得底薪十萬美元。巴菲特本身的薪資加紅利每年也不過十萬美元。無疑地，他是《財星》雜誌前五百位總經理中，薪資最低的一個。當然了，他擁有四十七萬五千股的波克夏股票，但是波克夏不發放股利。直到今日，他是唯一自己報稅的千萬富翁。

依股份比例捐款

或許沒有其他的事比巴菲特分配慈善捐款的方法，更能表現出他獨特的行事作風。分配慈善捐款的方法稱之為「股東指定專案（shareholder designation program）」，股東依股份比例可以決定慈善捐獻的受款人。對大多數企業而言，慈善捐款的分配是資深行政主管與董事會的特權。通常他們選擇自己最中意的慈善機構，然而給錢的人——股東，卻無發言餘地，這違反巴菲特的原則。「當A拿B的錢給C，」他說：「若A是立法者，那麼這叫作抽稅。但若A是公司行政主管或董事長，那麼這叫作博愛。」

在波克夏，股東指定慈善機構由公司負責簽支票。一九八一年，慈善捐款指定專案實施的第一年，波克夏共分配了一百七十萬美元給六百七十五家慈善機構。接下來的十二年中，波克夏總共捐出了六千萬美元給數千家慈善機構。一九九三年，波克夏的股東捐了九百四十萬美元給三千一百一十家慈善機構。

這僅是波克夏不凡財務成就中的一小部分而已。當巴菲特初掌波克夏時，公司淨值為兩千兩百萬美元。二十九年後，迅速躍增為一百零四億美元。巴菲特的目標是以年增率一五%的速度，累積波克夏的帳面價值，遠遠超越一般美國公司。從一九六四年開始，波克夏每股帳面價值從十九美元漲至八千八百五十四美元。若以每年為分隔點，波克夏的年報酬率通常不很穩定；股票市場的波動造成波克夏所持有的股票每股市價大幅震盪（見下頁表1.1）。但綜合而言，每年平均年複利報酬率為二三．三%——超過巴菲特預設的一五%目標，且大幅領先標準普爾五百大企業（Standard & Poor's 500）的平均指數。如果考慮指數是稅前的，而波克夏的營業收入與資本利得均需扣稅，那麼波克夏的表現更令人印象深刻。

波克夏哈薩威股份有限公司是個巨大綜合企業體，但並不複雜。它擁有許多企業——保險公司和其他本章描述到的企業，加上其他較小的子公司，以及其他用保險金收益彙集的現金流量所購買的公開上市公司。一視同仁是巴菲特的經營風格：無論他想併購的公司，或正在評估是否投資其股票的公司，或對自己企業的經營管理等，均同等看待。奉勸想要一窺巴菲特成功竅門的人，奉行其思考方式與哲學觀是唯一可行的方法，其餘的都是白費力氣。

表 1.1　波克夏哈薩威公司營運績效 vs. 標準普爾 500 指數

	年百分比變動率		
	波克夏股票每股帳面價值	標準普爾 500（含股利）	比較結果
年度	（1）	（2）	（1）－（2）
1965	23.8	10.0	13.8
1966	20.3	（11.7）	32.0
1967	11.0	30.9	（19.9）
1968	19.0	11.0	8.0
1969	16.2	（8.4）	24.6
1970	12.0	3.9	8.1
1971	16.4	14.6	1.8
1972	21.7	18.9	2.8
1973	4.7	（14.8）	19.5
1974	5.5	（26.4）	31.9
1975	21.9	37.2	（15.3）
1976	59.3	23.6	35.7
1977	31.9	（7.4）	39.3
1978	24.0	6.4	17.6
1979	35.7	18.2	17.5
1980	19.3	32.3	（13.0）
1981	31.4	（5.0）	36.4
1982	40.0	21.4	18.6
1983	32.3	22.4	9.9
1984	13.6	6.1	7.5
1985	48.2	31.6	16.6
1986	26.1	18.6	7.5
1987	19.5	5.1	14.4
1988	20.1	16.6	3.5
1989	44.4	31.7	12.7
1990	7.4	（3.1）	10.5
1991	39.6	30.5	9.1
1992	20.3	7.6	12.7
1993	14.3	10.1	4.2

來源：波克夏哈薩威 1993 年年報。

註：資料年度指數分別為：1965 和 1966 年（迄於 9/30）；以及 1967 年（迄於 12/31），共 15 個月。從 1979 年開始，會計原則規定保險公司評估其有價證券的股東權益，以市價而非先前所定之可用原來較低的有價證券價格或市場價格。本表將 1978 年前的收益以新法重新計算。

第 2 章

揉合兩位大師的投資奧義

葛拉漢給予巴菲特投資的思考基礎：安全邊際，並且協助巴菲特學習掌握他的情緒，以便於在市價的漲落中獲利。而費雪則給予巴菲特最新的、可行的方法學，使他能夠判定出好的長期投資。

若想要了解巴菲特學習的歷程，最好的方法是綜合研究班傑明．葛拉漢和菲利普．費雪（Philip Fisher）兩個傳奇人物的投資哲學。巴菲特說：「我有一五%像費雪，八五%像葛拉漢。」葛拉漢對巴菲特的影響較深並不足為奇。巴菲特起初喜歡讀葛拉漢的文章，後來成為他的學生，之後是他的員工，接著與他共同合作，兩人終於成為同儕。葛拉漢將巴菲特未經專業財務訓練的思想加以塑型。然而，那些認為巴菲特只接受了葛拉漢教育的批評者，卻都忽視了另一位傑出財經人士費雪的影響。

巴菲特讀到費雪的著作《普通股和不普通的利潤》（*Common Stocks and Uncommon Profits*）之後，便開始尋訪作者的下落。巴菲特表示：「當我見到他（費雪）時，他本人給我的印象，正如他的思想給我的一樣深刻。」「就像葛拉漢，費雪是不擺架子、心胸開闊和傑出的好老師。」雖然葛拉漢和費雪的投資方法不同，但是巴菲特說，「他們在投資界同等重要。」

班傑明．葛拉漢

葛拉漢被公認為財務分析之父。他被授與這項榮銜乃是因為「在他之前沒有這項（財務分析）專業，而在他之後，人們才開始如此稱呼。」葛拉漢最馳名的兩部著作之一是與大衛．陶德（David Dodd）合著，於一九三四年首次出版的《有價證券分析》（*Security Analysis*），時值一九二九年股市風暴之後，國家正陷入嚴重的經濟不景氣；《智慧型股票投資人》則於一九四九年首次出版。當其他學者嘗試解釋這個經濟不景氣現象時，葛拉漢試圖幫助投資大眾重新站穩腳步，開始進行下一波獲取利潤的行動。

兩度面臨財務危機的投資大師

一八九四年五月九日，葛拉漢在倫敦出生。當他還是襁褓中的嬰兒時，父母移居紐約。葛拉漢最早在布魯克林的男孩中學念書。二十歲時，他得到哥倫比亞大學的科學學士學位，並被選為榮譽畢業生之一員。葛拉漢能說流利的希臘文和拉丁文，且對數學和哲學興趣濃厚。儘管他接受的不是商業本科教育，卻選擇在華爾街開創自己的事業。他最初在「紐伯格韓德森暨羅伯經紀行」（Newburger, Henderson & Loeb）當資訊收發人，在黑板上記錄債券和股票的價格，賺取每星期十二美元的薪資。接著從收發人升為研究報告撰寫人，很快地他成為公司的合夥人。一九一九年，他的年薪為六十萬美元，當時他只有二十五歲。一九二六年，葛拉漢與傑羅姆．紐曼（Jerome Newman）合夥成立投資公司，這就是在三十多年後雇用巴菲特的那家合夥公司。在一九五六年該公司解散之前，葛拉漢與紐曼成功地經歷了一九二九年的股市大崩盤，以及之後的經濟不景氣、第二次世界大戰與韓戰。

從一九二八年到一九五六年，即葛拉漢與紐曼合夥期間，葛拉漢在哥倫比亞大學夜間部教授財務課程。很少人知道葛拉漢的財務曾被一九二九年的股市大崩盤所拖垮。這是他生命裡的第二次——第一次是在他父親過世的時候，家庭收入失去保障——葛拉漢需要重新賺取他的財富。學院教育的再充電，帶給葛拉漢重新轉變、思考的機會。陶德是哥倫比亞的教授，經由他的建議使葛拉漢完成了一份關於穩健投資策略的完整論文。

花四年寫完《有價證券分析》

《有價證券分析》於一九三四年出版。葛拉漢和陶德有超過十五年的投資經驗。他們花費四年的時間完成此書。首次出版時，《紐約時報》（*New York Times*）的路易斯・理奇（Louis Rich）寫道，「它是一本整體成熟、結構嚴密的著作。在學術領域上，全文有廣泛而深入的探討；在實務上則富洞察力。如果書中的理念能發揮其本身的影響力，它將會引導投資者的注意力，從市場轉到有價證券的問題上。」

在第一版中，葛拉漢和陶德將焦點集中於公司濫權的問題。一九三三年和一九三四年的證券法施行前，公司當局發布的訊息常有誤導投資人的嫌疑，且資訊量嚴重不足。大多數工業公司拒絕公開營收報告，而且資產的評價經常令人懷疑其公正性。公司發布錯誤訊息，意圖操縱證券價格，不論對首次公開發行的股票，或在交易市場流通的股票都是如此。證券法公布後，公司制度的改革雖然緩慢，卻步步為營。一九五一年本書的第三版，提到公司濫權的情形已不存在，取而代之的是，葛拉漢和陶德對股東與管理階層關係的探討。這些問題集中在管理階層的經營能力和股利政策上。

《有價證券分析》一書的精華指出，一個經謹慎選擇，且已分散風險，合理價格的普通股投資組合，才可能是聰明的投資。謹慎的詳細陳述，葛拉漢幫助投資者明白其投資策略的邏輯，貢獻良多。

貢獻一：定義投資與投機

葛拉漢遇到的第一個問題是，缺乏一個單一而廣泛的投資定義。引用布蘭岱斯（Justice Brandeis）的話，葛拉漢指出：「投資一詞含有許多意義。」但並未提及該項投資指的是股票（因此是投機的定義）或債券（因此是投資的定義）。購買高風險的債券，不能因為它是債券，就看作是一項投資；股票若每股的價格小於它的流動資產淨額，也不能只因為它是股票，而被視為是投機。不管債券或股票，葛拉漢說決定用借款購買有價證券，並希望於短期內得到利潤，這就是投機。在此，葛拉漢表示，投資的動機更甚於有價證券本身，決定了該項交易是投資或投機交易。

考慮該問題的複雜度，葛拉漢提出自己的定義。「投資就是在經過完整的分析研究之後，認為可以確保本金的安全，並能得到令人滿意的報酬。不符合這些要求的操作便屬於投機。」葛拉漢較喜歡將投資說成證券操作，而非只購買單一證券。他一直都主張以分散投資來減少風險。

他所堅持的「完整分析研究」被解釋為「基於現有的原則和合理的邏輯，對所有可取得的事實小心研究，以期能獲致有用的結論」。葛拉漢進一步描述證券分析的三個功能性步驟：描述、評等和選擇。

在描述階段，分析師收集所有的事實與可得的資訊，用明智的態度去分析它們。而在評等階段，分析師關心用來傳遞信息的標準，是否具有參考價值。不可避免的，分析師對於事實如何客觀公平地陳述深感興趣。在選擇階段，分析師判斷討論範圍內的有價證券是否值得投資。

貢獻二：提出以投資觀點買股票的策略

葛拉漢提到，考慮有價證券的投資，一定要顧及本金安全和滿意的報酬率。葛拉漢解釋，安全並不是絕對的。在合理情況下有損失也可視為安全的投資。但葛拉漢也確實承認，最不尋常或不太可能的突發事件，亦會導致安全性高的債券變成廢紙。滿意的報酬包括收益及證券的增值。葛拉漢提到，所謂「滿意的」是主觀字眼。他說，任何收入都算報酬（不論多低），只要投資人以一定的智慧採取行動，並堅守投資定義。一個人進行完整財務分析時，若能基於合理邏輯，指出可接受的報酬率，同時，不危及本金安全，由葛拉漢的定義看來，就是個投資人而非投機客。

若不是因為債券市場表現不佳，葛拉漢對投資的定義勢必會被忽視。但在一九二九年和一九三二年之間，道瓊債券平均指數從九七．七〇下跌到六五．七八，我們不能粗心認為債券也是一種純粹的投資。就像股票一樣，買賣債券可能令投資人虧損，而且更有許多債券發行公司宣布破產。因此，我們所需要的是一個可以判斷股票與債券的相對投機性的操作定義。

終其一生，葛拉漢都在憂心投資與投機的爭議。到了晚年，他更是沮喪地看著法人機構投資者採取顯然是投機買賣的交易行為。經過一九七三年到一九七四年的空頭市場風暴後不久，葛拉漢被帝傑證券（Donaldson, Lufkin & Jenrette）邀請參加一個基金經理人會議。他坐在會議圓桌前，被其他的專業領域同儕的行為震驚。「我無法理解，」葛拉漢表示：「法人機構的資金管理如何從穩健的投資政策，退化為這種試圖在短期內獲取最高可能報酬的瘋狂競賽。」

葛拉漢的第二項貢獻是在提出區別投資和投機之間的差異之後，建立了一套以投資的觀點去買賣股票的方式。在《有價證券分析》一書出版前，以計量方法選擇股票的模式尚未建立。一九二九年之前，股市掛牌買賣的股票主要是鐵路公司。工業和公用事業公司只占上市股票的一小部分而已。銀行和保險公司是那些有錢的投機客所喜歡的，卻尚未掛牌。那些主要業務是鋪設鐵路的公司，因其股票價格近於票面價值，而成為投資標的。而且這些公司也有實質資產價值做其後盾。

造成股票大跌的三個力量

當美國進入一九二〇年代的多頭市場時，股票上市的情形，包括工業股票，開始有了改善。經濟繁榮助長了進一步的投資，最顯著的是不動產。儘管一九二五年佛羅里達不動產市場曇花一現，以及接下來在一九二六年的佛羅里達不動產的破產，商業銀行和投資銀行業務公司仍繼續推薦不動產。不動產投資鼓勵投資活動和企業活動，藉此繼續煽動樂觀主義的火焰。正如葛拉漢所提到的，不受抑制的樂觀主義能導致狂熱投機，而其中一個主要特性是它無法記取歷史教訓。

回顧過去，葛拉漢察覺造成股票市場大跌的，有三個力量。第一，股票交易所和投資公司對股票的操縱。每一天，經紀商會被告知「炒作」的股票，以及如何放出消息，控制股票的漲跌。第二是以股票質押貸款買股的銀行政策。銀行借款給投機客，接著投機客提心弔膽等候從華爾街傳來的最新情報。銀行出借給購買證券者的資金由一九二一年的十億美元，上揚到一九二九年的八十五億美元。既然這種放款是藉由股票價值做背書保證，當股市崩盤時，一切就像骨牌搭建起的房屋般，全部倒塌。時至今日，有證券法規可以保護個人投資者免於被經紀商欺詐，而與一九二〇年代比較，憑定金交易購買證券的情形大幅減少，但是有些領域法律仍無法規範。在葛拉漢的想法中，過度的樂觀主義應為股價的大幅下滑負責——這是第三個導致崩盤的力量。

一九二九年的危機並不是投機試圖假裝成投資，而是投資過度淪為投機。葛拉漢提到，歷史的樂觀主義是無法抑制的。經由持續多頭市場的鼓勵，投資人開始預期一個持續成長和繁榮的時代。那些股票的買主開始失去了他們對合理價格的判斷。葛拉漢表示，人們沒有做過任何數學估算，就草率付錢購買股票。在這個樂觀的市場中，股票的價格可以是任何數字。正由於這種高度的不理性，投機和投資之間的界限變模糊了。

當人們感覺到股票市場大跌所帶來的陰影時，普通股又再一次被認定為投機的一種不景氣開始，投資股票就被認為是一種詛咒。然而，葛拉漢表示，投資哲學會隨著人們心理狀況而有所改變。在第二次世界大戰之後，大眾對投資股票的信心再度上揚。葛拉漢在一九四九年至一九五一年間撰寫《有價證券分析》第三版的時候，他承認股票已經變成投資人投資組合中的一項有利籌碼。

三種買賣股票的方法

股票市場崩盤後二十幾年來，無數的學術研究曾對各種不同的股票投資方法做過分析。葛拉漢本身揭示了三種方法：橫斷法（cross-section approach）、預期法（anticipation approach）以及安全邊際法（the margin of safety approach）。

橫斷法相當於今日的指數投資法。正如葛拉漢所表示的，選擇個別股已為投資組合所取代。投資人會平均購買道瓊工業指數三十家公司的股票，獲益則相當於那些被挑選的公司。葛拉漢指出華爾街老手並不一定能夠達到比指數法更好的結果。

預期法可再分為短期選擇法和成長股票法。短期選擇法是個人在短期中選擇最有獲利前景的公司賺取利潤，這段期間通常是六個月到一年。華爾街花費許多精力預測經濟前景——包括銷售量、成本和盈餘——這些是公司能預期達成的。

根據葛拉漢所說，這種方法的謬誤在於營收和盈餘經常是易變的，而且短期經濟前景的預期也易於低估股價。最後，而且是比較基本的，葛拉漢估計一項投資的價值並不在於它將會在這個月或下個月賺得利潤，也不是下一季的銷售量將會提高多少，而是長期來看，該項投資預期會對投資人帶來什麼樣的報酬。基於短期資料的決策經常是表面且短暫的。不出所料，因為短期選擇法強調經濟情勢的變動與交易，而成為華爾街上較占優勢的投資策略。

成長型股票，簡單定義，就是指公司的銷售與獲利成長率，高於一般企業的平均水準之上的股票。葛拉漢使用全國投資人協會（National Investors Corporation）的定義指出，成長型公司是指盈餘隨著週期而不斷成長。葛拉漢解釋，要成功運用成長型股票法，其困難主要在於投資人是否有能力判斷、辨認出成長型公司，然後確定目前的股價已反映出多少公司成長的潛能。

每個公司都有所謂的利潤生命週期。在早期的發展階段，公司的銷售額加速成長，盈餘開始出現。在迅速擴充階段，銷售額繼續成長，收益擴張，而且盈餘急遽增加。當公司進入穩定成長階段，銷售額的成長速度開始減緩，盈餘也是。在最後一個階段，由穩定而衰退、總收入滑落，而且利潤和盈餘都降低。

購買價格被低估的股票

依照葛拉漢所提到的，採用成長股票法為投資策略的投資人，會面臨兩難局面。如果他們選擇一家處於迅速擴充階段的公司，可能會發現公司的成功只是短暫的。因為這家公司將無法承受年復一年的考驗，那些公司的利潤可能無法長久。另一方面，處於穩定成長階段的公司，可能好景不長，當盈餘開始衰減時，很快的公司進入一個「穩定衰退」的時期。數十年來，要準確指出一家公司是處在生命週期的哪個階段，一直是財務分析師頭痛的問題。

假設投資人已經正確挑選出一家成長型公司，投資人應該要付什麼樣的價格才合理？顯而易見地，如果公司廣為人知是在某一繁榮時期，它的股價相對而言會比較高。葛拉漢問道，我們如何知道價格是否過高？這種答案很難決定，此外，即使決定正確，投資人將立刻面對一個新的風險——該公司將會成長得比預期中更緩慢。如果這種情形發生，投資人就會支付過高的股價，因為股票市場的修正機能，可能將使股票的價格下跌。

引用葛拉漢的話，如果分析師對於公司未來的成長抱持樂觀態度，而且進一步相信該公司將適合加入投資組合中，分析師有二個購買技術可運用：當整個市場都以低價（一般而言常發生在股市回檔的過程，也就是處在空頭市場中）交易時，可以購買該公司的股票，或當交易價格低於它的實質價值時購買，雖然當時整個市場的實質價位並不低。葛拉漢表示，不管採用哪一種購買技術，均應考慮「安全邊際」（margin of safety）。

不過只在股市低檔時才買進證券的投資策略，將導致一些困難。首先，它誘騙投資人發展公式以顯示出市場在哪一點是昂貴的，以及在哪一點又是便宜的。葛拉漢解釋，投資人此時將鎮日緊盯大盤漲跌，但無法真正預測股價。第二，當股市處於平穩價格時期，投資人將無法靠購買股票獲利。然而，若要等待股市回跌才購買股票，可能不但麻煩而且到頭來也是沒用的。

葛拉漢建議投資人，將精力用在辨認價格被低估的股票，而不管市場上的股價高低。葛拉漢承認，要使這個戰略有系統的運作，投資人需要方法或技術來判斷價值被低估的股票。分析師的目標是培養出能夠計算實質價值及分辨股價低於實質價值股票的能力。「買進被低估的證券，而不管市場水平」在一九三〇和一九四〇年代是個新奇的主意，但提出此一戰略則是葛拉漢的目標。

設立安全邊際

葛拉漢將穩健投資的概念濃縮成一句箴言「安全邊際」，這個箴言尋求整合所有的證券，將股票和債券以單一方法評估投資。舉例來說，如果一位分析師回顧某公司的營運歷史發現，平均而言，在最近的五年，該公司每年賺得之盈餘為固定費用的五倍，則公司的債券便達到了安全邊際。葛拉漢並未預期投資人能正確判斷出公司將來的收益。不過，他指出如果盈餘和固定費用的差額夠大，即使公司出現料想不到的利潤衰退，投資人也不會受到損失。

建立安全邊際的概念並不太困難。真正考驗葛拉漢的是這個方法是否適用於股票。葛拉漢推測如果股票的價格低於它的實質價值，則股票存在一個安全邊際。很明顯地，為了應用這個概念，分析師需要一些技術來決定公司的實質價值。葛拉漢對實質價值的定義正如《有價證券分析》一書所示，是「被那些事實決定的價值」。這些事實包括公司的資產、盈餘和股利，以及任何將來發生機率極高的事件。葛拉漢認為在決定公司的價值時，唯一重要的因素是它將來的獲利能力。簡言之，公司的實質價值能夠藉由估計公司的盈餘，乘上適當的資本化因子算出。這個因子或說是「乘數」（multiplier），受公司盈餘、資產、股利政策和財務狀況穩定與否的影響。

葛拉漢提醒，用實質價值計算股價，會被分析師對公司未來經濟狀況的不精確計算所限制。葛拉漢認為分析師的預測和計算結果，可能會被一些潛在的未來因素輕易否定掉。銷售量、定價和費用的預估是困難的，如此使得運用「乘數」計算股價，變得更加複雜。不過，別被嚇到，葛拉漢提議安全邊際法，能夠成功地在三個區域奏效。首先，它在穩定的證券，如債券與特別股運作良好；其次，它能夠運用在比較分析上面；第三，葛拉漢指出，如果公司的股價及其實質價值之間的差價夠大，安全邊際的概念就能夠用來選擇股票。

葛拉漢要求讀者接受「實質價值是令人無從捉摸」的概念。只有直接由市場行情價格來觀察，才能看出端倪。本來，實質價值被認為與公司的帳面價值相同，或者是公司的實質資產總值減去負債的總數。這個概念與早期認為實質價值可明確被估算有關。然而，分析師後來知道一家公司的價值不但是它的資產淨值，實際上，也包括這些資產所產生的盈餘價值。葛拉漢認為精確地決定公司的實質價值，並不必要。但是，取而代之的是，必須接受一個近似的衡量或評價範圍。為了要建立安全邊際，分析師只需要一個相對於市場價格的數字，看看它遠高於或低於市場價格。

掌握淨資產價值

葛拉漢表示，財務分析不是一門精確的科學，有一些特定的量化因素——包括資產負債表、損益表、盈餘和股利、資產與負債科目——它們對完整研究分析股票來說，有極大貢獻。當然，也有一些不容易分析的質化因素；雖然如此，卻是公司計算實質價值過程中必要的因素。而兩個最常見的質化因素是「經營能力」和「企業的本質」。

葛拉漢通常對於過度強調質化因素感到擔憂。關於某些意見指出，經營管理和企業的本質不容易被衡量，葛拉漢推論可能是測量錯誤的關係。葛拉漢不是認為這些質化因素沒有價值，但當投資人過度重視這些無從捉摸的概念時，潛在的失望便會增加。對質化因素抱持樂觀主義，通常導致建立一個更大的乘數。葛拉漢的經驗使他相信在某種程度上，投資人會把注意力由可見的固定資產移轉到無形資產，例如經營能力和企業的本質，而這會暗中為他們帶來具有風險的思考方式。

葛拉漢表示，投資人必須確定立場，一開始就以淨資產價值當作基本的出發點。如果你購買資產，你的下限將被限制在那些資產的變現價值上。葛拉漢推論說，如果那些預測無法實現，沒有人能把你從樂觀的成長預測失敗中救出來。如果一家公司被認為是一家有吸引力的企業，並可以預知其未來豐厚的盈餘，無庸置疑它會吸引越來越多的股票買主。葛拉漢表示，「所以他們（投資人）將會出高價購買它。同時，這種價格盈餘比（本益比）將逐漸增加。當越來越多的投資人被預期的回收迷惑時，價格很容易偏離其現有價值，而創造出一個美麗的泡沫，然後不斷擴大，直到它終於必須破裂。」

葛拉漢表示，如果大部分公司的實質價值來自於經營的品質、企業的本質和樂觀的成長規畫，那麼幾乎就沒有安全邊際可言。另一方面，如果公司的實質價值大部分來自於可量化的因素，葛拉漢指出，投資人的風險則是有限的。固定資產可量化，股利可以量化，現在的盈餘與過去的盈餘也是可量化的。這裡的每個因素都可以用數字證明，並藉由自己的經驗做為參考根據。

投資的兩個法則

葛拉漢表示，良好的記憶力是他的一個負擔。這是指他對生命中發生過的兩次財務危機記憶。那使得他運用了降低資本風險及重視成長潛能兩者兼顧的一種投資方式。葛拉漢表示，投資有兩個法則：一、嚴禁損失；二、不要忘記第一個法則。這個「嚴禁損失」的哲學促使他發展出兩種選擇股票的方法。在應用這兩種方法時，都要堅守安全邊際。第一個方法是，以低於三分之二的淨資產價值買進某一公司的股票；第二是將注意力集中在有較低本益比的股票上。

以低於淨資產價值的三分之二價格買進，剛好符合葛拉漢所考慮的，而且也滿足他所要求的數學期望值。葛拉漢沒有把公司的工廠、財產和設備列入考慮範圍。此外，他扣除所有公司的長短期負債，只注意流動資產淨額。如果股價低於上述的計算結果，那麼葛拉漢認為購買此公司的股票，其安全邊際已達一定水準，且投資人的資本已獲保障。葛拉漢認為，這是連投資笨蛋也會處理的方法。他進一步解釋說，這些結果是基於股票投資組合（分散投資）所產生的可能結果，而非單一股票為考量基礎。在股價低迷的市場中這類股票很多，而在行情上漲期間卻極為少見。

在投資之前等待市場回跌，可能不合理，所以葛拉漢繼續研究設計了第二種購買股票的方法。他集中焦點於股價下跌、本益比低的股票上。此外，公司必須有一些正資產淨值。換句話說，公司的負債必須低於它本身的價值。在他職業生涯期間，葛拉漢運用這個方法引申出許多變化，幫助他進行研究。他過世之前不久與西德尼．寇特（Sidney Cottle）合作修訂《有價證券分析》的第五版。當時，葛拉漢正在分析十年來符合某些財務條件的股票，這些條件包括：低本益比、股價等於它過去最高價的一半，以及資產淨值為正的公司。葛拉漢測試一九六一年以後的股票，而且發現那些結果都非常符合他的期望。

這兩種方法（以低於資產淨值的三分之二價格買進股票；和買進低本益比的股票）

所挑出的股票，雷同的情形甚多。葛拉漢以這些方法精選出來的股票，非常不受市場歡迎。一些大小事件，造成市場讓這些股票的價格低於它們的實質價值。但他強烈認為這些「低得不合理的股票」相當吸引人購買。

葛拉漢的信念是建立在某些特定的假設上。首先，他相信市場經常給予股票不適當的價格，這種錯誤的標價往往是因為人類懼怕和貪婪的情緒而引起的。以極度的樂觀主義來看，貪婪使股票價格爬升到超過它們的實質價值，連帶的造成市場高估股價。

另一方面，懼怕使股票價格低於它們的實質價值，連帶造成市場低估股價。第二個假定是基於統計上的現象「調整到平均數」，雖然葛拉漢沒有使用這個名詞。以辯者的口吻，他引用霍勒斯（Horace）的話表示，「許多應被買進的股票價格都下跌了，而許多價格應該下跌的股票卻炙手可熱。」雖然話是這麼說，他相信投資人能夠從無效率市場的修正力量中獲取利潤。

菲利普·費雪

當葛拉漢在撰寫《有價證券分析》的時候，菲利普·費雪開始了投資顧問生涯。他進入史丹佛大學商學管理研究所之後，開始在舊金山的盎格魯倫敦暨巴黎國家銀行（Anglo London & Paris National Bank）當分析師。僅短短的兩年，他已經成為銀行統計部門的主管。就在他身居高位期間，他目睹了一九二九年的股市崩盤。然後，經歷了短暫的經紀商職業生涯後，費雪決定成立自己的投資顧問公司。一九三一年三月一日，費雪的公司開始徵求客戶。

在一九三〇年代初期成立投資顧問公司，可能顯得十分不智。然而費雪卻出乎意料之外地掌握了二項優勢。首先，每個手中握有資金的投資人，經歷了股市崩盤之後，大部分會對自己目前的經紀人感到不滿；其次，商業人士在不景氣期間，曾經和費雪進行過多次的會談。

在史丹佛時，費雪修習的一個商業課程，指定他必須和教授到舊金山地區做短期訪問，加入企業主管一連串的討論，並研究他們公司的問題。回到史丹佛途中，費雪和他的教授不斷談論那些他們拜訪過的公司和管理階層。費雪說，每個星期的那幾個討論時段，是他受過的訓練中對他最有助益的。他提到，就是這些經驗使他相信超額利潤的創造是經由投資那些潛力在平均水準之上的公司，以及與那些最有能力的經營階層結盟。為了要選出這些有獨特潛力的公司，費雪發展出「計分系統」（point system），以企業本身的特質和它的經營管理能力為基準，評列其等級。

評列標準一：成長率要高於平均水準

企業的特質中，讓費雪留下深刻印象的，往往是公司能以高於一般企業水準的能力，使銷售與利潤年復一年的成長。為了要達成這個目標，費雪相信公司需要擁有「一些產品或服務，至少在數年之內有充分的市場潛力，使銷售大幅成長」。費雪並不太在意銷售上的每年持續成長。然而，他以公司在數年內的整體表現來判斷其優劣。他深知商業景氣循環的變動，對銷售額與利潤影響深遠。費雪以十年為週期，找出那些在十年間，成長率高於平均水準的公司。依照費雪所說的，兩類能夠預期獲得高於平均成長率的公司是「幸運且有能力的」和「幸運來自其能力的」。

美國鋁業公司（Aluminum Company of America）就是個例子。費雪表示，這家公司是「幸運且有能力的」，因為公司的創立者具備卓越能力，所以公司才有卓越不凡的表現。公司管理當局高瞻遠矚，預見自家公司產品在商業用途的未來潛力，並雄心勃勃的工作，擴張鋁用品市場以增加其銷售量。這家公司也是「幸運的」，費雪表示，因為管理當局可以及時控制外在事件，對於公司和它的市場剛好有正面影響。航空運輸業的迅速發展，促使鋁的銷售量急遽增加。正因為航空工業的發展，美國鋁業公司獲取的利潤遠超出原來的想像。

照費雪所言，杜邦是一家屬於「幸運來自其能力」的企業。「假如杜邦仍停留在銷售他最初的產品——火藥，公司最多也只會發展成像大多數典型的採礦公司一樣。但因為管理當局善於利用公司為製造火藥而發展出的技術，因而能夠製造出新的產品，包括尼龍、玻璃紙和透明合成樹脂。這些產品創造出它們自己的市場，為杜邦賺進數十億美元的銷售金額。

費雪表示，公司為研究和發展所做的努力，對維持公司超水準的銷售成長潛力有相當大的貢獻。費雪解釋，很明顯的，若非對研發投入大量努力，杜邦和美國鋁業公司都無法維持長期的成功。他表示，即使是非技術性的企業，亦需要投入更專注的研究發展心力，以生產品質更好的產品和更有效率的服務。

除研發之外，費雪也測試公司的銷售組織。對他而言，公司雖能發展傑出的產品和服務，但是除非他們做「專業化行銷」，否則投入在研發的努力將無法轉化為市場銷售。銷售組織的責任在於幫助顧客了解公司的產品和服務的優點。費雪解釋，銷售組織也應該觀察其顧客的購買習慣，且能夠注意到消費者需求的改變。如費雪所說，銷售組織是市場和研發單位之間一個無價的環節。

評列標準二：必須能幫股東賺到錢

然而，單有市場潛力是不足的。費雪相信，即使有能力使銷售成長在平均水準之上，如果公司無法為股東賺取利潤，就不宜投資該公司。他表示，「如果多年來，利潤不能夠相對成長，則所有的銷售成長都不代表公司股票是正確的投資工具。」因此，如上所述之理由，費雪的投資研究包括：檢驗公司收益、公司對維持收益或保持收益成長的決心，以及公司的成本分析和會計控制。

費雪相信超額的投資收益，永遠無法在僅有正邊際收益的公司實現。那些公司時常在景氣擴張期間產生足夠的利潤，反之在經濟不景氣期間，其利潤總是迅速衰退。因此，費雪尋找的投資對象不但是成本最低的生產者或服務提供者，而且是致力於維持此利潤的公司。

損益平衡點較低的公司，或是擁有相對較高收益率的公司，比較能夠經得起衰退經濟環境的考驗。最後它終能逐出較弱的競爭者，因而強化自身的市場地位。

費雪表示，沒有哪一家公司能永遠維持住利潤，除非該公司能夠同時分析其成本結構，並了解製造過程每個步驟所耗費的成本。他解釋，為了要這樣做，公司必須慢慢落實會計控制和成本分析。費雪表示，這個成本結構的資訊，使公司能夠將它的資源集中於那些最有經濟效率的產品或維修。此外，會計控制將幫助公司認清作業過程中料想不到的障礙。這些障礙或無效率扮演著早期警告信號，以保護公司的總體獲利能力。

費雪對公司利潤的敏感度與另外一點密切相關——公司不以增資發行股票籌措財源，以維持公司未來持續成長的能力。他表示，如果公司只能夠藉由發行股票而成長，那麼流通在外的大量股票，將會稀釋任何股東可能從公司的成長而獲得的利潤。他解釋，高收益率的公司，若能由公司內部產生營運資金，將有較高的投資報酬。這些資金能夠不經由發行新股，而稀釋現有股東所有權的方式繼續維持公司成長。除此之外，能夠對本身固定資產與營運資本所需的現金，做好適當成本控制的公司，較有能力管理其現金需求，同時避免使用現金增資方式募集資本。

評列標準三：正直誠實的經營者

費雪明確指出，傑出的公司除了要擁有高於平均水準之上的企業特質外（如上所述），同樣重要的是，還必須具有經營能力高於平均水準的經營者。

他表示，這些經營者應有強烈決心發展新的產品與服務，以便產品與服務的獲利能力被榨取殆盡之後，仍能繼續刺激長期的銷售成長。費雪表示，源於對現有生產線產品與服務的信心，許多公司樂觀相信未來公司會有足夠的成長，而能維持幾年的營運。但是，很少有公司制定出能維持未來十到二十幾年持續利潤成長的政策。「經營者必須定出長期生存的公司政策，」他表示，「為了達到這些目標，這個概念要求的是長期的獲利，因此，必須將短期利潤列為次要目標」。他解釋說，放棄短期利潤不應與犧牲現實利潤混為一談。能力超過平均水準之上的經營者，應同時有能力履行公司長程計畫，並且能夠注意到公司每日的運作情形。

費雪問道，除了這個能力之外，企業有絕對正直和誠實的經營者嗎？那些經營者的行為是否符合股東受託人的身分，抑或他們只關心自己的福利？費雪相信，欲明瞭經營者的意圖，唯一的方法，就是觀察他們如何與股東溝通。所有的企業，不管是好是壞，都會經歷一段出人意表的艱困時期。一般而言，當企業營運狀況不錯的時候，經營者會暢所欲言；但是當企業走下坡時，他們會開誠布公表明公司的困難還是會沉默不語？費雪表示，經營者對企業困境的反應，可以看出他的經營態度。

他堅持，要使一個企業成功，經營者必須與全體員工發展良好的工作關係。他解釋，員工應該發乎真心覺得他們的公司是個工作的好地方。藍領階級員工應該覺得他們得到重視和適當的禮遇。拔擢員工時，應該讓他們覺得升遷是基於能力而不是偏愛。費雪亦問道，經營管理階層有無團隊精神？公司的總經理有一個智囊團嗎？他有能力授權指派代表，負責公司的部分營運嗎？

評列標準四：競爭優勢

最後，費雪檢視公司的特點，亦即企業和經營層面的特質，以及與其他同業公司比較的結果。在這個探索中，費雪試圖循著某種線索，引導他了解一家公司與其他競爭者相對的優越性。費雪宣稱，只是閱讀一家公司的財務報告，並不足以判斷是否應對該公司進行投資。審慎投資的基本步驟，是盡可能自熟悉該公司的人那裡獲取第一手資訊。不可否認，費雪正在嘗試詢問所有可問的問題，他稱這個隨機的詢問為「閒言閒語」。今日，我們可以稱它為企業的資訊「葡萄藤」狀網絡。費雪聲稱，如果處理得當，「閒言閒語」將可提供線索給投資人，幫助他們找出絕佳的投資標的。

費雪以「閒言閒語」的調查方式，去拜訪企業的顧客和企業本身。他尋找曾經為該公司工作的員工和顧問。費雪與大學裡的科學研究者、政府員工和商業機構的主管會面，他也訪談競爭業者。雖然主管有時可能不願對自己的公司揭露太多，但是費雪表示，他們從不缺乏對其競爭者的批評。「那是相當令人訝異的，」費雪說，「這是多麼正確的一張強弱相對比較圖，產業裡每個公司的真實狀況，或多或少可以從和這家公司有往來的人所透露的訊息中交織而成。」

大多數投資人不願意花與費雪相同的時間與精力去了解某家公司。發展「葡萄藤」狀的網絡，並且安排面談是很花時間的；而為每一家公司重複建立「葡萄藤」狀的網絡，更是件費力的工作。費雪藉由減少手上持有公司的家數，減輕自己的工作量才做到。依他所說，他寧願只擁有少數幾家優秀的公司，也不要好幾家平庸無奇的公司。一般而言，他的投資組合少於十個公司，而且時常是三到四個公司即占去他股票投資組合的七五%。

費雪相信要成功，投資人需要做好一些事情。這包括投資的股票是在投資人的競爭優勢圈裡。費雪表示，早期他的錯誤是「用超出自己有限經驗外的技巧，去做投資計畫。我開始投資那些我並不完全了解的公司，它們的經濟活動領域截然不同；而我也沒有任何相關可供比較的背景知識」。

背道而馳的兩種投資策略

葛拉漢和費雪之間的差異十分明顯。葛拉漢是個數量分析師，只強調那些能夠被測量的因素：固定資產、流動盈餘和股利。葛拉漢的調查研究工作只有包括公司的檔案和年報。與費雪不同的是，葛拉漢並不拜訪顧客、競爭者或管理階層。他只對發展那些能夠容易且安全地被一般投資人接受的投資方法有興趣。為了減少風險，葛拉漢建議投資人讓手上的投資組合盡量分散化。

費雪的投資方法可以被視為葛拉漢的對照。他是位重視特質的分析師，強調那些他相信會增加一家公司價值的因素：對未來成長的預期和管理階層經營的能力。然而，葛拉漢只對購買便宜的股票感興趣，費雪卻只購買實質價值有潛力長期成長的公司。不像葛拉漢，費雪會費盡心力，包括廣泛的訪談、揭露可能改進其選擇過程的任何蛛絲馬跡。最後一點，相對於葛拉漢，費雪較喜歡集中他的投資組合於少數股票。

巴菲特相信，這二種不同的投資策略準則「在投資世界裡是並駕齊驅的」。他本身的投資策略結合二者所長：對企業及其經營的一些特質做深入研究，這是向費雪學來的；而對於價格和價值這些數量上的概念，則是葛拉漢教導出來的。

截長補短再進化

葛拉漢一九七六年過世後不久，巴菲特成為葛拉漢實質價值投資法的公認接班人。的確，巴菲特的名字成為實質價值投資法的同義字。這個評價顯然是合乎邏輯的，他是葛拉漢最傑出的入室弟子，巴菲特本人從不錯過任何機會去報答葛拉漢的教導啟迪之恩。即使今天，巴菲特認為葛拉漢是在他的父親過世之後，唯一對他的投資生涯有如此深遠影響的人。

然而，對於例如美國運通（American Express）、華盛頓郵報公司（The Washington Post Company）、蓋可保險公司、首都／美國廣播公司（Capital Cities/ABC）、可口可樂公司、富國銀行（Wells Fargo & Company）等企業的股票購買，是否有違葛拉漢的教導？以上所列舉的公司，沒有一家能夠通過葛拉漢嚴厲的財務檢驗，但是，巴菲特卻在這些公司裡投入龐大資金。

不困守葛拉漢價值投資

毫無疑問地，巴菲特早期的股票投資生涯致力於葛拉漢投資方法的實踐。為了尋找股價低於淨營運資本的公司，他買了一家無煙煤公司、一家有軌電車公司和一家風車公司的股票。很快地，巴菲特開始了解，他曾經以葛拉漢嚴格的數量指導方針所投資的一些股票，是沒有利潤的投資。當他在葛拉漢紐曼合夥公司工作的時候，巴菲特的研究使他深入分析一家公司的財務報告，希望藉此了解是什麼因素導致公司的股價下跌。巴菲特所學到的是，許多他曾經以低廉價格買進的公司股票（因此他們已符合葛拉漢的財務檢驗）之所以便宜的原因，是因為其所屬公司的營業狀況正面臨危機。

早在一九六五年，巴菲特便開始注意到葛拉漢買進廉價股票的策略並不實用。他表示，葛拉漢的公司實質價值法，以低價買進某公司股票後，該公司經營上的變動有機會使投資人以高價賣掉手上的股票。巴菲特稱這個投資策略為「雪茄尾」。走在街上，投資人的眼睛只注意著地上的雪茄尾巴，然後將之拾起吸上最後的一口菸，雖然它是一口汙穢的菸，但是它的超低交易價格讓這口菸顯得更有價值。為使葛拉漢的投資策略奏效，巴菲特力辯，必須有人扮演流通者的角色。如果市場上沒有人扮演流通者，就必須有其他的投資人樂於購買你公司的股票，如此才會使股票的價格上漲。

如同巴菲特解釋的，假設你支付八百萬美元給一家資產值一千萬美元的公司，而你又能適時賣掉這筆投資，那麼你將會有一筆可觀的利潤。然而，如果此時公司潛在的營運狀況不佳，而須耗費十幾年的時間來銷售該家企業，你的總利潤有可能會低於平均水準。巴菲特學習到「時間是績優企業的朋友」、「平凡者的敵人」，除非能夠適時清算這家表現惡質公司的資產，並從購進價格和該公司資產的市場價值的差價中獲利，否則他的績效將重蹈該企業糟糕的經濟狀況。

從他最早期的投資錯誤經驗中，巴菲特開始不再嚴格遵奉葛拉漢的投資策略。他承認，「我進化了，但是我並沒有優雅地從人猿演化成人類，或從人演變成人猿。」相對於公司的量化層面特徵，他此時開始重視某些公司的質化特徵，但他仍然發現自己亦有尋求市價低於實質價值的投資。「我所遭受的處罰，」他承認，「是農業機械製造業（登普斯特）、百貨公司（赫區柴德肯恩），和新英格蘭紡織業（波克夏哈薩威）的不景氣，但也帶給我許多教訓。」

巴菲特試圖解釋他的兩難，並引用凱因斯的話，「困難並不在於投入那些新的主意，而是來自跳脫出舊的圈套。」他承認，他的進化一度停擺，因為葛拉漢教他的東西太寶貴了。

即使今天，巴菲特仍然不忘葛拉漢的基本理念：安全邊際的理論。「在讀他的理論四十二年後，」巴菲特表示，「我仍然認為那是正確的。」巴菲特從葛拉漢那兒所學到的是，成功投資必備的條件是，股票的市價必須低於公司本身的實質價值。

一九八四年，在哥倫比亞大學為紀念《有價證券分析》出版五十週年的慶祝會演說時，巴菲特解釋，有一些成功的投資人承認葛拉漢是他們公認的精神領袖。巴菲特表示，葛拉漢提供安全邊際的理論，但是，每個學生各自發展出他們不同的方法應用這個理論，來決定公司的實質價值。然而，最重要的是，他們都在尋找公司的實質價值和公司有價證券價格間的差價。對巴菲特的購買行為產生誤解的人，無法將理論學說和實踐方法兩者分別清楚。很顯然地巴菲特服膺葛拉漢的安全邊際理論，但是他肯定已脫離了葛拉漢的方法。根據巴菲特的說法，最後一次以葛拉漢的數量法而能輕易賺取利潤的時機，是在一九七三到一九七四年之間。

汲取費雪的質化理論

早在一九六九年，巴菲特就已經閱讀費雪的著述。但是孟格應該是將巴菲特思想轉為費雪主張的關鍵人物。從某方面而言，孟格使費雪的公司質化理論具體化，對優勢企業的價值，有著敏銳的觀察力。時思糖果店和《水牛城新聞報》是經營良好的公司，在市場上得到合理價格的實際例子。孟格傳授給巴菲特有關如何尋找優秀企業的智慧。

葛拉漢，一位美國東岸學者，提出低風險的量化投資策略；費雪，這位西岸企業家，則提出一種高風險的質化投資策略。有趣的是，巴菲特結合了葛拉漢的量化投資策略和費雪的質化投資策略，並在內布拉斯加州自立門戶，而這地方正界於東西岸之間。

巴菲特從費雪那兒學習到，企業的類型對投資相當重要。他也學習到經營管理階層的良窳，能影響潛在的企業價值，因此，企業經營管理狀況也是投資研究的重要項目之一。費雪建議，為了要完全了解企業的訊息，投資人必須全面調查公司和它的競爭者。從費雪那兒，巴菲特學習到「葡萄藤」資訊網絡的價值。經過這些年，巴菲特已經建立一個接觸面廣泛的網絡，以協助評估不同的企業。

最後，費雪教導巴菲特不要過分強調投資的多元化。根據費雪的方法，投資人已經被誤導，以為把他們的雞蛋放在幾個不同的籃子裡，便可以減少風險。購買太多股票的缺點，在於我們變得無法注意各個不同籃子裡的蛋。投資人的風險是，他們對比較熟悉公司的投資顯得太少，而對陌生的公司又投資得太多了。依照費雪的理論，貿然買進一家未經透徹了解的公司，可能要比有限的投資組合承受更大的風險。

葛拉漢並沒有想過企業的特質，也不曾思考過企業經營管理的能力。他將其研究領域限制在公司的資料和年報上。若是有因為股價小於公司的資產而獲利的數學機率，葛拉漢就購買這家公司的股票，不管它的企業本質或經營管理狀況。為增加成功機率，葛拉漢盡可能選擇購買這些統計結果樂觀的公司。這個想法和費雪的主張南轅北轍。如果葛拉漢的理論限制在這些教條上，巴菲特將不會如此尊重他。但是葛拉漢所強調的安全邊際理論學說，對巴菲特是如此重要，以致葛拉漢投資策略上的其他缺點都被忽略了。

從市場情緒中抽離

除了安全邊際理論成為巴菲特投資策略理論的思考架構外，葛拉漢幫助巴菲特正確認知到跟隨目前股票市場波動的荒謬。股票包含投資和投機二種特性，這是葛拉漢教給巴菲特的。安全邊際幫助人們了解股票的投資特性。股票投機的特性是人們懼怕和貪婪兩種情緒作用的結果。這些情緒，出現在大多數投資人身上，結果導致股價在公司的實質價值邊緣強烈上下震盪。葛拉漢又教導巴菲特，如果他能夠從股票市場的情緒旋風抽離，他將有機會從其他投資人的不理性行為中獲得利潤。因為，這些投資人的購買行為是基於情緒而非理性。

巴菲特向葛拉漢學習如何獨立思考。葛拉漢建議巴菲特，如果你已經由深思熟慮的判斷獲得合乎邏輯的結論，絕不要因為別人的不同意而被勸阻退縮不前。「你不會因為這些人的不同意，而判斷正確或錯誤。」葛拉漢寫下這麼一段話：「你之所以正確是因為你的資料和推理是正確的。」

巴菲特對葛拉漢和費雪的推崇是可理解的。葛拉漢給予巴菲特投資的思考基礎：安全邊際，並且協助巴菲特學習掌握他的情緒，以便於在市價的漲落中獲利。而費雪則給予巴菲特最新的、可行的方法學，使他能夠判定出好的長期投資。當人們了解巴菲特是葛拉漢和費雪投資學的綜合體時，巴菲特的投資行為經常引發的誤解，將可輕易化解。

笛卡兒（Descartes）寫道：「光是具備優秀的聰明才智是不夠的，重要的是能夠將之應用。」就是這種靈活應用的能力，區別了巴菲特和其他投資經理人的不同。他的許多同行智商都相當高、訓練有素且致力於投資事業，而巴菲特之所以地位較他們崇高，在於他有卓越的實踐能力，能將其投資策略付諸實行。

第3章

別人貪婪時，他戒慎恐懼

巴菲特說，當人們因貪婪或者受了驚嚇的時候，時常會以愚蠢的價格買進或賣出股票。巴菲特很早就認為，某些股票的長期價值是取決於企業的經營發展，而不是每日的市場行情。

當巴菲特於一九五六年開始投資合夥生意時，他的父親建議他，在買進之前必須三思，並說在二百點時，道瓊工業平均指數顯然是太高了。以一百美元起家的巴菲特尋思道，假設他當初真聽了父親的話，這一百美元就是他今天全部擁有的了。然而，不管一般股市平均指數，他開始用合夥人的資金進行投資。甚至在年紀尚輕時，他已能快速判斷抓住購買個別股的投資行為和預測一般市場走勢的投機行為之間的差異。儘管購買股票須具備某些會計和數學的技巧，且要理清市場價格的起落不定，又需要投資人控制自己的情緒起伏。但巴菲特在他的投資生涯期間，已經能夠不被股市情緒的力量所左右。

除了電腦程式和一些黑箱作業之外，市場仍然是由投資人所組成。因為情緒比理性更為強烈，懼怕和貪婪使股價在公司的實質價值附近震盪起伏。

相較於公司的基本面因素，投資人的情緒對股票的價格有更顯著的影響。巴菲特說，當人們因貪婪或者受了驚嚇的時候，他們時常會以愚蠢的價格買進或賣出股票。巴菲特很早就認為，股票的長期價值是取決於企業的經營發展，而不是每日的市場行情。他表示，長期而言，公司的市場價值逐步上升，該企業的普通股價格也將提高。反之，如果公司經營不善，股價也會反映出這個問題。當然，短期內，股票的價格會在其企業價值上上下下地波動，但其中情緒遠勝於經濟面的影響。

你的合夥人是市場先生

葛拉漢教導巴菲特投資人和投機客之間的基本差異，在於他們對股價的看法。葛拉漢表示，投機客試圖在價格的起伏之間獲益；相反地，投資人只尋求以合理的價格取得公司的股票。葛拉漢告訴巴菲特，成功的投資人經常有某種特殊的氣質，投資人最大的敵人不是股票市場，而是自己。投資人無論在數學、財務或會計上有多麼優秀的能力，若不能夠掌握自己的情緒，還是無法從投資過程中獲利。葛拉漢透過他命名為「市場先生」（Mr. Market）的寓言故事，幫助他的學生了解股票市場波動的愚蠢。巴菲特在波克夏一九八七年的年報中，與他的股東分享葛拉漢的這則故事。

為了了解股票價格的非理性，試著想像你和市場先生是民營企業裡的合夥人。每一天，市場先生一定會提出一個他樂意購買你的股票，或將他的股票賣給你的價格。很幸運地，你所持有的股票具穩定的經濟特性，但是市場先生的報價卻非如此。因為你明白市場先生在情緒上並不穩定。所以你可以發現，有些日子，市場先生是快活的，並且只看到眼前美好的日子，當這些日子來臨的時候，市場先生報出非常高的價格。其他日子，市場先生則相當沮喪，只見到眼前的困難，對你們共有的股份報價甚低。

葛拉漢說，市場先生還有一個可愛的特色，他不介意被人冷落。如果市場先生所說的話被人忽略了，他明天還會回來，同時提出他的新報價。葛拉漢向他的學生提出警告，市場先生對我們有用的是他口袋中的報價單，而不是他的智慧。如果市場先生看起來不大正常，你大可以忽視他，甚或利用他這個弱點。但是如果你完全受他左右，後果將不堪設想。

巴菲特提醒他的股東，成功的要件是必須具有良好的企業判斷力，和保護自己不受市場先生掀起的狂風所害。巴菲特承認，為了與市場的愚蠢本質保持距離，他總是將葛拉漢的寓言謹記在心。

不要相信有人能預測短期股價

葛拉漢說：「離華爾街越遠，你就越會懷疑所謂的股市預測或時機。」既然奧瑪哈離紐約那麼遠，所以巴菲特不相信市場預測是很合理的事。巴菲特無法預知短期內股價的變動，也不相信有誰可以做到這一點。他長久以來的感覺是「股市預測專家存在的唯一價值，是使算命先生更有面子而已」。

一九九二年，巴菲特破天荒提出了預測。他認為九〇年代標準普爾五百指數不太可能像它在八〇年代有平均以上的收益表現。在八〇年代，股票投資報酬率的確比過去有些許增加。這個增加歸因於較低的公司稅以及大幅增加的負債比例或財務上的槓桿操作。而潛在價值的真正指標——營業毛利與資產周轉率——在這段期間並沒有很大改變。當然，如同在八〇年代，股票市場能夠長期接受股價過高或過低的情形，但是股價無法永遠維持在高過公司實際營運狀況的水準。

巴菲特不會因為市場價格情況的改變而停止收購行為。雖然偏高的市場價格可能讓誘人的交易減少許多，但巴菲特還是能夠發現吸引他的公司，進而收購它的股票。然而，在市場價格下跌、投資人普遍抱持悲觀態度的時候，具有吸引力的交易數量將會增加。巴菲特一九七九年寫了一篇名為〈在股市已經一片看好聲中，你將付出很高的價格進場〉的文章。當時，道瓊工業指數比股票的帳面價值略低，股東權益的平均報酬率是一三%；債券的利率則在九%和一〇%之間變動。然而，絕大多數的退休金經理人選擇購買債券而捨棄股票。把這種情形和投資人在一九七二年的態度做比較，當時股東權益報酬率為一一%，而且道瓊工業指數則處在股票帳面價值一六八%的水準。在此期間巴菲特注意到，退休金經理人將出售債券所籌得的資金大量投入股市。

一九七二年和一九七九年之間的差異到底在哪裡？巴菲特提供了一個可能的解釋：一九七九年時，投資組合經理人感覺到，既然無法了解短期趨勢，最好還是別碰股票為妙。巴菲特表示，雖然這樣的心態並非全然錯誤，但我們仍需承認下面兩句話，「未來的情況你永遠都摸不清」、「在股市已經一片看好聲中，你將付出很高的價格進場」。

巴菲特並不預期股票市場的漲跌。他的目標並不過分，事實上相當平庸。根據他的說法：「我們只是在別人貪心的時候保持戒慎恐懼的態度。但當所有人都小心謹慎的時候我們才會貪心，勇往直前。」當然，如同巴菲特指出的，了解其他大多數人的想法，並不能代替自己本身的思考。想要獲得大量收益，你就得小心評估各個公司在經濟面的基本體質。熱情擁抱目前最流行的投資方式或情報，無法保證你一定成功。

投資組合避險的謬誤

八〇年代，許多法人機構的經理人都被一個名為「投資組合保險」（portfolio insurance）的投資策略所吸引。這個投資策略是將投資組合的項目，永遠在高風險資產和低風險資產之間保持平衡，以確保它的收益不會低於某個預定的最低標準。當投資者持有的投資組合價值減少的時候，就是因為把資金從高風險的資產（股票）轉移到低風險的資產（債券或現金）。相反地，在所持有的投資組合價值上漲的時候，則是因為將資金從風險較少的資產轉移到風險較高的資產上面。因為要在個別有價證券間轉移數以百萬計的大量資金並不容易，所以投資組合經理人轉而以股票指數期貨（stock index futures）做為保障他們投資有價證券的方法。

巴菲特擔心，無知的投資人會在購買期貨時，存有大撈一筆的想法。他表示，由於購買期貨所需的保證金不高，常會引來一些如同賭徒一般的投資者，希望能在短期內獲取暴利。這種搶短線的心理，正是低價股票、賭場賭博以及彩券促銷者一直能夠生存的原因。巴菲特表示，要想有一個健全的投資市場，我們需要的是尋求長期獲利，並以此為投資策略的長期投資人。

為了要體會「投資組合保險」的謬誤，巴菲特要求他的讀者試著了解一個「地主思考」

模式。地主在買進農地之後，因為發現附近的農田價格下跌，於是告訴他的不動產經紀人賣掉農地。這就如同一個投資基金擁有奇異電器（General Electric）或福特汽車的股票，僅僅因為最近的一個成交價下跌而出售它的股票，或因上一個成交價上揚便買進股票。

有些評論指出，散戶在投資市場中被迫與大型法人投資機構競爭，這種情況對散戶非常不利。巴菲特認為這個結論並不正確。事實上，因為大型法人機構的投資者，常有一些反覆無常和不合邏輯的行為，散戶只要能夠堅守企業的基本面因素，就非常容易獲利。根據巴菲特的說法，散戶唯一的弱勢是，他們可能被迫在不適當的時機出售手中的股票。巴菲特認為，投資人必須在財務上和心理上都有充分的準備，以應付變化無常的市場。投資人應該了解，股價波動是常有的事。巴菲特相信，除非你能夠眼睜睜看著手中的股票跌到只剩買進價格的一半，而還能面不改色，不然你就不應該進入股票市場。

理性投資人的敵人：樂觀主義

巴菲特是眾所皆知的精明投資者。因為他總能在整個華爾街都厭惡某個企業，或者完全不把它放在眼裡的時候，看到它所具有的潛力，進而採取收購的行動。當巴菲特在八〇年代購買通用食品（General Foods）和可口可樂公司股票的時候，大部分華爾街的投資人都覺得這些交易實在缺乏吸引力。

一般人認為，通用食品是個不怎麼活躍的食品公司。而可口可樂給人的印象則是有保障、作風保守的公司，然而，從股票投資的角度來看，這家公司則缺乏吸引力。在巴菲特收購了通用食品的股權之後，由於通貨緊縮降低了商品成本，加上消費者購買行為增加，使得該公司的盈餘大幅成長。在一九八五年菲利普莫里斯（Philip Morris，美國一家香菸製造公司）收購通用食品公司的時候，巴菲特的投資足足成長了三倍。而在波克夏一九八八年和一九八九年收購可口可樂公司之後，該公司的股價已經上漲四倍之多。

在其他的例子裡，巴菲特更展現了他在財務恐慌時期，仍然能夠毫無畏懼採取行動的魄力。一九七三到一九七四年間是空頭市場的最高點，巴菲特收購了華盛頓郵報公司。他在蓋可保險公司面臨破產邊緣的情況下，將它購買下來。他在華盛頓公共電力供應系統（Washington Public Power Supply Systems）無法按時償還債務時，大肆進場購買它的債券。他也在一九八九年垃圾債券市場崩盤的時候，收購了許多雷諾納貝斯克公司（RJR Nabisco，美國的餅乾製造公司）的高殖利率債券。巴菲特說，「價格下跌的共同原因，是因為投資人抱持悲觀的態度——有時是針對整個市場，有時是針對特定的公司或產業。我們希望能夠在這樣的環境之下從事商業活動，並不是因為我們喜歡悲觀的態度，而是因為我們喜歡它所製造出來的價格。換句話說，理性投資人真正的敵人是樂觀主義。」

摒除以漲跌做為判斷依據

巴菲特發現一個奇怪的現象：投資人總是習慣性地厭惡對他們最有利的市場，而對於那些他們不易獲利的市場卻情有獨鍾。在潛意識裡，投資人很不喜歡擁有那些股價下跌的股票，而對那些一路上漲的股票則非常有好感。高價買進低價賣出當然賺不了錢。在巴菲特購買富國銀行的時候，這支股票的價格從它的最高點跌到只剩下一半。儘管巴菲特在較高的價格就開始收購富國的股票，他還是很樂意見到股票下跌的情形，並且把握這個機會做為低價投資組合加碼的手段。根據巴菲特的說法，**如果你期望自己這一生都要繼續買進股票，你就應該學會這種接受股價下跌趁機加碼的方式**。

理論上，對投資人而言，最理想的情形是在他們進場的時候一路都是空頭市場，直到他們決定賣出之前，來一個大多頭市場的噴出行情。巴菲特指出，投資人對於食物的價格可是一清二楚。因為知道自己永遠都得購買食物，所以他們喜歡較低廉的價格，而痛恨物價上漲。根據巴菲特的說法，只要對你所持有股票的公司深具信心，你就應該對股價下跌抱持歡迎的態度，並藉這個機會增加你的持股。

巴菲特相信，即使市場走向可能暫時忽視公司經營的基本面因素，但是公司本身的體質終究會反映到市場上。這樣的概念，對於那些不願花工夫做財務分析，而把股市漲跌當作最後裁決依據的人而言，是很難接受的。但是，這正是為什麼人們在股票市場難以獲利的原因。因為摒除了股票市場的漲跌是最後判斷依據的觀念，所以巴菲特能夠打破股票價格和價值的迷思。他說：「對我而言，所謂的股票市場並不存在。它只是一個讓我看看是否有人在那裡想要做傻事的參考罷了。」

巴菲特表示，因為他做的都是長期投資，所以短期的市場波動對他根本沒影響。大多數人對下跌的股價總是難以忍受，巴菲特卻自信滿滿，相信自己比市場更有能力評估一個公司的真正價值。巴菲特指出，如果你做不到這一點，就沒有資格玩這個遊戲。他解釋，這就好像打撲克牌，若你在玩了一陣子之後，還看不出這場牌局的凱子是誰，那麼，那個凱子可能就是你自己。

長久以來，巴菲特相信葛拉漢有關股票市場的告誡是正確的。股票市場並不是一個指標，它只是一個可以讓你買賣股票的地方而已。巴菲特擁有波珊珠寶店、時思糖果公司，以及《水牛城新聞報》已經有好幾年了。他完全不在乎每天的成交價格是漲是跌。公司本身經營得很好，和股市完全沒關係。那麼對於可口可樂公司、華盛頓郵報、蓋可保險以及首都／美國廣播公司，難道情況又該有什麼不同嗎？事實上，巴菲特對於他所持股公司營運狀況的了解和他自己的私人公司一樣清楚。巴菲特的注意力集中在這些公司的銷售、盈餘、利潤和資本轉投資的需求上。每天的股市成交價對他完全不重要。照巴菲特的說法，就算股票市場關閉十年，他也不會在乎——股市每個禮拜六、日休市，並未對他造成任何影響。

景氣就像賽馬場

如同巴菲特不相信所謂的市場時機，他也不投入任何資源來判斷經濟上的週期變化。他說，「就算美國聯準會主席艾倫．葛林斯班（Alan Greenspan，編註：從一九八七年接任美國聯邦準備理事會主席，連續五次獲得美國總統續任，經濟政策深深影響全球市場走向，已於二〇〇六年卸任）偷偷告訴我他未來兩年的貨幣政策，我也不會改變我的任何一項作為。」巴菲特和孟格都表示，他們完全不花時間去考慮失業率、利率或匯率等數據。他們也不讓政治因素干擾他們投資的決策過程。

根據巴菲特的說法，就算預先知道某個政治選舉的結果，也不會對他的投資策略做一絲一毫的改變。巴菲特的想法是，經濟的景氣就像賽馬場上奔跑的馬，有時候跑快一點有時候又跑慢一點，這是很正常的事。巴菲特和孟格較大的興趣還是集中在公司的基本面、經營管理以及價格上。此外，巴菲特對於通貨膨脹也特別注意，尤其是通貨膨脹對於企業營運收益的影響。

通貨膨脹不是經濟現象

巴菲特認為，通貨膨脹是一種政治現象，而非經濟現象。由於到目前為止，對於政府的支出尚未有一個永久有效的限制加以規範，不斷的發行貨幣將使得通貨膨脹日趨嚴重。巴菲特承認，他無法預知高度通貨膨脹的情況何時還會再發生，但是赤字支出的持續惡化將使得通貨膨脹無法避免。有點出乎意料的是，巴菲特認為貿易逆差比預算赤字更令人擔心。他相信，由於美國擁有相當健全的經濟制度，預算赤字的問題總有辦法解決。但是，貿易逆差又是另外一回事。貿易逆差的問題深深困擾著巴菲特，也成為他在思考高通貨膨脹問題時的一個重要參考因素。

股東權益將會縮水

巴菲特指出，八〇年代，美國人的消費總額比生產總額還要高。換句話說，美國人不但購買美國的產品，同時也進口國外的產品。在引進這些外國貨的時侯，我們發行了各種不同的「清償票據」（claim check），包括美國政府公債、法人的公司債和美國銀行的存款。這些給予其他國家的清償票據，正在以一個可怕的速度成長。由於美國是個富裕的國家，這個貿易逆差可能暫時不被注意，但總有一天它會吃掉美國的資產（高爾夫球場和旅館）和製造設備。

巴菲特認為，削減貿易赤字最簡單的方法是提高通貨膨脹。因此，國外的投資人對於未來美國償還這些票據的能力，可能會被誤導。在積欠的求償權增加到難以處理的程度時，通貨膨脹的誘惑就很難抗拒了。然而，事實是，對於債務國而言，通貨膨脹就像經濟上的氫彈一樣。因此，很少有人願意接受債務國所出售、以該國貨幣為清算單位的借款。由於美國在經濟上的信用一向良好，世界各國都願意購買他們的債務。但是如果有一天，美國使用通貨膨脹的方式來規避債務，受害的將不只是那些債權國而已。

巴菲特明確指出，由於預算赤字和貿易逆差等外在因素對通貨膨脹的影響，這些因素「將會是決定你在波克夏哈薩威裡的投資能獲利多少的最重要因素」。高通貨膨脹率，對於公司能否為投資人賺得實質報酬，是一項負擔。所謂實質報酬率是指股東權益報酬率必須高於「悲慘指數」——稅率（投資人的股利所得稅及資本利得稅）及通貨膨脹率之和。

巴菲特說，所得稅永遠不會把股東的盈餘變成虧損。就算稅率高達九〇%，在通貨膨脹率是零的情況下，股東還是會有收入。但是，巴菲特親身經歷過的七〇年代末期通貨膨脹急速惡化、各個企業必須提高報酬率，股東才可能獲利。巴菲特指出，就算一個報酬率高達二〇%的公司（這已經是個不易達到的目標了），在通貨膨脹率一二%的環境之下，也很難為股東賺取利益。以五〇%的稅率等級計算，報酬率二〇%的公司將所有的盈餘全部分配給股東，也只有一〇%的淨收益。如果通貨膨脹是一二%，那麼股東所擁有的購買力，只剩下年度開始時的九八%而已。如果累進稅率為三二%，通貨膨脹率為八%，公司的報酬率至少必須達到一二%，股東才能處於不虧損的狀態。

長久以來，在傳統的觀念上，股票是對抗通貨膨脹的最佳屏障。投資人相信，身為公司股東，公司自然會將通貨膨脹所增加的成本，轉嫁到顧客身上，藉此保障股東在投資上的實質利益。巴菲特不同意這個看法。他指出，通貨膨脹並不保證公司的投資報酬率會提高。

根據巴菲特的解釋，增加股東權益報酬率的方法只有下列五種：

一、提高資產周轉率（銷售額和資產之間的比率）

二、增加營業毛利

三、設法節稅

四、提高負債比率

五、使用較便宜的舉債方式

方法一：提高資產周轉率

在第一個方法裡，我們分析下列三種資產：應收帳款、存貨以及固定資產（工廠和機器設備）。巴菲特指出，無論銷售總額的增加是因為出貨量增加，或是通貨膨脹的結果，只要銷售總額增加，應收帳款也會跟著增加。因此，巴菲特認為，我們不能夠期待以這個角度來增加股東權益報酬率，而且存貨的處理也不那麼簡單。根據巴菲特的觀察，銷售總額的增加將會提升存貨周轉率。短期內，貨源供應不足或成本的改變，都可能造成存貨的大幅變動。在通貨膨脹期間，如果採用後進先出（last-in, first-out）盤存法，可以在某種程度上改善股東權益報酬率。

事實上，一九七五年之前的十年，是通貨膨脹率持續上升的期間，《財星》雜誌五百大企業的平均存貨周轉率只從一．一八比一增加到一．二九比一。在剛開始的時候，通貨膨脹會使得存貨周轉率和固定資產比起來，有增加的趨勢。因為銷售總額的增加，將會超過固定資產折舊的速度，周轉率隨之升高。然而，在這些已折舊的固定資產重新更新之後，周轉率將會減緩，直到通貨膨脹的速度再次趕上銷售總額和固定資產的增加。

方法二：增加營業毛利

大多數經理人認為，營業的毛利應該有辦法可以增加。較高的毛利能夠增加股東權益報酬率。巴菲特指出，通貨膨脹對於經理人在成本控制方面，幾乎沒有幫助。公司在經營上所面對的主要非利息及非稅賦支出，是原料、能源以及工人的工資。在通貨膨脹期間，這些費用通常會升高。根據統計上的結果，巴菲特針對美國聯邦貿易委員會的報告，尋找出在六〇年代達成八．六％稅前銷售毛利的製造業公司。到了一九七五年的時候，同樣的製造業公司，在面臨通貨膨脹的情況下，稅前銷售毛利卻只有八％。儘管通貨膨脹持續上升，毛利卻不升反降。

方法三：設法節稅

關於如何以較低的所得稅增加股東權益報酬率，巴菲特要求他的讀者，設想一下擁有D類股票的美國企業投資人。A、B、C三類股票分別為聯邦政府、州政府和地方政府所持有，並且代表它們個別的稅收求償權。儘管A、B、C三類股票的所有人，對於他們持股公司的資產並沒有求償權，但是他們卻能分得一個相當比例的公司盈餘。巴菲特解釋說，A、B、C類股的持有人，依法可藉由股東大會投票的方式，增加他們在公司盈餘中的分配利益。顯而易見地，在這種情形發生時，D類股持股人的利益必然受到傷害。接著巴菲特問道，如果通貨膨脹持續上升，你能夠期待A、B、C類股的持有人，同樣藉由投票的方式自願放棄公司部分的盈餘嗎？

方法四：提高負債比率

公司可以利用增加負債，或者改採較便宜的融資（低利率）等方式，來增加股東權益報酬率。然而，巴菲特說通貨膨脹並不會引導放款利率下降。相反的，通貨膨脹惡化，資金的需求隨之增加，被迫借款的需求也就越來越大。除此之外，通貨膨脹持續惡化，貸方基於對未來的不確定，會要求對他們的貸出資金付出較高的利率。巴菲特說，即使是在利率並未大幅調升的情況下，以稍高的利率來替代原本利率較低的已到期借款，也會成為公司的一項開銷。

方法五：使用較便宜的舉債方式

在商場上很諷刺的一件事是，有能力借款的公司通常不需要以這樣的方式籌措資金。偏偏是那些連生存都有困難的公司，整天在銀行窗口前排隊。儘管如此，預期通貨膨脹將會使得資金需求增加的公司，仍然會採取貸款的行動。在商業活動減緩及資金需求增加的公司案例裡，一般的企業不向股票市場籌措所需的資金，甚至刪減所有的股利。如果運用得當的話，增加負債能夠增加股東權益報酬率。然而，根據巴菲特的解釋，在通貨膨脹持續上升期間，提高負債的利潤將會被升高的利息費用所抵消。

根據二次大戰之後的股東權益報酬率資料，巴菲特做了以下的結論：長期來看，這些報酬率的波動其實很小。以二次世界大戰之後的每十年為一期來看，至一九五五年為止，道瓊工業指數的股東權益報酬率為一二・八％；一九五六到一九六五年的十年為一〇・一％；至一九七五年為止的十年，平均為一〇・九％。

巴菲特指出，若分析《財星》雜誌五百大企業，至一九六五年為止的十年，股東權益報酬率為一一・二％；至一九七五年為止的十年則為一一・八％。以三十年為一期來看，大多數美國企業的平均股東權益報酬率，介於一〇％到一二％之間。重要的是，股東權益報酬率和通貨膨脹率上升或下降並沒有明顯的關聯。因此，巴菲特說的沒錯，高通貨膨脹率並不能幫助公司增加股東權益報酬率。

了解到自己不能藉由通貨膨脹獲利，巴菲特轉而設法避開那些會被通貨膨脹所害的企業。那些需要大量的固定資產才能順利運作的公司，總是被通貨膨脹所害。巴菲特說，就算是那些不大需要固定資產的公司，在通貨膨脹中還是會受到傷害，只是所受到的傷害比較小。而受害最少的，則是那些擁有極佳經濟商譽的公司。

好股票要看經濟商譽

經濟商譽和我們比較熟悉的會計商譽是完全不同的兩樣東西。會計商譽是資產負債表上的一個科目；它是用來計算帳面價值的一個部分。反觀經濟商譽，它包含的範圍比較大，缺少精確的定義，卻是公司實質價值中很重要的一項。

效益一：創造高收益

關於經濟商譽的第一點，巴菲特指出，如果一家公司的資本報酬率能夠達到平均以上的水準，那麼該公司的實質價值就應該超過它有形資產的總值。例如，一九七二年，藍籌印花公司以兩千五百萬美元的價格收購了時思糖果店。那時候，時思糖果店擁有八百萬美元的有形資產，在沒有負債的情況下，每年的稅後盈餘高達兩百萬美元，或者說是資本的二五％。時思糖果店並不是靠它的工廠、設備以及存貨的公平市價，來賺得這樣超乎尋常的收益。

根據巴菲特的解釋，時思糖果店之所以能夠有這麼好的業績，是因為它享有提供優良糖果以及服務的名聲。正因為享有這樣的聲譽，時思糖果店可以將它的糖果價格訂得比生產成本高出許多，這即是經濟商譽的精髓所在。只要良好的聲譽持續不墜，這種特殊的價格就可以帶來更高的收益。而經濟商譽將會維持在這樣的水準，甚至與日俱增。

相反地，會計商譽將不會保持在相同的水準；因為就會計行為的慣例，它會漸漸攤銷而減少。根據一般公認的會計原則，當一家公司以超過其資產淨值（總資產減去總負債）的價格成交賣出時，這個多出來的價值將被列在資產負債表的資產欄內，並且定名為商譽。就像其他資產一樣，這個商譽將以四十年的期限來攤還。在每個會計年度，商譽將減少四十分之一的價值，並從盈餘扣除。

既然藍籌印花公司以超過時思糖果店有形資產一千七百萬美元的價格把它購買下來，

那麼在藍籌印花公司資產負債表上的資產欄內，就必須列入商譽這一項。在每一年度，這個商譽的四十分之一，也就是四十二萬五千美元，以盈餘的減項為科目從資產負債表上扣除。在年限到期之後，時思糖果店的會計商譽將不復存在，但是只要其名聲不墜，它的經濟價值就會持續成長。

效益二：價值隨通貨膨脹增加

經濟商譽不但能夠帶來平均以上的股東權益報酬率，它的價值也會隨著通貨膨脹而增加，這種升值的趨勢是了解巴菲特股權投資策略的基本要件。為了解釋經濟商譽隨著通貨膨脹而增加的實際情形，巴菲特以另外一家假設的蜜蜂（Bee's）糖果公司來和時思糖果店的財務運作做比較。

前面已經提過，時思糖果店以八百萬美元的資產，每年賺進兩百萬美元的收入。巴菲特假設蜜蜂糖果公司也能有兩百萬美元的年收入，卻需要一千八百萬美元的資產來運作。蜜蜂糖果公司的收益占總資產的一一％，可見它的商譽比時思糖果店差得多。既然蜜蜂糖果公司的獲利能力並不突出，所以如果要轉手的話，它可能只值資產總值的一千八百萬美元。

請記住這點，擁有良好獲利能力的公司，往往能夠以超過資產總值的價格待價而沽。即使這兩家公司的收入完全相同，而時思糖果店只有一半的有形資產，巴菲特卻以二千五百萬美元的價格收購時思糖果店，這足足比蜜蜂糖果公司的總價值多出了七百萬美元。巴菲特要求我們好好想一想，擁有較少資產的時思糖果店是不是真的比蜜蜂糖果公司有價值？巴菲特說，如果你相信我們住在一個持續通貨膨脹的世界裡，那麼答案將是肯定的。

為了了解通貨膨脹對這兩家公司的影響，我們考慮通貨膨脹使得成本加倍的情形。為了維持同樣的獲利水準，兩家公司都必須將盈餘增加到四百萬美元，即使銷售量不變，毛利也維持相同，要達到這一點並不困難，只要把價格上漲一倍就行了。時思和蜜蜂糖果公司之間最重大的差別在於資產一項。通貨膨脹允許兩家公司都提高它們的價格，但是這同時需要更多的資本支出。巴菲特指出，如果銷售加倍了，那麼在存貨上就必須投資更多的錢，來支持這樣的銷售情形。面對通貨膨脹，固定資產的反應會比存貨來得慢一些。但是長期而言，工廠和機器終究需要以一些更昂貴的設備來更新。

既然時思糖果店只以八百萬美元的資產就能夠獲得兩百萬美元的盈餘，所以如果希望盈餘增加到四百萬美元，那麼就得再增加八百萬美元的資本。但是對蜜蜂糖果公司而言，再增加兩百萬美元的盈餘意味著得再投入一千八百萬美元的資本。蜜蜂糖果公司以三千六百萬美元的資產獲得四百萬美元的盈餘，其獲利能力仍然為一一%，因此，它轉手的價格大約是三千六百萬美元。

也就是說，蜜蜂糖果公司將投入的每一份資金都轉化成其市場價值。反觀時思糖果店，以一千六百萬美元的資本賺得四百萬美元的盈餘，而它在理論上卻擁有五千萬美元的價值。巴菲特指出，時思糖果店投入八百萬美元的資本就獲得二千五百萬美元的市場價值。這相當於每投資一塊錢就換得三塊多。

擁有高的固定資產／銷售比率的公司通常報酬率都不高。這些企業為了維持正常營運，都需要大量的資金再投資。在通貨膨脹嚴重期間，這些資產比重高的企業都很難獲得足夠的現金以符合它們在資金上的需求。這些公司也很少有能力再買回自己的股票，或在實質上提高分給股東們的股利。在本質上，需要大量資金支出的公司是需要現金者，而不是製造現金者。

巴菲特指出，在通貨膨脹時期，只有極少數的公司能夠結合他們的無形資產——經濟商譽——而不需要另外投入大量資金，以獲得可觀的利益。隨著盈餘的增加，這些企業將能夠增加股利的發放，並且增加持有的股份。巴菲特說：「在通貨膨脹期間，商譽將會使高收益率的公司持續不斷地得到益處。」因為巴菲特曾經由一些經營不良的企業中熬出頭來，他對於那些低報酬率企業的收購或轉投資都抱持非常小心的態度。擁有時思糖果店讓巴菲特了解經濟商譽的價值。巴菲特說：「在時思糖果店獲得的經驗，使我們在一些股票的投資上賺了大錢。」

管理投資組合的獨門祕訣

巴菲特並不採用投資組合管理方式，至少不是以傳統的方法。現在的投資組合經理人，都不能不了解股票比重、產業分散，以及投資績效與各種主要指數之間的關係。大部分的經理人，試著平衡手中各支股票的金額。他們同時也了解到自己在各種產業投下了多少金錢，包括基本原料、資本財（capital goods，指生產工業品所需的生產設備）、週期性消費品、日常消費產品、財務、技術、能源、公用事業和運輸等。只有少數的投資組合經理人（如果有）未注意到，他們手中持股的表現與標準普爾五百指數及道瓊工業指數的比較。巴菲特當然也知道這些統計數據，但是他從不浪費太多心思在這上面。

買股集中二大產業

在波克夏一九九一年的年度報告裡，巴菲特解釋了他如何管理自己所投資的有價證券。如果他被限制只能選擇設立在奧瑪哈的公司，首先他會確認各個企業的長期表現特質。接著他會判斷各個公司的管理品質。最後，他會想辦法以合理價格買下一些績優公司。他說，他並沒有興趣購買城裡每一家公司的股權。而現在，既然他所能選擇的公司遠遠不只在奧瑪哈一地，那麼他又何必採取其他策略呢？

一九七一年，許多退休金基金經理人賣掉債券而改買股票。巴菲特承認，當時的確有許多具吸引力的公司可以投資，但是只有極少數符合他合理價格的標準。一九七一年，波克夏所投資的股票總值為一千一百七十萬美元。三年之後，一九七四年的空頭市場，同一批基金經理人只把他們手頭上二一%的資金投入價格極為低廉的股市。另一方面，巴菲特卻把波克夏的大量資金投入股市。到了一九七五年，波克夏投資的股票總值增加至三千九百萬美元。一九七八年年底，波克夏所投資的股票，市價達到二億二千萬美元，其中包括了八千七百萬美元的未實現收益。在這三年中，道瓊工業指數從八百五十二點下跌到八百零五點，而波克夏普通股的已實現與未實現獲利為一億一千二百萬美元。

波克夏第一個大量收購的股票是華盛頓郵報公司。一九七三年，巴菲特在這間報社投資一千萬美元；到了一九七七年，他的投資增加到三倍。華盛頓郵報公司是波克夏購買的第一個出版事業。巴菲特也投資廣告公司和廣播公司。波克夏當時持有聯眾集團（Interpublic Group）和奧美（Ogilvy & Mather）兩間公司的股票一段時間。七〇年代末期，他則擁有首都和美國廣播公司二家企業。在一九八六年，波克夏提供首都併購美國廣播公司所需的資金。

一九七八年，巴菲特完成了一項大宗的投資，以二千三百八十萬美元收購一家名叫SAFECO的公司。根據巴菲特的分析，它是當時全國最好的產物及意外保險公司，甚至比波克夏自己的產物及意外保險公司還要好。除了SAFECO之外，再加上蓋可保險（政府員工保險公司）的投資，總共占了波克夏股市投資的二九%。廣告、廣播以及出版公司占了三七%。波克夏的股市投資，幾乎有三分之二都集中在兩種產業團體上：金融和週期性消費產業。

鎖定日常消費品公司

一九八〇年，波克夏擁有十八間市場價值超過五百萬美元的公司。除了廣告、廣播、保險以及出版公司之外，巴菲特也擁有銀行（底特律全國銀行〔National Detroit Bank〕）、食品公司（通用食品公司）、採礦公司（美國鋁業公司、凱薩鋁業化學公司〔Kaiser Aluminum & Chemical〕、克里夫蘭－克里夫斯鋼鐵公司〔Cleveland-Cliffs Iron Company〕）、零售商（吾爾渥斯〔F. W. Woolworth〕）、服務公司（平克頓〔Pinkerton〕）和菸草公司（雷諾菸草公司〔R. J. Reynolds〕）。這就是巴菲特最多元化的投資組合狀況。他除了資本財、能源、科技和公用事業以外的各個主要工業集團，都有股票投資。

直到現在，巴菲特都不曾擁有一家科技公司；他承認自己無法對這類公司有充分了解，以做出正確判斷。除此之外，他也不曾擁有任何公用事業公司。他對於利潤固定的行業從來不感興趣。巴菲特曾經對石油業進行短暫投資：一九七九年的阿姆拉達赫斯公司（Amerada Hess）以及一九八四年的埃克森公司（Exxon）。這些年來，巴菲特曾經為了套利而購買一些股票（詳見第六章）；阿卡塔公司（Arcata Corporation）、比阿特麗斯食品公司（Beatrice Companies）和里耳西格勒（Lear Siegler）等都是。儘管潛在利潤不大，巴菲特以轉換現金持有方式，投資其他證券當作套利，來增加收益。

一九八六年，波克夏總共投資五種股票：首都／美國廣播公司、蓋可保險、華盛頓郵報公司、漢帝哈曼（Handy & Harman）和里耳西格勒。漢帝哈曼是一家生產黃金和銀製品的公司，只占了波克夏十九億美元投資組合的二．四％。巴菲特三種主要的持股分別是——首都／美國廣播公司、蓋可保險以及華盛頓郵報公司——共占波克夏普通股投資組合的九三％，總價值高達十七億美元。在該年度裡，巴菲特並沒有找到任何一個同時具有完善的管理系統和價格低廉的優良企業可以吸引他投資。

在一九八七年十月股市大跌期間，股票價格暫時下跌到吸引人的水準，但是巴菲特並沒有把握住機會在股價翻升之前為波克夏增加持股。那年年底，波克夏的持股總值首次超過二十億美元。令人吃驚的是，巴菲特的手中僅持有三種股票，分別是價值十億美元的首都／美國廣播公司股票、七億五千萬美元的蓋可保險股票，和三億二千三百萬美元的華盛頓郵報公司股票。無庸置疑地，沒有任何一位資本額超過二十億美元的專業投資組合經理人，會把所有的資金全部集中在三種股票上。

一九八八年，巴菲特不動聲色收購超過一千四百萬美元的可口可樂股票。那是他在一九八六年首都／美國廣播公司收購案之後，第一件大宗的買賣。同年底，波克夏哈薩威在可口可樂的投資額高達五億九千二百萬美元。第二年，巴菲特另外又增加了九百一十七萬七千五百股的股權，使得波克夏在可口可樂公司的投資超過十億美元。這次的行動可說非常大膽，也帶來了高額利潤。到了一九八九年年底，波克夏在可口可樂的未實現收益高達七億八千萬美元。

在一九八九年到一九九三年期間，波克夏漸漸增加持股公司的總數。在一九九三年底，他手中共包括了九家公司持股。在那期間，可口可樂公司以四十一億美元的金額，成為他最主要的持股，共占了波克夏投資組合總額的三七%；第二大持股是蓋可保險，總值十七億美元；接下來是吉列公司（Gillette Company）的十四億、首都／美國廣播公司的十二億、富國銀行的八億七千八百萬、聯邦住宅貸款抵押公司（Federal Home Loan Mortagage）的六億八千一百萬、華盛頓郵報公司的四億四千萬、通用動力（General Dynamics）的四億零一百萬和健力士（Guinness plc）的二億七千萬美元。最主要的四項持股占了波克夏投資組合的七六%。一度曾經是波克夏最主要投資項目的華盛頓郵報公司，現在占他持股總額的三．九%。以產業性質區分，波克夏的普通股投資組合，五二%是從事日常消費性產品的生產，二九%是金融業，週期性消費產業占了一五%，而資本財則為四%。附錄裡的表A.1到A.17詳列了波克夏每年的持股狀況。

假設只有一張投資決策卡

從他的經驗裡，巴菲特學習到優良的企業能讓投資人很容易做決定。但是那些狀況不佳的公司，卻使人猶豫不決。如果他不能輕易說服自己做出購買決定，那麼他就會放棄那間公司。巴菲特這種勇於說不的精神，是因為他記取了與葛拉漢共事的經驗。巴菲特還記得要推薦股票給葛拉漢是多麼困難的一件事，他的建議老是被否決。他回憶道，葛拉漢只有在所有因素都對他有利的情況下才肯購買股票。而這個說「不」的能力，正是讓投資人能夠獲利的最大因素。

巴菲特之所以能夠成功地管理波克夏的投資組合，多半要歸功於他「以靜制動」的能力。大部分投資人很難抵抗誘惑，不斷在股市搶進搶出。巴菲特回憶道，他在紐約工作時，總會有人跑來跟他報明牌，告訴他哪一家公司穩賺不賠。「我真是股市經紀人最好的客戶。」問題是，其他人也是。

巴菲特表示，投資人總是想要買進太多的股票，卻不願意耐心等待一家真正值得投資的好公司。每天搶進搶出不是聰明方法。在他的想法裡，買進一家頂尖企業的股票然後長期持有，比起一天到晚在那些不怎麼樣的股票裡忙得暈頭轉向，絕對容易得多。巴菲特認為自己沒有辦法在那些本身體質不佳、只靠每天股市漲跌來運作的公司之間打轉。有很多投資人一天不買賣就渾身不對勁，他卻可以一整年都不去動手中的股票。他說：「近乎怠惰地按兵不動，正是我們一貫的投資風格」。

根據巴菲特的意見，投資人絕對應該好好守住幾支前途看好的股票，而不是三心兩意地在一堆體質欠佳的股票裡搶進搶出。事實上，巴菲特的成功主要建立在幾宗成功的巨額投資上。假如我們把他最好的幾個投資行動除去不看，那麼他的投資績效比一般人也好不到哪裡去。根據他的講法，「投資人應該假設自己手中只有一張可以打二十個洞的投資決策卡。每做一次投資，就在卡片上打一個洞。相對地，能夠做投資決定的次數也就減少一次。」巴菲特相信，假如投資人真的受到這樣的限制，他們就會耐心等待絕佳的投資機會出現，而不會輕率做決定。

因為資本利得必須課稅，所以巴菲特認為，以財務利益的觀點來看，他這種長期持有的策略，比起那些強調搶短線的投資方式更為有利。他以下面的例子加以說明：假設我們做了一個每年成長一倍的一塊錢投資。如果我們在第一個年度結算時出售，我們的淨收益為〇．六六美元（假定累進稅率為三四％）。如果我們繼續以每年加倍的速度投資，並不斷出售和支付稅金，然後將收益轉投資，二十年後我們的獲利是二萬五千二百美元，所支付的總稅金為一萬三千美元。但是如果我們購買了這項每年漲一倍的一塊錢投資，然後握在手中二十年都不動，那麼在二十年之後，我們的總收益將高達六十九萬二千美元，所付的稅金則為三十五萬六千美元。

集中持股，降低風險

巴菲特從經驗中得知，體質優良且經營得當的企業通常價格不便宜。一旦見到價格低廉的績優企業，他一定毫不遲疑大量收購。他的收購行為完全不受經濟景氣低迷或市場悲觀氣氛影響。只要他相信這項投資絕對具有吸引力，他就會大膽購買。巴菲特這種集中投資的理論，在波克夏一九九一年的年度報告中有更進一步的解釋。

在那裡面，巴菲特引用了凱因斯寫給同事史考特（F. C. Scott）信裡的話：「隨著年歲增長，我越來越相信，正確的投資方式是把大量的資金投入到那些你了解、而且對其經營深具信心的企業。有人把資金分散在一些他們所知有限、又缺乏任何賣點的投資之上，以為可以藉此降低風險。這樣的觀點其實是錯誤的……每個人的知識和經驗必然是有限的，而我也很少能夠同時在市場上發現兩家或三家以上可以讓我深具信心的企業。」

除了凱因斯的話，費雪在課堂上的教學，也影響了巴菲特把波克夏的投資組合集中在少數幾家公司的做法。和凱因斯一樣，費雪也認為同時握有太多種股票，反而提高投資風險。那些被迫要注意並且分析各種股票投資組合的經理人，所冒的風險是把太多的金錢放在不好的投資上，而沒有充裕的資金可以投資在那些真正強勢的股票。

對大多數保險公司而言，波克夏這種大量集中在少數股票的做法並不恰當。巴菲特這種集中投資的策略，有較高的機會可以獲得優於一般人的長期收益。當然，由於股票市場的起起伏伏，他很可能在長期持股這段期間的某些時候，顯得格外有遠見，或者是愚蠢得令人難以置信。

巴菲特對他手中持股的漲跌與市場股價指數表現的比較，可說毫不關心。他是以經營的實績來判斷股票好壞，而不是短期的（每天、每週、每個月、每年）成交價格。他知道，只要企業本身擁有傑出的營運績效，總有一天這樣的績效會反映到股票價格上。

發現不透明盈餘的價值

正如同巴菲特不太在意市場上的股價波動，他對於符合一般會計原則標準的盈餘報告也不是特別關心。儘管用於規範盈餘申報的會計原則標準，會對波克夏哈薩威的財務狀況產生錯誤的判讀，巴菲特每天晚上還是睡得很好。

不為申報盈餘增加持股

盈餘申報究竟該採取三種會計方式中的哪一種，取決於投資人所持有的具表決權股票的百分比。如果你身為一個擁有過半數具表決權股票的投資人，根據會計原則，你可以完全合併所有的收益和費用，並扣除那些不屬於你的少數股東盈餘。若是屬於第二類，即擁有二〇％到五〇％的具表決權股票，這將假設你對公司的營運具有影響力。因為這個假設，投資人的盈餘所有權將以權益法來計算。這時，不能編列合併財務報表；只有你的盈餘部分，才能在財務報表中列示。第三類，持有表決權股票的比例在二〇％之下，你只能把屬於自己的股利部分（如果有的話）包含在盈餘申報裡。所有的保留盈餘或是尚未分發的盈餘，都不能出現在你的損益表中。波克夏哈薩威所有的持股狀況都屬於第三類。

由於這些會計原則的規範，波克夏巨額投資普通股，實質上會影響到公司的總體盈餘。目前，波克夏所持有普通股的未分配盈餘，幾乎和它所有子公司盈餘的總和一樣多。例如，一九九〇年，波克夏擁有首都／美國廣播公司一八％的股權。在該年度裡，首都／美國廣播公司賺了四億六千五百萬美元。雖然屬於波克夏的盈餘高達八千三百萬美元（四億六千五百萬的一八％），但是它只能夠申報五十三萬美元的股利：首都集團一八％的股利減去七萬美元的稅金。波克夏不能夠提列首都／美國廣播公司留作保留盈餘的八千兩百萬美元。

盈餘運用比公布重要

這個會計限制對於大多數被迫申報所有盈餘的企業管理者而言，是難以接受的。但是在另一方面，巴菲特的投資策略並不需要盡可能擴張財務報表帳面的盈餘。

這些未受波克夏控制經營的公司，潛在的經濟面非常良好，而比起買下整個公司來說，巴菲特也能夠以較為合理的價格獲得該公司部分的所有權。他情願以每股十幾塊美元的價格擁有一家績優公司一〇％的股份，也不願以每股二十多塊美元的價格擁有同一家公司一〇〇％的股份。如果以同樣金額的投資來看，巴菲特情願擁有兩塊錢波克夏不能公布於財務報表的盈餘，也不願因可以在財務報表公布一塊錢的盈餘而買下它。

波克夏哈薩威的價值不是取決於它是否能夠在財務報表申報保留盈餘，而是最後取決於它如何利用這種保留盈餘做轉投資，以及轉投資所能產生的未來盈餘。盈餘的運用遠比盈餘的公布來得重要。「我們不在乎那些審計師是不是聽到樹倒了；我們只在乎樹到底是誰的，以及再來要如何處置它。」

為了幫助股東了解波克夏哈薩威「未公布」的普通股盈餘的價值，巴菲特發明了「不透明盈餘」（look-through earnings）這個講法。波克夏哈薩威的不透明盈餘，是由它所有子公司的營業收益（包括來自普通股投資得來的股利）、普通股投資中持股公司的保留盈餘，以及因支付保留盈餘所必須繳納之稅金預備金共同組成。每個年度，巴菲特都會提供股東一些相關的表格，來幫助他們了解不透明盈餘對於波克夏哈薩所做的貢獻。

波克夏成長與否的關鍵

一九九一年（詳見下頁表3.1），波克夏以「投資人」的身分（波克夏在股市中持有某些公司的普通股）所擁有的保留盈餘高達二億三千萬美元。扣除保留盈餘在分發後所需繳納的稅金，實際的未公布保留盈餘是二億美元。如果你把這二億美元加到波克夏三億一千六百萬美元的營業收益上，則一九九一年的不透明盈餘總額高達五億一千六百萬美元。巴菲特指出，波克夏該年度盈餘的四四％是「冰山一角」——只有一部分露出表面。到了一九九三年（詳見表3.1），波克夏靠投資賺得的保留盈餘增加到了四億三千九百萬美元。扣除稅金之後的未公布盈餘為三億七千八百萬美元。波克夏的不透明盈餘共達八億五千六百萬美元。總盈餘的四四％則是冰山的一角。

巴菲特為波克夏哈薩威所設定的長期目標是，每年增加平均一五％的實質價值。他相信，只要不透明盈餘每年能夠增加一五％，波克夏的規模也就會以相同的速率成長。事實也的確如此。根據巴菲特的計算，從一九六五年以來，隨著帳面價值的成長，波克夏不透明盈

表 3.1 波克夏哈薩威的「不透明盈餘」

	波克夏年末股權			波克夏保留盈餘（百萬美元）		
波克夏的主要投資	1993	1992	1991	1993	1992	1991
首都／美國廣播公司	13.0%	18.2%	18.1%	$83[b]	$70	$61
可口可樂	7.2%	7.1%	7.0%	94	82	69
聯邦住宅貸款抵押公司	6.8% [a]	8.2% [a]	3.4% [a]	41[b]	29[b]	15
蓋可保險	48.4%	48.1%	48.2%	76[c]	34[c]	69[c]
通用動力	13.9%	14.1%	—	25	11[b]	—
吉列公司	10.9%	10.9%	11.0%	44	38	23[b]
健力士公司	1.9%	2.0%	1.6%	8	7	—
華盛頓郵報	14.8%	14.6%	14.6%	15	11	10
富國銀行	12.2%	11.5%	9.6%	53[b]	16[b]	（17）[b]
波克夏主要投資的股權				$439	$298	$230
保留盈餘的稅負 [d]				（61）	（42）	（30）
波克夏帳面盈餘				478	348	316
不透明盈餘總合				$856	$604	$516

來源：波克夏哈薩威 1992 和 1993 年年報。

[a] 在魏斯科的少數股權淨值。

[b] 一年度股權平均值。

[c] 不包含已實現資本利得。

[d] 波克夏支付股利收入 14%的稅負。

餘的年成長率為二三%。

旅鼠的不理性行為

旅鼠（lemming）是生長在苔原地區的小型齧齒類動物，以集體游向大海的舉動而聞名。在正常時期，春天是旅鼠的遷徙季節，牠們向四處移動，尋找食物和新的住所。然而每隔三到四年，就會有奇怪的現象發生。由於繁殖率高而死亡率低，旅鼠的數目開始增加。一旦擴充到了某個程度，旅鼠們開始在夜裡有一些不尋常的舉動。不久之後，這群大膽的小動物開始在白天行動。一旦遇到障礙，旅鼠越聚越多，直到驚惶失措的反應迫使牠們強行越過障礙。在這樣的行為增強之後，旅鼠開始向一些牠們平常敬而遠之的動物挑戰。

雖然許多旅鼠在半途餓死、被其他動物吃掉，或是死於意外事故，大多數的旅鼠還是能夠到達海邊。牠們爭先恐後往大海游去，拚了命向前游，直到力氣用盡淹死為止。從來沒有人知道旅鼠的這種行為是為了什麼。動物學家提出一個理論：旅鼠大批的遷移是因為食物供應情況的改變，以及（或者）感覺到壓力的存在。旅鼠之間互相的推擠和競爭，可能引起荷爾蒙的變化而導致行為異常。

華爾街投資人的盲點

因為金融市場時常發生一些劇烈變動，因而引發專業投資人長期以來對人類行為心理學理論的興趣。葛拉漢舉了一個例子說明某些投資人的非理性行為。巴菲特在波克夏一九八五年的年度報告裡，與他的讀者分享了葛拉漢的寓言。

有一個石油探勘者在上天堂的時候，守在天堂門口的聖彼得告訴他一個壞消息：「你的確有資格進天堂，可是你也看到了，分配給石油業者居住的地方已經客滿，我實在沒有辦法把你安插進去。」想了一會兒之後，那個石油探勘者問聖彼得說：「我可不可以跟那些現在住在那裡的人講一句話？」聖彼得想想，讓他說句話也無妨。於是，那個石油探勘者合起他的手成杯形，放在嘴邊大叫：「地獄發現石油了！」忽然之間，大門開了，所有的人蜂擁而出向地獄衝去。這留給聖彼得很深的印象，並立刻邀請探勘者搬進去，無拘無束地住在那裡。結果探勘者猶豫了一下說：「不，我想我還是跟那些人一起去好了。謠言裡，也可能有一些是事實的成分。」

華爾街上淨是一些受過良好教育、同時擁有豐富經驗的專業人員，卻無法在市場上凝聚一股更合乎邏輯和理性的力量，這點讓巴菲特很難理解。事實上，那些占了機構投資者極高比例的股票，其股價波動得也最厲害。企業管理階層無法決定股價。他們只能藉由公布公司的消息，希望可以鼓勵投資人採取理性的行動。巴菲特指出，股價的大幅波動，跟機構投資人「旅鼠般的」行為有很大的關係，反而比較不受公司持續獲利的影響。

多角化不等於分散風險

巴菲特承認，他的長期持有策略，與目前機構投資人裡的基金經理人思考模式有很大落差。絕大多數的基金經理人總是在華爾街（編註：意指股票市場）出現新寵之後，迅速更改（買進或賣出）手中持股。他們多角化的投資組合，不斷在那些主要大企業之間進行分散風險，這樣做的目的多半是為了保護自己，以免跟不上市場腳步，極少是因為他們感覺那些公司有良好的經濟價值。在巴菲特的想法裡，「機構投資人」這個名詞正代表著矛盾。他說，把基金經理人稱為投資人，就像把追求一夜風流稱為浪漫是一樣的。

有些批評者指出，因為基金經理人不斷設法從事分散化的投資，所以他們比巴菲特更保守。巴菲特不同意這個說法。他的確承認基金經理人以比較傳統的態度從事投資行為。然而他認為，遵照傳統並不一定就是保守。保守的行為必須是有事實和推理為依據。巴菲特並不會因為一些「重要人士」同意他，而增加自己的信心，也不會因為那些人的意見與他相左就喪失信心。不管他是以傳統或非傳統的方式來投資或別人同不同意，巴菲特永遠維持他保守經營的方式。

巴菲特說，大多數投資組合經理人的表現比那些主要指數還差，並不是因為他們的能力不足，而是受了機構投資人決策程序所害。根據巴菲特的說法，大多數機構投資人的決策，是由那些堅持主張投資組合必須分散才能分散風險的團體或委員會所制定。那些雇用基金經理人的機構投資人，視投資安全與市場上的平均收益為一回事。不論合不合情理，遵守分散的原則，絕對比個人的獨立思考更受嘉獎。遵守標準的分散投資組合的基金經理人，不管合不合理，他們被獎賞的機會，超過有獨立想法的經理人。

巴菲特說：「絕大多數的經理人，都缺乏動機做出聰明、卻有可能讓自己看起來像是白癡的決定。他們個人的得失太過明顯。如果採用非傳統的決定而獲得成功，老闆頂多拍拍你的背表示嘉許；如果不幸失敗了，他們一定立刻請你走路。但是採取傳統的決定而失敗卻是可以被接受的；一大群旅鼠可能有惡劣的形象，但是從來沒有人跟一隻落單的小旅鼠過不去。」

第 4 章

別用股票分析師的眼光買股

巴菲特說：「因為我把自己當成是企業經營者，所以我成為更優秀的投資人。因為我把自己當成是投資人，所以我成為更優秀的企業經營者。」

根據巴菲特的說法，全面收購一個企業與購買該企業的股票，基本上是沒有差別的。對巴菲特來說，他較傾向於直接擁有整個企業，因為這樣一來，他可以直接參與像是資本分配等重要決策。如果不行，他則選擇以購買該公司普通股的方式占有公司股份。巴菲特解釋說，這樣做的缺點是無法控制該企業，卻可以經由下列兩個明顯的優點獲得補償：首先，在股票市場上選擇未受控制企業的空間比較大；其次，股票市場提供較多的機會，可以找出廉價的交易。無論是收購整個企業或只持有該企業部分的股票，巴菲特都遵守同樣的權益投資策略：尋求他所了解的、且利於長期投資的公司。同時，該公司的管理階層必須誠實且具備充分的才能，最重要的是價格要吸引人。

巴菲特說：「我們在投資的時候，要將自己看成是企業分析家，而不是市場分析師或總體經濟分析師，更不是股票分析師。」這表示，巴菲特在評估一項潛在交易或是買進股票的時候，會先以企業主的觀點出發，衡量該公司經營體系所有質與量的層面、財務狀況以及收購價格。

如果回頭看看巴菲特過去所做的交易，試著尋找其共通點，我們可以找到一些他用來做為決策依據的基本原則。挑出這些原則做更進一步的分析，我們可以將這些原則歸納成四類：

一、**企業原則**：企業本身的三個基本特性

二、**經營原則**：高級主管必須展現出來的三個重要特質

三、財務原則：公司必須依循的四項重要財務政策

四、市場原則：互相關聯的二個成本指導方針

當然，並非巴菲特所有的收購行為都明顯符合上述所有原則。但是大體而言，這些原則構成他權益投資策略的核心。

巴菲特也將這十二個原則當成自己管理波克夏哈薩威公司的準則。巴菲特照他所說的去做。他在自己購買的企業中尋找這些特質，同時也期望每天走過自己辦公室門口的時候，能夠看到同樣的特質。

企業原則：掌握經營狀況

對巴菲特來說，股票是抽象的概念。他不以市場理論、總體經濟概念或各產業領域的趨勢等方式思考。相反地，他的投資行為只和該企業實際的經營狀況有關。他相信如果人們的投資行為只是基於一些表面的觀點，而完全不了解企業的基本面，那他們很容易在出現一點小狀況的時候就被嚇跑。可想而知，十之八九的結果就是賠錢。巴菲特當然不會這麼做。他將注意力集中在盡可能收集他有意收購企業的相關資料，主要可分為下面三個項目：

一、該企業是否簡單且易於了解？

二、該企業過去的經營狀況是否穩定？

三、該企業長期發展的遠景是否被看好？

簡單且易於了解

以巴菲特的觀點，投資人財務上的成功，和他對自己所做投資的了解程度成正比。以這樣的了解，正可用來區別以企業走向做為選股依據的投資人，和那些抱著打帶跑的投機心態、整天搶進搶出、卻是占了絕大多數的投資人。

多年來，巴菲特一直擁有許多企業：加油站、農場開墾公司、紡織廠、連鎖大型零售商、銀行、保險公司、廣告公司、鋁業及水泥公司、報社、石油、礦產和開採公司、食品、飲料、菸草公司，以及無線和有線電視公司。巴菲特或者擁有企業的控制權，或者只是擁有該公司部分股票。無論是哪一種情形，巴菲特總是明確掌握企業運作的狀況。他了解所有波克夏持股公司的年收入、開銷、現金流量、勞資關係、定價彈性和資本分配等情形。

因為巴菲特只在他了解的範圍內選擇企業，所以對波克夏所投資的企業一直有高度的了解。「僅在你的競爭優勢圈內選股，」他建議投資人，「這不在於這個競爭優勢圈有多大，而是在於你如何定義形成優勢圈的參數」。

有人批評巴菲特畫地自限，使得自己沒有機會接觸如高科技工業等具有極高投資潛力的產業。但是根據巴菲特的觀察，投資成功與否並非取決於你了解的有多少，而是在於你能否老老實實承認自己所不知道的東西。「投資人並不需要做對很多事情，重要的是能夠做到不犯重大的過錯。」在巴菲特的經驗裡，以一些平凡的方法就能夠得到平均以上的投資成果。重點是你如何把一些平凡的事做得極不平凡。

穩定的經營史

巴菲特不碰複雜的企業。對於那些正因面臨難題而苦惱、或者因為先前的計畫失敗，而打算徹底改變營運方向的企業，他則是敬而遠之。根據巴菲特的經驗，報酬率高的公司，通常是那些長期以來都持續提供同樣商品和服務的企業。徹底改變公司的本質，會增加犯下重大錯誤的可能。

巴菲特相信，「重大變革和高額報酬率是沒有交集的。」不幸的是，大多數投資人都背道而馳。有許多投資人拚命搶購那些正在進行組織變革的公司。巴菲特說，基於某些不可理解的原因，投資人往往被一些企業未來可能帶來的好處假象所迷惑，因而忽略眼前的企業現實。

巴菲特從經營與投資的經驗中學到，「鹹魚很少能夠大翻身」。把力氣花在以合理的價位購買績優的企業，遠比以較低的價格購買經營困難的公司更為划算。巴菲特解釋說：「查理（孟格）和我還沒有學習到如何處理難以應付的企業問題。我們學會的只是去避開它們。我們之所以能夠成功，並不是因為我們有能力清除所有障礙，而是在於我們專注尋找可以跨越的障礙。」

長期前景看好

根據巴菲特的說法，經濟市場是由一小群有特許權的團體，和一個較大的商品企業團體組成。後者，其中的大多數是不值得投資的。他將小部分擁有特許權的團體，定義成是提供商品和服務的企業，而這些商品和服務是有消費需求、無近似替代性產品，並且不受法律規範。

因為具有這些特色，使得有特許權的經銷商可以持續提高其產品和服務的價格，而不用害怕會失去市場占有率或銷售量。一般情形是，有特許權的經銷商甚至在供過於求以及產能未完全利用的情況下，也能提高商品的價格。像這樣的價格變動能力是此類經銷商重要的特徵之一。這使得它們獲得較高的資本投資報酬率。另一個重要的特徵是，有特許權的經銷商擁有大量的經濟商譽，這使得它們有較高的耐力去承受通貨膨脹所帶來的影響。

反觀商品企業，所提供的產品多半大同小異。競爭者彼此間沒有太大差別。幾年以前，基本物資包括石油、瓦斯、化學藥品、小麥、銅、木材和橘子汁等；到了今天，電腦、汽車、航空公司、銀行業和保險都已經變成日常必備的產品。儘管有龐大的廣告預算，要有效區別產品的差異仍極為困難。

一般而言，商品企業的報酬率不高，而且「最有可能是獲利不易的企業」。既然產品基本上沒有什麼不同，他們只能在價格上互相較量，拚命把產品的價格壓低到比成本高不了多少。除此之外，也只有在商品供應緊縮的時候能夠賺錢。巴菲特指出，決定商品性企業長期獲利能力的關鍵，是供應緊縮年數和供應充足年數的比值。然而，這個比值通常很小。巴菲特開玩笑說，波克夏紡織部門最近一個供應緊縮時期，總共只持續了「那天早晨最美好的一段時光」。

在分析過公司經濟面的特性之後，接著巴菲特判斷公司在競爭上的優勢、弱勢。他透露說：「我所喜歡的企業，一定具有我所能了解，並且認定它能夠持續長久的經營優勢。」

大多數擁有特許權的經銷商，也都擁有經營上的優勢。一個主要的優勢是，它們擁有隨時抬高價格以及在投資資本上賺取高額利潤的能力；另一個優勢是，他們能夠在經濟不景氣的時候生存。巴菲特認為，最好的情況莫過於犯了錯還能夠獲得高額報酬。他說：「特許權經銷商能夠容忍經營不善的失誤。不當的管理會減少特許權經銷商的獲利能力，但不至於造成致命的傷害。」

不過，特許權經銷商最大的弱勢是，它們的價值不會永遠不變。它們的成功不可避免會吸引其他業者進入市場，競爭將會跟著發生。替代性的產品一出現，各家商品之間的差異性也就越來越小。在這段競爭期間，經銷商將逐漸退化成巴菲特所說的「弱勢特許權經銷商」，然後進一步成為「強勢的一般企業」。最後，曾經擁有無限潛力的特許權經銷商，會萎縮成為一般性的商品企業。

而當此情形發生時，管理的重要性與價值將會指數型增加，特許權經銷商能夠在無能的管理下存活，但一般性的商品企業則否。

經營原則：檢視管理者的條件

巴菲特對管理人員最高的讚美是，永遠以身為公司負責人的態度做為行事與思考的準則。管理人員把自己看成是公司負責人，就不會忘了公司最主要的目標——增加股東持股的價值。同時他們也會為了進一步達成這個目標，做出理性決定。此外，巴菲特對於那些能看重自己的責任，完整而詳實地向股東公開所有營運狀況，以及有勇氣去抵抗所謂「盲從法人機構」，而不盲目地追隨同僚行為的管理人員，也抱持極為敬佩的態度。

在考慮收購企業時，巴菲特非常重視管理階層的素質。他說，凡是波克夏所收購的公司，都必須具有值得他讚賞和信賴的管理人員。條件當然是誠實而且幹練。明確地說，他考慮的主要因素有：

一、管理階層是否理性？

二、整個管理階層對股東是否坦白？

三、管理階層是否能夠對抗「盲從法人機構」的無形力量？

理性

分配公司資本是最重要的經營行為。因為一段時間之後，資本分配將決定股東股權價值。根據巴菲特的觀點，決定如何處理公司盈餘——轉投資或者是分股利給股東——是一個牽涉邏輯理性思考的課題。《財星》雜誌的卡洛．露米斯（Carol Loomis）說：「巴菲特認為理性是他經營波克夏公司與眾不同的一個特質，而這個特質通常是其他企業所欠缺的。」

如何運用盈餘與公司目前所處的生命週期息息相關。隨著公司的成長，它的成長率、銷售、盈餘以及現金流量都會產生大幅度變化。在發展階段，開發產品和建立市場得花去很多錢。接下來是快速成長的階段，公司開始獲利，但快速的成長可能使公司無法負擔；因此公司通常不只保留所有盈餘，同時也以借錢和發行股票的方式來籌措成長所需的資金。

第三個階段是成熟期。公司的成長率減緩，並開始產生發展和營運所需的現金盈餘。最後一個階段——衰退期，公司面臨銷售和盈餘的萎縮，但仍繼續產生過剩的現金。在第三和第四個階段之中，特別是在第三個階段，公司最常面臨到的問題是：「應該如何處理這些盈餘？」

如果將過剩的現金用在內部轉投資上，而能獲得平均水準以上的股東權益報酬率——高於資本成本，那麼就應該保留所有的盈餘做轉投資，這只是基本的邏輯。如果做轉投資的保留盈餘比資本的平均成本還低，這麼做就完全不合理，且這也是很普通的常識。

只有其投資報酬是在平均水準甚至是平均水準以下，卻一再產生過多現金的公司，可以有三種選擇：它可以忽視這個問題，以低於平均的報酬率繼續做轉投資；或它可以購買成長中的企業；又或者是把盈餘發放給股東。這就是巴菲特判斷管理階層優劣的重要關鍵。不良的經營體系因缺乏理性思考，而會在這裡犯錯。

一般而言，管理階層會在認為報酬率過低只是暫時的情況下，選擇繼續做轉投資。他們相信以自己的本領，一定可以幫助公司賺錢。股東們也被管理人員的預測——即公司情況一定會改善——所迷惑。如果公司一直忽略這個問題，現金將逐漸被閒置，股價也會下跌。一個經濟報酬率低、現金過剩、股價偏低的公司將會引來入侵者，而這通常就是喪失經營權的開始。為了保障自身的利益，主管人員一般會採用第二個選擇：收購其他成長中的企業，來促使公司成長。

宣布收購計畫可以激勵股東，同時也能嚇阻入侵者。然而，巴菲特對於那些需要靠收購以換得成長的公司抱持懷疑態度。原因之一是，這種成長需要付出極高的代價；原因之二是，整合並管理新的企業容易犯錯，而這些錯誤對股東來說就是付出昂貴的代價。

以巴菲特的觀點來看，對於那些過剩現金不斷增加、卻無法創造平均水準以上的轉投資報酬率的公司而言，唯一合理且負責任的做法只有將盈餘回饋給股東。因此，兩個方法可以使用：提高股利，或買回股票。

如果股東手上有現金股利，就有機會尋找其他高報酬率的投資。表面上看來這似乎是個不錯的點子，但也因此有許多的投資人把股利增加看作是公司營運良好的指標。巴菲特相信，只有當投資人拿著現金所做的投資，比公司保留盈餘轉投資的報酬率來得高的時候，這才是一件好事。

多年來，波克夏哈薩威已經從其資本上獲得很高的報酬率，而且一直保留所有的盈餘。在報酬率這麼高的情況下，如果把股利分給股東反而使他們的利益受到損害。毫不意外地，波克夏完全不支付股利。而且股東對此也都沒有意見。巴菲特在一九八五年向股東提出了三個股利選擇：一、繼續將盈餘轉投資，不發放現金股利；二、發放營業盈餘五％到一五％的現金股利；三、以一般美國產業的股利發放標準，發放盈餘四〇％到五〇％的現金股利。在所有回應者中，有八八％的股東傾向保持原來的政策。這項對於股東信心的最終測試，促使公司將一〇〇％的盈餘用於轉投資。波克夏的股東對巴菲特深具信心。

有時候，股利的真正價值會被誤解。同樣地，回歸盈餘給股東的第二種方法——購回股票——也會被人誤解。事實上，從各方面來看，採取這種做法對股東的利益較不直接，也不具體，同時需要較長的時間才能看出成效。

巴菲特認為，以購回股票的方式處理盈餘，報酬會是雙倍。如果當時的股票價格低於它的實質價值，那麼購買股票是很正確的做法。假設某公司的股價是五十元，而它的實質價值應該是一百元。那麼每花一塊錢購買股票，所獲得的實質價值就有二塊錢。這種交易本質對於選擇繼續持股的股東而言，極為有利。

此外，根據巴菲特的說法，如果企業主管積極投入股市買回自家公司股票，就表示他們以股東的利益為第一優先，而不是只想草率擴展公司的架構。這樣的立場帶給市場利多的訊息，並吸引另一批投資人，他們尋找能夠增加股東財富的績優公司做為投資目標。通常，股東會有兩次獲利，一次是初次買入股票時，以及在股市投資人對這檔股票感興趣時。

坦白

巴菲特極為看重那些完整且詳實報告公司營運狀況的管理人員。尤其尊敬那些不會藉著一般公認的會計原則、隱瞞公司營運狀況的管理者。他們把成功分享給他人，同時，也勇於承認錯誤，並且永遠向股東保持坦誠的態度。

財務會計標準只要求以產業類別分類的方式，公布商業訊息。有一些管理者利用這些最低標準，把公司所有的商業活動歸為同一個產業類別，藉此混淆投資人視聽，讓他們無法掌握有關自身利益的個別商業動態。巴菲特主張，「無論是否屬於一般公認會計原則的資料，或是超出一般公認會計原則要求的資料，只要它能幫助具有財務知識的讀者回答下列三個重要的問題就應該公布：一、這間公司大概值多少錢？二、它未來的發展潛力有多大？三、從過去的表現來看，管理者是否能夠充分掌握公司的營運狀況？」

波克夏哈薩威的年度報告不但符合一般公認會計原則的標準，還提供許多額外訊息。巴菲特詳列波克夏所有企業的個別盈餘，以及其他他認為可以幫助股東分析公司營運狀況的相關資料。

他敬重那些採用同樣坦白作風向股東公布資料的企業主管，同時他也讚許那些勇於公開討論失敗的企業主管。巴菲特說，大多數的年度報告都是虛假的。每個公司多多少少都會犯下一些大小不等的錯誤。他相信，大多數管理者所提出的報告都太過樂觀，而未能據實以報，這麼做或許可以照顧到他們自己的短期利益，但長久下去，每個人都會受害。

在他對波克夏哈薩威的股東所做的年度報告中，巴菲特對於波克夏的經濟現況和管理成果，不論好壞，都保持公開態度。過去他曾經承認波克夏在紡織業和保險業面臨困難，也承認自己在管理這些企業時所發生的錯誤。在波克夏哈薩威一九八九年的年度報告中，他開始以一個名為「頭二十五年的錯誤（精簡版）」的正式行動，列出他曾犯下的錯誤。兩年之後，這個行動改名為「每日錯誤」。在這裡面，巴菲特不只承認錯誤，同時也列出因為他未能適時採取行動所喪失的機會。

有人批評巴菲特之所以能輕鬆公開承認錯誤，是因為他擁有波克夏企業四二％的股權，根本不必擔心飯碗不保。這的確是事實。但除了這些批評之外，營運報告上的改進也是有目共睹的。巴菲特相信，開誠布公至少能帶給管理者與股東相同的好處。他說：「誤導他人的主管，最後也將誤導自己。」巴菲特感謝孟格幫助他了解檢討錯誤的價值，而不是只專注在成功的作為上。

不落入盲從法人機構陷阱

如果管理階層堅持面對錯誤可以增長智慧及增加信賴度，那麼為什麼總是有這麼多的年度報告只宣揚成功的業績呢？如果資本支出的配置是如此簡單而合乎邏輯的事，怎麼會有那麼多資金運用不當的情事發生呢？巴菲特的答案是一種他稱之為「盲從法人機構」的無形力量。就好像旅鼠的盲目行動一樣，企業的管理者會自然而然模仿其他管理人員的行為，不管那些行為是多麼愚蠢或違反理性。

巴菲特承認，這是他企業生涯最驚訝的發現。還在念書時，他一直以為企業界那些經驗豐富的管理者都是誠實而聰明的，而且懂得做出理性的營業決策。等到真正踏進了企業界，他才知道，「一旦盲從法人機構開始發酵，理性通常會大打折扣。」

原因一：害怕丟掉飯碗

根據巴菲特的說法，盲從法人機構的行為會出現在：一、一個機構拒絕改變它目前的運作方向；二、所有的計畫與併購行為都會消耗全部的可用資金；三、領導者任何企業上的行動計畫，不管有多愚蠢，都會迅速獲得屬下的支持，他們提出詳細的報酬率及策略研究做為回應；四、同等級公司的作為，不管它們是正在擴張、收購、制定主管人員的薪資或者做其他的事，都會毫不猶豫地被仿效。

國家償金公司的負責人林華特幫助巴菲特發現這種盲從行為的毀滅力量。當大多數的保險公司在收益不足，或甚至賠錢的情況下承保的時候，林華特拒絕遵循這樣的市場趨勢，他不接受這種保險。同樣地，在儲貸業界通行的策略偏離正軌的時候，孟格與巴菲特當機立斷改變共同儲貸公司的投資方向。

在其他「旅鼠型」公司明顯地自取滅亡卻仍然能夠每季出現盈餘的時候，大多數的管理階層如果不願意冒險，這會使自己看起來愚蠢且讓公司承受難堪的損失。改變方向是很困難的。跟隨其他公司一起踏著相同錯誤的步伐，直到面臨失敗，大家才一起改變公司的方針比較容易。巴菲特和孟格的確不必擔心會丟掉飯碗，這讓他們可以不受約束地去做些不尋常的決定。但就算擁有良好的溝通技巧，也必須能夠說服股東接受短期的盈餘損失，以換得將來好的成果。巴菲特認為，無法抗拒盲從法人機構通常與股東並沒有太大關係，而是因為管理階層本身不願意接受公司基本方針的改變。

即使管理階層接受公司若不改變就得面對倒閉的可能，但是對其中大多數人來說，實施改革計畫還是太過困難。大部分的人情願屈服在選擇收購新公司的誘惑下，也不願面對眼前財務上的問題。

原因二：不經大腦的模仿

他們為什麼會這樣做？巴菲特指出三個他覺得對管理階層行為影響最深的因素：第一，大多數管理者不能控制他們行事的欲望。這種渴望極度活躍的行為，通常在併購接管其他企業時找到宣泄；第二，大多數的管理者常常會和同業及其他產業的公司比較彼此之間的銷售、盈餘和高階主管人員的薪酬。巴菲特提到，這樣的比較引發了公司管理者極度活躍的行為；最後一點，巴菲特相信大多數的管理者對自己的管理能力過分自信。

另外一個常見的問題是拙劣的資金分配。巴菲特指出，公司的行政總裁通常因為是行政、工程、行銷或生產等方面有傑出表現而升到目前的職位。因為他們在資金運用上缺乏經驗，大多數人轉而向他們的幕僚、顧問或投資銀行尋求意見。就在這裡，盲從法人機構的行為開始介入決策過程。巴菲特指出，如果行政總裁想要從事一項投資報酬率必須達到一五%，才能算是投資成功的收購行為，你會發現一件令人驚訝的事，亦即他的幕僚可以完全面不改色地提供他一份報酬率剛好是十五．一%的評估報告。

最後一個證明盲從法人機構的理由是不經大腦的模仿行為。如果A、B、C三家公司的營運模式相同，那麼D公司的行政總裁也會認為，我們的公司採取相同的模式也一定可行。巴菲特指出，並不是唯利是圖或愚蠢的行為使得這些公司失敗，而是盲從法人機構的壓迫性力量，使得它們難以抗拒注定失敗的命運。

在向一群聖母大學（Notre Dame）學生演說時，巴菲特展示一份列有三十七家投資失敗的銀行機構名冊。他解釋說，儘管紐約股票市場的交易量成長了十五倍，這些機構還是失敗了。這些機構的主管都擁有非常高的智商，而且努力工作，對於成功有強烈的欲望。巴菲特停頓了一下，以他的雙眼巡視整個房間，然後嚴肅表示：「你們想想看，他們為什麼會得到這樣的結果呢？我將告訴你們為什麼，因為同業之間不經大腦的仿效行為。」

巴菲特有幸與美國企業集團裡一些最精明的經營管理者一起工作，包括首都／美國國家廣播公司湯姆．墨菲（Tom Murphy）和丹．柏克（Dan Burke），可口可樂公司的羅勃特．葛蘇達（Robert Goizueta）和唐納德．奇奧（Donald Keough），以及富國銀行的卡爾．雷查德（Carl Reichardt）。然而事實是，即使是最精明、最有能力的管理者也無法挽救企業的困境。巴菲特說：「如果讓這批人在一個漏洞百出的公司工作，他們也起不了什麼作用。」巴菲特所說的是，不管公司的經營管理是多麼令人印象深刻，他絕對不會把投資放在一群「人」的身上。他寫道：「以一個名聲卓著的經營管理體系去拯救一個經濟體質欠佳的企業，結果必然是徒勞無功。」

大多數的情況下，評定管理者的能力，是一種排除量化指標的主觀判斷行為，但是，還是有一些量化的數據可以應用。這裡是指那些用以評估經營績效的標準：股東權益報酬率、現金流量以及營業毛利。

財務原則：公司真實績效的評估

那些巴菲特用來評估經營效益和經濟績效的財務原則，都是根據典型的巴菲特式原理為基礎。舉個例子，他不怎麼重視年度的營運績效，而把焦點放在每四年或每五年的平均值上。他指出，創造營業收益所需的時間，通常不大可能與行星繞太陽一週的時間相吻合。他對於那些用以捏造輝煌業績的會計手法更是感到不耐。相反地，他遵循以下幾個原則：

一、將注意力集中在股東權益報酬率，而不是每股盈餘

二、計算「股東盈餘（owner earnings）」，以得知正確的價值

三、尋求擁有高毛利的公司

四、每保留一塊錢的盈餘，公司至少得增加一塊錢的市場價值

股東權益報酬率

一般來說，分析師藉由觀察每股盈餘來評定公司全年度的表現。在過去一年，每股盈餘是否增加？這個數據是不是高到足以拿出來吹噓？巴菲特認為，每股盈餘只是一層煙幕。既然大多數的公司都以保留部分上年度盈餘，做為一種增加公司股東權益的手段，那麼對於平均每股盈餘這種表面的數據，又有什麼好大驚小怪的呢？如果一個企業在每股盈餘增加一〇％的同時，它的股東權益也成長了一〇％，那就沒什麼了不起了。他解釋說，這和把錢存入銀行，然後就會生利息根本沒什麼兩樣。

他主張：「成功的經濟管理績效，是獲得較高的股東權益報酬率（沒有不當的融資與會計上欺騙的方式等），而不只是在於每股盈餘的持續增加。」巴菲特比較喜歡以股東權益報酬率——營業盈餘（分子）與股東權益（分母）之間的比例，做為評估公司年度表現的依據。

我們需要做下面幾個調整，才能使用股東權益報酬率這個數據。首先，所有可出售的有價證券應該是以成本計價，而不是以市價來計算。因為股票市場的價格，可以對特定企業的股東權益報酬率產生很大的影響。舉例來說，如果股票市場在一年內飆漲，在此情況下，即使經營表現極為傑出，股東權益報酬率還是會因股東權益的大量增加而減少，因為分母增加降低了其數值。相反地，股價下跌會減少股東權益，如此一來，就算是不怎麼樣的業績，看起來也會比實際業績要好一些。

其次，投資人也必須有能力控制那些會影響營業盈餘的各種不尋常因素。巴菲特排除所有的資本利得和損失，以及其他任何可能增加或減少營業盈餘的不尋常項目。他正努力設法獨立畫分出企業各種特定的年度績效。他希望知道在擁有特定資金可供運用的情況下，管理階層能為公司創造多少營業收益。他說，這是判定經營績效最好的依據。

除此之外，巴菲特相信，在負債少或無負債的情況下，企業能達成良好的股東權益報酬率。我們知道，公司能藉由增加其負債比率來提高股東權益報酬率。巴菲特當然了解這個情況。但是為了提高波克夏哈薩威的股東權益報酬率而增加負債，對巴菲特而言，這個主意實在不怎麼樣。

他說：「好的企業或投資決策不需要其他舉債的幫助，就可以產生令人滿意的經濟成果。」此外，高負債的公司在經濟衰退期間非常容易受到傷害。他寧願在財務品質上犯錯，也不願意以增加債務的方式拿波克夏股東的福利冒險。

儘管他的態度保守，巴菲特在借錢的時候並不畏懼。事實上，與其在急需用錢的時候才去借款，他寧願在事先預知有金錢上的需求時，就開始行動。巴菲特指出，如果在決定收購企業的時候正好有充裕資金，那當然是最理想的。但是經驗告訴他，情況總是剛好相反。貨幣供給寬鬆會促使資產價格上揚。緊縮銀根、利率調高則會增加負債的成本，同時壓低資產價格。當低廉的企業收購價格出現的同時，借款的成本（較高的利率費用）很可能抵消此機會的吸引力。正因如此，巴菲特認為公司應該將它們的資產與負債分開個別管理。

這種先把錢借來，以求將來可以用在絕佳的商業機會上的經營哲學，多半會導致短期盈餘的損失。然而，巴菲特只在有充分的理由相信，收購企業之後的盈餘可以超過償還貸款所需花費的利息費用時，才會採取行動。此外，因為吸引人的商業機會實在不多，巴菲特希望波克夏隨時都有萬全的準備。「如果你想要打中罕見而且移動快速的大象，那麼你應該隨時帶把槍。」

對於怎樣的負債比例才是適當的，巴菲特不提供任何建議。可以理解的是，不同的公司依據自己的現金流量，而有承擔不同程度的舉債能力。巴菲特所說的是，好的企業應該能夠不靠舉債，就可以賺取不錯的股東權益報酬率。我們對於那些必須藉由相當程度的負債才能達成良好股東權益報酬率的公司，應該抱持懷疑的態度。

股東盈餘

巴菲特提出警告，投資人應該了解，會計上的每股盈餘只是評估企業經濟價值的起點，絕不是終點。他說：「首先要知道的是，並非所有的盈餘都代表相同的意義。」他指出，那些必須依賴高資產以實現獲利的企業，傾向虛報公司盈餘。因為資產高的企業必須向通貨膨脹付出代價，這些企業的盈餘通常只是「海市蜃樓般」的虛幻。因此，會計盈餘只在分析師用它來估計現金流量時才有用。

巴菲特警告說，即使是現金流量也不是度量價值的完美工具；相反地，它常常會誤導投資人。現金流量是一種適合用來衡量初期需大量投資資金，隨後只有小幅支出的企業，像是房地產、油田以及有線電視公司等。相反地，製造業需要不斷地支出資金，若使用現金流量就無法得到準確的評估結果。

一般而言，現金流量的習慣定義是：稅後的淨所得加上折舊費用、耗損費用、分期攤還的費用和其他的非現金支出項目。根據巴菲特的解釋，此定義的問題出在它遺漏了一個重要的經濟因素：資本支出。公司必須將多少的年度盈餘花費在購置新設備、工廠更新及其他為維持公司經濟地位，和單位產品價格所需的改善費用上？根據巴菲特的說法，大約有九五％的美國企業所需的資本開銷，大約等於該公司的折舊率。他說，你可以將資本支出延遲一年左右，但若長期下來仍然沒有做出必要的支出，交易必然會減少。這項資本支出與公司在勞工與設備上的支出一樣，都是企業營運所需的費用。

在強力收購的八〇年代時期，現金流量因為可以為高得離譜的收購價格背書，所以受重視的程度也達到最高點。巴菲特認為，現金流量「常被企業仲介的掮客和證券市場的營業員用來掩飾經營上的事實，以促成一些原本不可能成立的交易。當盈餘無法償還垃圾債券的債務，或為不合理的股價提出辯解的時候，設法將買主的注意力轉移到現金流量還真是一個好方法」。但是巴菲特警告，除非你願意抽出那些必要的資本支出，不然把注意力全部放在現金流量上絕對是死路一條。

巴菲特比較喜歡採用的是他所謂的「股東盈餘」——公司的淨所得加上折舊、耗損、分期償還的費用，減去資本支出以及其他額外所需的營運資本，來代替現金流量。巴菲特承認，股東盈餘並沒有提供許多分析師所要求的精確計算結果。若要計算未來的資本支出，最常使用的是粗估法。儘管如此，他用凱因斯的話說：「我寧願對得迷迷糊糊，也不要錯得清清楚楚。」

毛利率

和費雪一樣，巴菲特也很清楚，如果管理當局無法將銷售額轉換成利潤，任何再好的投資都是枉然。在他的經驗裡，需要靠高成本營運企業的經營管理者常會不斷增加經常性支出，相反地，只需低成本營運企業的經營管理者則會設法節省開銷。

巴菲特很討厭那些不斷增加開銷的經營管理者。常常，他們必須提出改善計畫以及反映成本到銷售上。每當公司宣布要大肆進行削減開支的計畫時，他就知道這間公司並不了解開銷對於股東們的意義。巴菲特表示：真正優秀的經營管理者不會是早上醒來才說：「好，今天我要削減開銷。」就像他不會是早上醒來才決定呼吸一樣。

巴菲特特別指名富國銀行的雷查德和海山（Paul Hazen），以及首都／美國國家廣播公司的墨菲和柏克，因為他們毫不留情地刪減非必要支出。他說，這些管理者「極度憎恨過多的冗員」，而此兩對管理體系「即使是在利潤創紀錄的情況下，也會和承受壓力的時候一樣拚命刪減支出」。巴菲特在處理成本費用與非必要支出的時候，態度也極為強硬。他對於波克夏的毛利率非常敏感，了解任何企業經營所需的適當員工人數，同時也明瞭既然有銷售，就該有相對的支出。

波克夏哈薩威是一個獨特的公司，全體員工可能還無法湊成一支壘球隊。波克夏哈薩威沒有法律部門，也沒有公關或投資人關係部門。沒有企業碩士專業人才組成策略計畫部門，負責策畫合併和收購等事宜。波克夏不雇用安全警衛、轎車司機或是公文信差。波克夏的稅後經常性支出還不到營業盈餘的一%。巴菲特說，拿波克夏和其他營業盈餘相當但經常性開銷高達一〇%的公司做比較發現，股東們光是因為這個經常性開支，就損失了九%的股份實質價值。

一美元的假設

現在我們以一個很快的試驗來證明，除了企業在經濟價值上的吸引力之外，還包括企業的管理經營能力如何完成「創造股東持股的價值」這個大目標。如果巴菲特選擇公司的標準，是長期發展遠景看好，且公司由一群有能力和以股東利益為第一優先的管理者所經營，它們將隨著日後公司市場價值的增加而獲得證明。

我們知道，長期而言，股票市場會很理所當然地遵循企業的實質價值，雖然在任何一個年度裡，除了實質價值外，市場價格可能因各種理由劇烈起伏。同樣地，巴菲特解釋說，對於保留盈餘也應該採用這樣的觀點。如果經過一段時間，公司不能將保留盈餘做有效運用，那麼該公司的股票在股市就無法有令人滿意的表現。相反地，如果公司因增資而產生的報酬能夠超越平均水準時，這項成功將會反映在日益增加的股票價值上。

以巴菲特的快速檢驗來看，這種股票市場價值的增加應該至少符合保留盈餘的金額，如果增加的比保留盈餘高，當然更好。巴菲特解釋，總括來說：「在這種公開拍賣的超大型競技場裡，我們主要的工作，是要選擇那些具有下面經濟特性的公司：可將每一塊錢保留盈餘，確實轉換成至少有一塊錢的市場價值。」

市場原則：股票價格不等於價值

到目前為止，前面提到的原則，其內容都指向一決策點：是否購買該公司的股票。任何處在這個決策點的人都應該衡量兩項因素：這間公司是否有好的實質價值，以及現在是否為購買的好時機——也就是說，價格是不是吸引人？

股市決定股價。至於股票的價值則由分析師決定，他們在衡量過各種有關公司營運、經營管理以及財務特性等已知資訊後，做出判斷。股票的價格與其價值並不一定相等。有效率的股票市場，股票價格將會立即反映出各種有利的訊息。當然我們知道現實狀況並非如此。證券的價格會受各種因素的影響，在公司的實質價值附近上下波動，而且並非所有的漲跌都合乎邏輯。

理論上，投資人的行動取決於股票價格和實質價值之間的差異。如果公司股票的市場價格低於該公司股票的每股實質價值，一個理性的投資人應該會購買該企業的股票。相反地，如果股票的市場價格高於它的實質價值時，則投資人不會考慮購買。隨著公司經歷各個不同發展階段，分析師依各階段的特性，以市場價格為比較基準，重新評估公司股票的價值，並以此決定是否買賣及持有股票。總而言之，理性的投資具有兩個要素：

一、企業的實質價值如何？

二、是否可以在企業的股價遠低於其實質價值時，買進該企業的股票？

決定實質價值

傳統上，評估企業價值的方式，包括下列三種普遍的方法：清算法、永續經營法或市價法。清算法，是指變賣企業所有的資產後所產生的現金，並扣掉所有負債後的淨值。運用清算法，並不需要考慮企業未來的獲利盈餘，因為我們的假設就是，該企業不會再存活。另一方面，永續經營法則對股東可以預期得到的未來現金流量進行預測。這些未來的現金流量會以適當合理的利率，折算成目前的現值。當未來的現金流量難以估算的時候，分析師通常使用市價法：和其他相類似的公開上市公司做比較，運用適當乘數計算出企業價值。

巴菲特會使用哪一種方法呢？他說，最好的方法是約翰·伯爾·威廉斯（John Burr Williams）在他的《投資價值理論》（*The Theory of Investment Value*）一書中所提出的。基於威廉斯的理論，巴菲特告訴我們企業的價值等於運用適當的貼現率，折算預期在企業生命週期內可能產生的淨現金流量。巴菲特說：「所有的職業從馬鞭製造商到行動電話的接線生，在價值方面，都可計算出經濟上可以比較的數據。」

巴菲特告訴我們，企業價值的數學計算非常類似評估債券價值的模式。債券未來的現金流量可分成每期息票支付的利息，以及未來債券到期發回的本金兩部分。如果你把所有債券息票的利息加總起來，且以適當的利率折現，就可以得到債券的價格。為了要決定企業的價值，市場分析師估計，在未來的一段期間內所能產生的「息票」，然後折現到目前的現值即為公司的價值。

對巴菲特來說，只要你加入適當的變數：現金流量和適當的貼現率，決定公司的價值就很簡單。如果他對預估企業未來的現金流量沒有十足的把握，就不會試著去評估一間公司的價值，這是他處理事情的特質。雖然他承認微軟是間極有活力的公司，對於比爾·蓋茲也非常推崇，但巴菲特也承認，他完全沒有辦法預估這間公司未來的現金流量。如果企業簡單且能了解，並擁有穩定的盈餘，巴菲特就能以高度的確定性來決定未來的現金流量。他所提及的「競爭優勢圈觀念」，也反映在其預測未來的能力上。在巴菲特的心中，預測現金流量應該具有像是在債券中所使用的「息票似的（coupon-like）」確定性。

一旦巴菲特決定了企業未來的現金流量，接著就是應用貼現率將其折現。

許多人感到驚訝，一旦他們了解巴菲特所使用的貼現率，只是美國政府的長期債券利率，不是什麼其他東西的時候。這正是任何一個人所能夠達到的最接近無風險利率水準。

在學術方面的爭論是，比較適當的貼現率會是無風險利率（長期債券利率），加上股票的風險貼水，以反映出公司未來現金流量的不確定性。雖然巴菲特承認在利率下跌的時候，他會更傾向於小心謹慎應用此一長期利率，但他不增加風險貼水到他公式裡的理由很簡單，只是為了要避開風險而已。首先，巴菲特拒絕購買那些具有負債問題的公司，以此避開與債務有關的財務風險。其次，將注意力集中在盈餘穩定且可預測的公司上，可以降低投資風險。「他說，我將確定性看得很重。」「如果你這麼做，則所有造成風險的因素對我而言都沒有意義。風險來自於你不知道自己在做什麼。」

儘管巴菲特堅持這樣的主張，還是有人批評，認為預估將來的現金流量是很難掌握的，而適當貼現率的選擇，也會造成評估上的重大失誤。取而代之的是，這些批評家利用各種不同的簡易方法來辨認企業價值：低的本益比和價格──帳面價值比，以及高的股利。從業人員極為看重這些比例，並且認為，購買確實擁有這些財務比率的公司一定能賺錢。

持續購買低本益比和價格──帳面價值比，以及高股利公司的人，通常被稱之為「價值投資人」。主張選擇在盈餘上有高平均成長的公司來辨認公司價值的人，則稱之為「成長投資人」。一般來講，成長中的公司通常具有高的本益比和低的股利。而這些財務的特色與價值投資人所希望尋找的剛好相反。

這些尋求購買價值的投資人，通常必須在「價值」與「成長」之間來選擇股票。巴菲特承認，他也參加過這種知性的爭論。今天他則認為，在這兩種學派的想法之間辯論是件無意義的事。他說，成長與價值的投資其實是相通的。價值是一項投資其未來現金流量的折現值：而成長只是用來決定價值的一項預測過程。

在銷售、盈餘和資產方面的成長，能夠增加或扣除投資價值。在投資資本報酬率高於平均水準的時候，成長可以增加投資的價值。因此也保證，每投資一塊錢，至少就能增加一塊錢的市場價值。而成長對於一家資本報酬率不高的公司股東而言，可能反受其害。例如，一些航空公司，一直以令人難以置信的方式成長，但是它們無法賺得相當的資本報酬率，因為這個原因，已使得這些公司的大部分股東陷於相當糟糕的地步。

巴菲特說，所有這些簡潔的投資測試方式——高的或低的本益比、價格——帳面價值比和股利發放，以及任何方式的組合——都不足以決定一個投資人是否確實購買到值得購買的企業，和確實以獲取價值為原則，來操作他的投資。

不管企業是否成長、在盈餘上顯示出的是起伏不定或是穩定的狀態或擁有相對於目前盈餘與帳面價值過高或過低的價格，投資人應以折現後現金流量最便宜的公司，作為投資決策的依據。

在理想價位買進

巴菲特指出，將注意力集中在容易了解和具有持久的經濟力量基礎，且把股東放在第一位的管理者所管理的公司上，並不能保證成功。首先，他必須以合理的價格購買，同時公司必須符合他對企業的期望。巴菲特承認，如果我們犯錯則是因為三個地方出問題：一、我們所支付的價格；二、我們所參與的經營管理；三、企業未來的經濟狀況。他指出，錯誤的估計最常發生在第三個原因上。

巴菲特的意圖是，不但要辨認出可以賺得高於平均收益的公司，還可以在價格遠低於其實質價值時購買這些企業。葛拉漢教導巴菲特，只有在價格與價值之間的差異高過安全邊際的時候才購買股票。

安全邊際的原則首先以兩種方式協助巴菲特。首先，使他避免受到價格上的風險。如果巴菲特所計算的企業價值，只些微地高於它的每股價格，則他不會購買該股票；他推論道，如果公司的實質價值因為錯估未來的現金流量而有些許下降，股票價格終究也會下跌，甚至低於他所購買的價錢。但是，如果存在於購買價格與公司實質價值之間的差價足夠大，則實質價值下跌的風險也就比較低。假設巴菲特以實質價值的七五折購買一間公司，但隨後該公司的價值下跌了一〇%，他最初的購買價格仍然會為他帶來適當的報酬率。

安全邊際原則也提供一些機會，使我們可能獲得極佳的股票報酬率。如果巴菲特正確地辨別出一個擁有高經濟報酬率的公司，長期之後該公司的股價將會穩定攀高，反映出它的報酬率。股東權益報酬率持續維持在一五%的公司，它股價的上漲程度將會超過股東權益報酬率一〇%的公司。不僅如此，藉由使用安全邊際，如果巴菲特能夠在遠低於實質價值的價格下收購這個傑出的企業，波克夏將會在市場價格進行修正的時候，額外的大賺一筆。巴菲特說：「交易市場就像上帝一樣，幫助那些自助者。但是和上帝不同的是，交易市場不會原諒那些不知道自己在做什麼的人。」

你不是只買了一張紙

在巴菲特的投資哲學裡，最明顯的特色是他清楚地了解到，擁有股份就是擁有那間公司，而不只是擁有一張紙。巴菲特說，不了解公司業務的營運情形——包括該公司提供的產品與服務、勞資關係、原料成本、廠房設備資本轉投資的需求、庫存、應收款項和營運資金需求等等——就貿然地買進股票，是完全不合理的行為。這種心態反映在企業管理階層與股東對立的態度上。葛拉漢在《智慧型股票投資人》結語裡寫道：「最聰明的投資方式，就是把自己當成持股公司的老闆。」巴菲特說：「這是有史以來關於投資理財最重要的一句話。」

持有股票的人可以選擇成為企業的所有人，或者只當自己持有一些可以交易的有價證券。認為自己只是擁有一張紙的股票持有人，通常都不大在乎公司的財務狀況。在這些人的眼裡，每天漲漲跌跌的股市成交價，比公司的損益表和資產負債表更能夠正確地反映股票的價值，他們買賣股票就像是擲骰子一樣。

對巴菲特而言，他認為一般股票的持有人和企業經營者這兩個角色是密切相關的，兩者應同等看待企業的所有權。巴菲特說：「因為我把自己當成是企業經營者，所以我成為更優秀的投資人。因為我把自己當成是投資人，所以我成為更優秀的企業經營者。」

常有人問巴菲特，他接下來會購買什麼類型的公司。他說，首先他會避開那些讓他缺乏信心的一般商品企業和經營管理階層。他只購買他所了解的公司類型，而那些公司多半具有良好的體質，以及值得信賴的經營管理階層。巴菲特說：「好的企業不一定都值得購買，但是我們可以自其中選擇適合的投資對象。」

第5章

值得長抱的公司他是這麼挑的

巴菲特說：「只要企業的股東權益報酬率充滿希望並令人滿意，或管理者能勝任其職務而且誠實，同時市場價格也沒有高估此企業，那麼，他相當滿足於長期持有任何證券。」

暫且不論波克夏的投資行動結果如何，巴菲特的投資動機都是從企業的營運成果，而不是從它們的短期股票行情得到投資資訊。他深信股票市場可能會暫時忽略企業的財務成果，但隨著時間過去，公司提供持股人更多的股權價值後，市場價格終將證實一個公司經營成功或失敗。

巴菲特記得葛拉漢告訴過他：「短期看市場是個投票機器，但長期看則是個秤重器。」他樂於忍耐。事實上，當波克夏的股權價值以令人滿意的速度上升，他卻希望股票市場慢一點得到消息，這樣他才有機會以便宜的價錢購買更多的股份。

有時候，當巴菲特研判某家公司會是很好的投資標的時，股市也會很快地加以正面回應。當這種情況發生時，他不會因為股價短期上漲而強迫賣出手中的股票，他認為華爾街的名言：「只要有利潤，你就不會破產」是個愚蠢的建議。費雪曾經告訴他，你手上有的投資（股票）一定要比現金好，否則它就不是一個好的投資。巴菲特說：「只要企業的股東權益報酬率充滿希望並令人滿意，或管理者能勝任其職務而且誠實，同時市場價格也沒有高估此企業，那麼，他相當滿足於長期持有任何證券。」如果股票市場確實過分高估某家企業，他就會將其股票賣出。此外，如果他需要現金去購買別家可能被過分低估或是有同樣價值但他更了解的企業，巴菲特將會出售價值公道或被低估的股票以變現。

然而，在這個投資策略下，巴菲特在一九八七年也承認有三個普通股，不管股票市場如何過分高估它們的股價，他都不會賣出，分別是華盛頓郵報公司、蓋可保險和首都／美國廣播公司。在一九九〇年，他將可口可樂的普通股也列為永久股。

這種至死才離的態度，使得這四個投資與波克夏所控制的企業地位相等。巴菲特是不隨意賦予這種永久性地位的。而且值得注意的是，一家公司不是在巴菲特購買它之後，就自動被認定為「永久性」持股。

波克夏哈薩威已經擁有華盛頓郵報公司的股份二十年，也擁有蓋可保險的股份十八年；巴菲特在一九七七年首次購買首都公司；即使在一九八八年就已經購買可口可樂的股票，直到一九九〇年它才被提升至永久持股的地位。

在收購的當時，這四家公司都具備值得購買的特性。這些特性值得我們探究（編註：巴菲特檢驗以下四間公司的準則，詳細內容可見第四章）。

檢驗買華盛頓郵報的行動

華盛頓郵報公司主要的商業活動包括發行報紙、電視廣播、有線電視系統和雜誌。報紙部門發行《華盛頓郵報》、《埃弗雷特前鋒報》（*The Everett Herald*）和一些時事報及十四份週報等。電視廣播部門擁有六個電視台，分別位於底特律、邁阿密、德克薩斯州的休士頓和聖安東尼奧兩地、康乃狄克州的哈特福、佛羅里達州的傑克遜維爾。有線電視部門擁有四十六萬三千個收視戶，分別散布於中西部、南部和西部的十五個州。雜誌發行部門出版的《新聞週刊》（*Newsweek*），在美國擁有超過三百萬的發行量，以及七十萬個海外訂戶。

華盛頓郵報公司尚有一家名為史丹利凱普蘭（Stanley H. Kaplan）的教育中心，它是一系列專門教授學生如何準備學院入學考試的學校。郵報公司也擁有雷吉史雷德（Legi-Slate），這是一家提供美國政府立法活動和一般事務電腦化資訊的公司；它也有《國際前鋒論壇報》（*International Herald Tribune*）五〇%和考勒斯媒體公司（Cowles Media）二八%的股份，它同時也是《明尼亞波利斯星報》（*Minneapolis Star*）以及《論壇報》（*Tribune*）的發行人；它也與美國個人通訊公司（American Personal Communications）形成有限合夥關係，在華盛頓特區發展一套個人通訊系統。

一九九三年年底，華盛頓郵報公司的資本額是三十億美元，每年的銷售總額是十五億美元。當你想到它在六十年前只有一項業務：發行一份報紙，那麼，它現在的成就尤其令人印象深刻。

一九三一年，美國國內當時有五份日報在市場競爭，《華盛頓郵報》是其中之一。二年後，由於無法負擔印製費用，郵報的財產被監管，並在那年夏天的一次拍賣會上拍賣成功，以償還債權人的債務。

尤金．邁耶（Eugene Meyer）是一位大資本家及理財家，以八十二萬五千美元買下《華盛頓郵報》。往後的二十年，他一直支持這份報紙直到它轉虧為盈。然後公司被交給菲利普．葛蘭姆（Philip Graham）經營，他是一個在哈佛受過教育的聰明律師，娶了邁耶的女兒凱瑟琳．葛蘭姆（Katherine Graham）。一九五四年，葛蘭姆說服邁耶購買另一家與它們競爭的對手《時代前鋒報》。後來，葛蘭姆在一九六三年去世前，買下了《新聞週刊》和兩家電視台。在葛蘭姆的努力之下，《華盛頓郵報》從一份報紙擴展到成為廣告媒體公司和通訊公司。

在葛蘭姆死後，《華盛頓郵報》的控制權轉移到凱瑟琳身上。雖然她沒有管理大公司的經驗，但直接面對企業難題的態度，讓她迅速建立名聲。她的成功大都應歸因於她對郵報的熱愛。凱瑟琳觀察父親和丈夫如何努力維持公司的生存。她也了解到如果要成功，公司就必須有一個決策者而不是管理者。她表示，「我很快學習到事情不會停滯不前，你必須做決定。」有兩二個決策對《華盛頓郵報》有顯著的影響，一個是雇用班．布萊德里（Ben Bradlee）擔任報紙的總編輯，另一個是邀請巴菲特成為公司的董事。

布萊德里鼓勵凱瑟琳於報上刊登五角大廈（美國國防部）的機密文件，並且追蹤水門案的調查。這個行動替《華盛頓郵報》贏得了普立茲新聞獎的榮譽。巴菲特則教凱瑟琳如何經營一個成功的企業。

巴菲特第一次遇到凱瑟琳是在一九七一年，當時巴菲特擁有《紐約客》（*New Yorker*）的股票，當他聽說這個雜誌要出售時，他問凱瑟琳《華盛頓郵報》是否有興趣買下它；雖然這筆交易沒有談成，巴菲特卻對郵報發行人凱瑟琳印象深刻。

在那個時候，郵報的財務結構面臨極大改變。在尤金和阿葛妮絲．邁耶（Agnes Meyer）所建立的信託基金中規定，凱瑟琳和她的父親擁有《華盛頓郵報》所有具表決權的股票。葛蘭姆死後，凱瑟琳繼承了公司的控制權。在那之前，邁耶將他私人的數千股郵報股票，贈送給幾百位員工，感謝他們對公司的忠貞和服務。他建立了公司對私人持股的分紅計畫。當公司生意正興隆之時，《華盛頓郵報》的股票從一九五〇年代的每股五十美元，飛漲到一九七一年每股一千一百五十四美元，分紅計畫和員工個人持股都迫使公司必須出面維持股票市價於一定水準，後來證明這種管理方式對公司的現金並無幫助。此外，葛蘭姆和邁耶家族正面臨無法逃避的遺產稅。

一九七一年，凱瑟琳決定將《華盛頓郵報》公開上市，如此不僅可以消除維持自身股票市場的負擔，也使得家族繼承人能夠對他們的資產做比較有利的規畫。華盛頓郵報公司的股票分成二類：A類普通股選出決策董事會的大多數席位。凱瑟琳擁有五〇%的A類股，因此能有效控制公司；B類股則選出決策董事會的少數席位。一九七一年六月，華盛頓郵報公司發行一百三十五萬四千股的B類股。二天之後，儘管在政府的威脅下，凱瑟琳仍應允布萊德里刊登五角大廈文件。

一九七二年，郵報的股價穩定攀升，從一月的二十四．七五美元升到十二月的三十八美元。雖然報紙的業務有所進展，華爾街的態度卻變得悲觀。一九七三年年初，道瓊工業指數開始下滑；近春季時，下跌超過一百點至九百二十一點，《華盛頓郵報》的股價也下滑；到了五月，它的價格下跌十四點到二十三美元。由於ＩＢＭ的股價下跌超過六十九點，價格跌破它的兩百日移動平均線，所以華爾街經紀人發出警訊，警告這種崩潰瓦解的現象對其他市場是不好的預兆。同一個月，黃金跌破每盎司一百美元的關卡，聯準會將貼現率提高至六％，道瓊指數也下跌十八點，這是三年來最大的跌幅；六月，貼現率再次升高，道瓊工業平均指數面臨九百點大關。此時，巴菲特悄悄買進《華盛頓郵報》的股票。到了六月，他已經以平均每股二十二．七五美元的價格買入了四十六萬七千一百五十股的郵報股票，總價達一千零六十二萬八千美元（見圖5.1）。

後來，菲利普和凱瑟琳的兒子唐納德．葛蘭姆（Donald E. Graham）成為華盛頓郵報公司報紙的發行人、執行總經理以及董事會主席。唐納德於一九六六年從哈佛畢業，他主修英國歷史和文學。在哈佛的時候，他是學校《深紅報》（*Crimson*）的編輯；畢業之後，唐納德在軍隊裡服役二年。由於知道自己終將領導《華盛頓郵報》，唐納德決定進一步熟悉這個城市。他選擇了一種不尋常的方式：

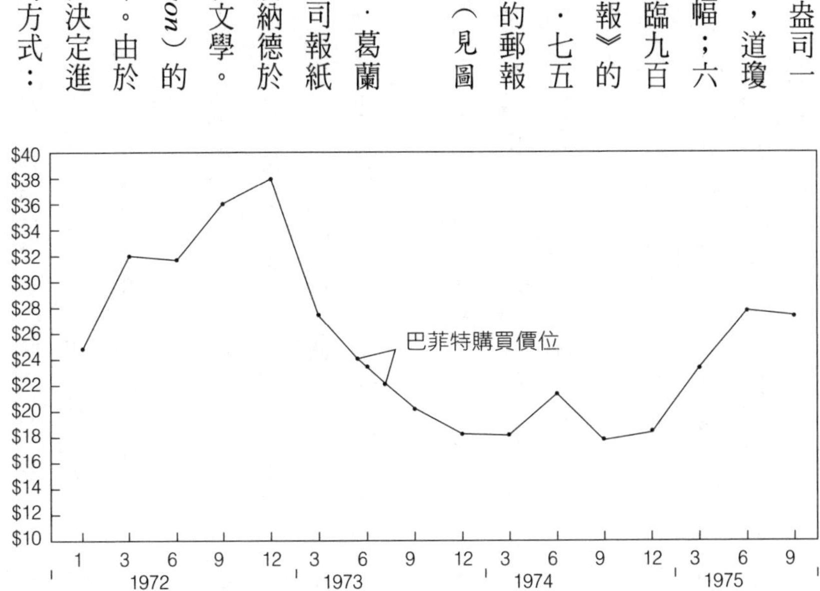

圖5.1　1972至1975年華盛頓郵報每股價格

進入華盛頓警局。在警察學院接受四個月的訓練之後，他擔任了十四個月的巡邏警察，腳踏著節拍走在第九區。一九七一年唐納德加入郵報擔任市府記者，後來他又為《新聞週刊》在洛杉機市政局做了十個月的記者。他在一九七四年回到郵報成為體育版助理總編輯，同年被選入公司的決策董事會。

一九七三年巴菲特剛開始購買郵報股票時，凱瑟琳並不擔心，但一想到有非家族成員擁有這麼多郵報的股票，即使是無控制權的股票也讓她感到震撼。巴菲特向凱瑟琳保證，波克夏買入其股票純粹是投資而已，為了再次向她保證，他建議由唐納德代理波克夏股份的表決權，他的提議解決了這個問題。凱瑟琳在一九七四年邀請巴菲特參加決策董事會以做為回報，然後很快地使他成為財務委員會的主席。

巴菲特在《華盛頓郵報》扮演不凡的角色，各方面均留下深刻紀錄。一九七〇年代的罷工期間，他堅持幫助凱瑟琳苦撐過去，而且他也教唐納德一些商業技巧，幫助他了解管理者的角色和他對企業股東的責任。巴菲特對郵報的影響可以從凱瑟琳和唐納德的一些行動上看出來。

唐納德完全清楚華盛頓郵報公司的主要目標。他寫道：「我們會繼續為股東的利益經營下去，尤其是長期持股的股東，他們的前景不僅是季終或年終，甚至長期的前景都被看好。我們不會用年銷售額的多寡，或所控制公司的數目，來衡量我們的成就。」唐納德發誓要「嚴格管理支出費用」以及「有紀律的訓練自己運用資金」。

企業原則：簡單且易於了解

巴菲特的祖父曾經擁有並且編輯《克明郡民主黨報》（*Cuming County Democrat*），一份內布拉斯加州西點市（West Point）的週報；他的祖母在報社幫忙並在家裡的印刷廠做排字工作；他的父親在內布拉斯加州大學念書的時候曾編輯《內布拉斯加人日報》（*Daily Nebraskan*）；巴菲特則曾是《林肯日報》（*Lincoln Journal*）的營業主任。人們常說，假如巴菲特不從事商業，那他最可能從事的是新聞工作。

一九六九年，巴菲特買下他的第一份重要報紙，《奧瑪哈太陽報》（*Omaha Sun*），連同一些週報。雖然他尊敬高品質的新聞事業，但巴菲特一想到報紙，總是把它當作企業看待。他期望一個報社老闆得到的獎賞是利潤而不是影響力。擁有《奧瑪哈太陽報》讓巴菲特學到一些報紙的經營動態。在開始買進《華盛頓郵報》的股票之前，他已經有四年親手經營報社的經驗。

企業原則：穩定的經營史

巴菲特告訴波克夏的股東，他第一次和華盛頓郵報公司有財務上的關聯，是在他十三歲時，當時他的父親在國會服務，他做送報生就專門送《華盛頓郵報》和《時代前鋒報》。巴菲特總是喜歡提醒別人：我在葛蘭姆買下《時代前鋒報》之前，就已經將這兩間報紙給併購了。

很明顯地，巴菲特非常了解報紙豐富的歷史，他認為《新聞週刊》是一個可以預測其未來的企業。他也很快就知道公司電視台的表現。華盛頓郵報公司多年來，一直報導它們廣播部門主要的績效。巴菲特根據他本身的經驗和公司成功的歷史判斷，相信這家公司擁有一貫優良的營運歷史，未來的表現將可預期。

企業原則：長期前景看好

巴菲特在一九八四年寫道：「一份強勢報紙的經濟實力是無與倫比的，也是世上最強勢的經濟力量之一。」在美國國內大約有一千七百份報紙，其中將近一千六百份沒有直接的競爭對手。他發現那些報紙的經營者相信，他們每年之所以能賺得超乎預期的利潤，是因為他們的報紙具有一定的新聞品質。巴菲特說，事實上，就算是三流的報紙，如果它是城鎮裡唯一的報紙，也能賺到足夠的利潤。無可否認，一份高品質的報紙會有較大的市場滲透力，但他解釋說，即使是一份平凡的報紙，由於它可以將消息廣為流傳，所以對大眾仍然重要。

城鎮裡的每個企業、房屋賣主或任何一個人，只要想將訊息讓大眾知道，都需要報紙宣傳來達到目的。和湯姆森子爵（Lord Thomson）一樣，巴菲特相信擁有一份報紙，就好像從城鎮裡每一個想製作報紙廣告的企業中獨占刊登廣告權一樣。

除了一些獨占特性外，報紙也有很高的經濟商譽價值。如同巴菲特指出的，發行報紙所需要的資本很少，所以能輕易將銷售量轉成利潤。即使報社增添昂貴的電腦輔助印刷機，或編輯部增添電子系統，支出的費用也能很快地藉由固定工資成本的減少而補償回來。報紙也比較容易提高售價，因此，能從投下的資本上產生高於一般企業報酬，以減少通貨膨脹造成的傷害。根據巴菲特的判斷，一家典型的報社可以將其報紙的售價加倍，而仍然保有百分之九十的讀者，就像《今日美國》（*USA Today*）一樣。

市場原則：決定實質價值

一九七三年，華盛頓郵報公司的上市總值是八千萬美元。然而巴菲特聲稱，「大多數的證券分析師、廣告媒體經紀人和廣告媒體主管，應該會將華盛頓郵報公司的實值估計在四億到五億美元之間。」巴菲特如何得到這些估計？讓我們用巴菲特的推理瀏覽一些數字。

我們從當年股東盈餘開始計算（見第四章）：淨收益（一千三百三十萬美元）加上折舊及攤銷（三百七十萬美元），減去資本支出（六百六十萬美元），得到一九七三年股東盈餘為一千零四十萬美元。如果我們將這些盈餘除以美國政府長期債券殖利率六．八一％，華盛頓郵報公司的價值達到一億五千萬美元，幾乎是市場價格的兩倍，但仍遠少於巴菲特的估計。

巴菲特告訴我們，經過一段時間，一份報紙的資本支出將會等於折舊和攤銷費用，所以淨收益應接近股東盈餘。對此了解之後，我們就可以單純的只將淨收益除以無風險利率，如此便得到一億九千六百萬美元的估價。

如果我們就此打住，也就假設了股東的盈餘增加率等於通貨膨脹率的成長。但是我們知道報紙有超乎尋常的調價空間，因為，大多數的報紙在社區內是壟斷企業，它們價格上揚的速率可以高過通貨膨脹。如果我們做最後一個假設：《華盛頓郵報》有能力將實際的價格提高三％，它的價值就接近三億五千萬美元。巴菲特也知道一〇％的稅前毛利，低於它歷年來一五％的平均稅前毛利，而且他知道凱瑟琳決定讓郵報的稅前毛利再一次到達這個數目。如果稅前毛利增加至一五％，公司的現值會再增加一億三千五百萬美元，使得總實質價值達到四億八千五百萬美元。

市場原則：在理想價位買進

即使對公司的價格做最保守計算，也顯示巴菲特至少以郵報實質價值一半的價錢買下其股票。他保持這樣的原則，在郵報市場價格少於其總實質價值的四分之一時買進。不論如何，他都在公司價格大幅低於它的實質價值時明快地買進。巴菲特謹守恩師葛拉漢投資的前提，折價買進才會保有安全邊際。

財務原則：股東權益報酬率

當巴菲特持續購買《華盛頓郵報》股票的時候，它的股東權益報酬率是一五．七％，這樣的結果是很普遍，大部分的報社都做得到，而且也只略高於標準普爾工業指數的平均股東權益報酬率。但在五年內，郵報的股東權益報酬率增加一倍，是當時標準普爾工業指數平均股東權益報酬率的兩倍，也比一般的報社高出五〇％。之後的十年，郵報維持它的領先地位。至一九八八年，它的股東權益報酬率更到達三六．三％。

當你察覺公司長久以來一直有意減少它的負債，那麼這些高於平均的收益就格外令人印象深刻。一九七三年，長期負債對股東權益的比例為三七．二％，在報業是第二高的比例。令人驚訝的是到了一九七八年，凱瑟琳減少公司七〇％的負債。一九八三年，長期負債對股東權益的比例降低至二．七％，是報業平均數值的十分之一，因此郵報創造的股東權益報酬率比其他同業高出一〇％。一九八六年，郵報在投資蜂巢式手提電話系統，及購買首都集團的五十三個有線電視系統之後，公司負債金額高達三億三千六百萬美元，但在一年內，即減少到一億五千五百萬美元。到了一九九二年，它的長期負債是五千一百萬美元，而且長期負債與股東權益比是五．五％，報業的平均值是四二．七％。

財務原則：毛利率

在華盛頓郵報公司公開上市六個月後，凱瑟琳與華爾街的證券分析師會面並告訴他們，企業的第一要件就是在公司現有的營運活動下，賺取最多的利潤。電視台和《新聞週刊》的利潤繼續在增加，但是報紙的利潤卻正逐漸趨於平穩。凱瑟琳表示，主要是因高生產成本，也就是薪資太高。買下《時代前鋒報》之後，公司的利潤開始激增。每當工會對報紙進行罷工時（一九四九、一九五八、一九六六、一九六八、一九六九年），經營者都選擇實現罷工者的要求，而不願冒停工危險。此時，華盛頓特區仍然只有三家報紙。經過了一九五〇年代和一九六〇年代，逐漸增加的薪資費用使利潤縮減。凱瑟琳告訴那些分析師，這個問題是一定要解決的。

當工會合同在一九七〇年代快要期滿時，凱瑟琳邀集那些帶著工會勢不兩立傳統的勞工談判者。一九七四年，藉著報紙同業公會的協助及冗長的談判之後，公司平息了一次罷工，那些印刷工人接受了新的合約。

在一九七五年印刷工人罷工期間，凱瑟琳對勞資合約堅定的立場開始成形。這次的罷工非常暴力且激烈，因為他們在罷工之前任意破壞新聞室，對他們訴求的同情因而消失。管理者自己操作印刷機，報業公會和印刷工會跨越彼此的界限，互相幫忙。四個月之後，凱瑟琳宣布公司正在雇用不屬於工會的印刷工人，而贏得這次的勝利。

一九七〇年代早期財經報刊寫道：「對華盛頓郵報公司表現的最好說法是：它在利潤評等裡，應是紳士型的C等級。」一九七三年，郵報的稅前毛利率是一〇・八％，遠較一九六〇年代一五％的為低。在成功對勞工合同重新談判之後，郵報的財富增加了。至一九七八年，毛利率曾經躍升到一九・三％，五年內增加八〇％，於是巴菲特的賭注有了斬獲。到了一九八八年，郵報的稅前毛利率最高達到三一・八％，遠高於報界平均的一六・九％和標準普爾工業指數平均值的八・六％。雖然在一九九〇年代早期，公司的毛利率已經有些下跌，但仍比同業的平均值高。

經營原則：理性

華盛頓郵報公司為它的股東賺取大筆的現金流量。由於賺取的現金比轉投資於本業所需的資金大許多，所以經營管理階層面臨兩個需要以理性判斷的抉擇：將多出的盈餘歸還給股東，或將錢運用在新的投資機會以獲取利潤。巴菲特傾向將公司的超額盈餘回饋給股東。當凱瑟琳擔任總經理期間，華盛頓郵報公司是報界第一個大量買回本身股票的報紙。在一九七五和一九九一年之間，公司以令人難以相信的每股六十美元價格，買下自己四三％的股份（見下頁圖5.2）。

公司也能選擇經由增加股利的發放，而將多出的盈餘歸還給股東。一九九〇年，由於累積大量的現金庫存，華盛頓郵報公司投票決定，將它每年給股東的股息從一．八四美元增加到四美元，增加了一一七％（見下二頁圖5.3）。

除了將超額的收益回饋給股東外，華盛頓郵報公司也購買了幾個有利可圖的企業。一九八六年，公司從首都集團購買有線電視事業，而使首都集團有足夠的財力收購美國廣播公司電視網；郵報也是早期對蜂巢式電話工業進行投資的企業；一九九三年，公司也在德州購買了二家電視台。

唐納德的目標是從事成本較低且有利可圖的投資，以充分運用現金。因為知道有無數企業的股票正急於求售，唐納德已經發展出特殊指導方針，幫助他對某一購買機會說「不」，他承認這比說「好」來得重要。他在找尋一個「有挑戰性、不需要龐大資本支出，而且有合理議價能力」的企業。此外，他強調「我們對自己了解的企業有強烈偏好」，也給予它們機會，「我們比較喜歡將錢投資在一次大的賭注上，而不是將我們的資金廣泛散布在許多小的投資上。」唐納德的收購方式是模仿巴菲特在波克夏哈薩威的策略。

一九九〇年代初期，報紙企業的生態有所改變。一九九〇年，美國面臨經濟不景氣，中大西洋區尤其嚴重。當年《華盛頓郵報》的銷售量和盈餘嚴重下跌。這次的經濟不景氣，對《水牛城新聞報》和《華盛頓郵報》都造成傷害，巴菲特承認他自己也感到相當訝異。他問自己一個問題：這次的下跌是預期中經濟循環的一部分，或是令人擔心的——代表報紙企業生態長期的改變？

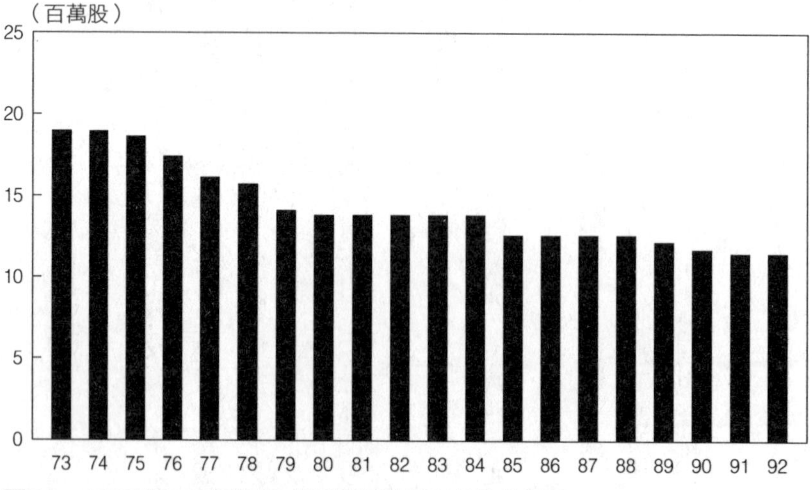

圖5.2　1973至1992年間華盛頓郵報流通在外的普通股

巴菲特的結論是，與美國一般的產業相比，報紙仍會保持它平均水準以上的業績，但是其實質價值將會比他自己或任何其他媒體分析師稍早所預測的低，因為報紙失去了他們的價格彈性。從前如果經濟活動減緩，廣告商也縮減開支，報紙仍然能夠藉由提高廣告費率來維持利潤。但如今報紙已不再是壟斷事業，廣告商已經找到更便宜的方式與他們的顧客接觸：有線電視、直接郵購和附在報紙內的廣告夾頁（現在更有網路）。廣告經費分散於更廣的媒體選擇上，所以報紙在廣告媒體上的優勢地位已經不復存在。

到了一九九一年，巴菲特深信報業獲利能力的改變，不僅表示長期永久的環境改變，也和暫時性景氣循環的變化有關。他承認「事實是——報紙、電視以及雜誌的經濟特質，已經開始類似於一般企業，而不再是擁有特許權的特權階級」。經濟景氣循環的改變對短期盈餘雖有傷害，卻不會減少

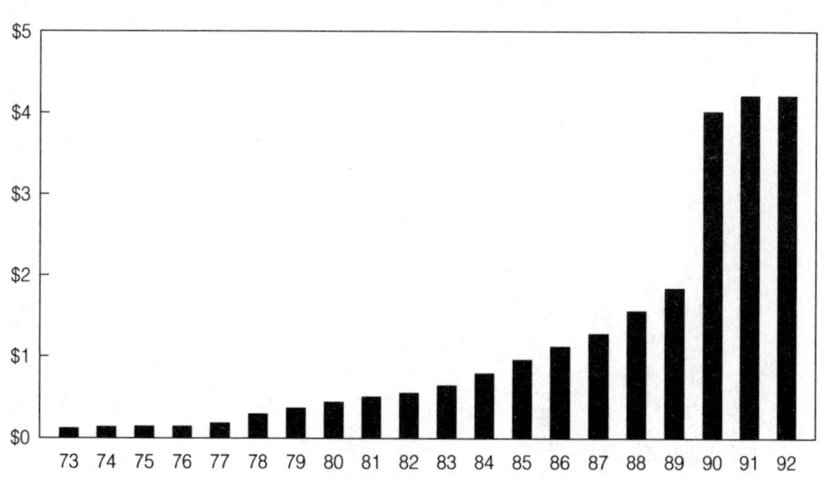

圖5.3　1973至1992年間華盛頓郵報每股股利

公司實質價值；但永久性的改變不僅減少盈餘，也減少公司的實質價值。然而，巴菲特表示，華盛頓郵報公司實質價值的改變，和其他媒體公司比較尚屬中等。理由有二：首先，郵報五千萬美元的長期負債，和它四億美元的庫存現金，要償還負債足足有餘，在公開上市的報紙中，《華盛頓郵報》的確是唯一沒有負債的一家媒體。「結果，」巴菲特表示：「它們的資產價值並不因負債而有顯著下跌。」其次他強調，華盛頓郵報公司的營運狀況非常好。

財務原則：一美元的假設

巴菲特的目標是：選擇能將每一美元的保留盈餘，轉化成至少有一美元市場價值的公司。如果該公司的經營者，長久以來一直將他們公司的資金做最佳投資，那麼經由這種測驗方式，將能很快凸顯出其優異的報酬率。如果把所有的保留盈餘都投資在這樣的公司，並且得到高於平均水準的報酬，那麼公司股票的市場價值將成正比大幅上漲。

從一九七三年到一九九二年，華盛頓郵報公司賺了十七億五千五百萬美元，從這些盈餘中公司撥給股東二億九千九百萬美元，然後保留十四億五千六百萬美元，轉投資於公司本身。在一九七三年，華盛頓郵報公司的市場總價值是八千萬美元。從此以後，其市場價值就一路上漲到二十七億一千萬美元（見下頁表5.1）。從一九七三到一九九二年間，其市場價值總共上漲了二十六億三千萬美元。在那二十年間，華盛頓郵報公司為它的股東所保留的每一美元盈餘，經轉投資後，其市場價值增值為一．八一美元。

摘要：波克夏獲得三重利益

巴菲特曾告訴我們，就算一份三流的報紙也能賺得相當的利潤，因為市場對報紙並不要求很高的標準，完全是經營者的自我要求；而且在其同業之間，經營者的高標準和能力將決定了企業的盈利多寡。一九七三年時，假如巴菲特曾經在甘尼特公司（Gannett）、《騎士報》（*Knight-Ridder*）、《紐約時報》及時代鏡報集團等報社投資一千萬美元，如同他在華盛頓郵報公司做

表 5.1　華盛頓郵報的市場價值變動
（單位：百萬美元）

	淨收益	股利支付	保留盈餘	市場價值
1973	13.3	1.9	11.4	80.8
1974	14.4	2.4	12.0	81.3
1975	12.0	2.4	9.6	100.3
1976	24.5	2.2	22.3	219.8
1977	35.5	3.0	32.5	291. 9
1978	49.7	4.8	44.9	369.9
1979	43.0	5.6	37.4	299.3
1980	34.3	6.2	28.1	316.3
1981	32.7	7.0	25.7	441.3
1982	52.4	7.9	44.5	780.8
1983	68.4	9.4	59.0	1038.0
1984	85.9	11.2	74.7	1122.6
1985	114.3	12.9	101.4	1522.6
1986	100.2	14.4	85.8	2000.9
1987	186.7	16.4	170.3	2402.0
1988	269.1	20.1	249.0	2710.9
1989	197.9	23.5	174.4	3515.1
1990	174.6	48.5	126.1	2348.5
1991	118.7	49.9	68.8	2301.3
1992	127.8	49.7	78.1	2710.6

註：1973 至 1993 年之保留盈餘總和為 $1,456 美元。同期之市場價值變動為 $2,629.80，每一塊之保留盈餘創造 $1.81 美元的市場價值。

的投資一樣，那麼他的投資報酬會高於平均值（見圖5.4），反映了這段期間報紙企業獨特的經濟生態。但是巴菲特強調，華盛頓郵報公司較其同業在市場價值上高出的二億到三億美元，「大部分是由於凱瑟琳所做的管理決策，和大多數其他媒體公司經營者相比，有較好的品質。」凱瑟琳頭腦精明，低價購買大量華盛頓郵報公司的股票。巴菲特也認為她很有勇氣，能面對那些勞工工會，減少費用，增加報紙的企業價值。

過去幾年，投資人購買華盛頓郵報公司的股票，使其股價逼近它的實質價值，此舉亦顯示了他們的常識。巴菲特說，波克夏從它對華盛頓郵報公司的投資中得到「三重利益」。首先，過去二十年媒體企業價值不斷飛漲；其次，公司實質價值的折價空間縮減；第三，因為公司買回股票的行動，使得公司每股的企業價值快速增加。整體來看，股價的上漲超過公司實質價值的上漲。

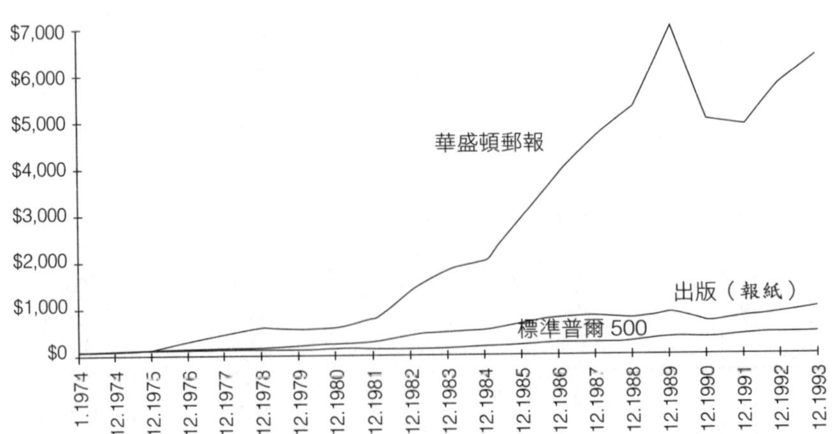

圖5.4　1974至1993年間華盛頓郵報普通股股價與標準普爾500指數和出版（報紙）業指數的比較

一九八五年，當華盛頓郵報公司市場價值是十五億美元時，巴菲特擔心公司每股的價值不能反應它以前的成長率。今天，在市場價值接近三十億美元時，這現象尤其明顯。既然媒體已喪失了他們擁有特許權的優勢地位，管理者應該另尋公司未來的方向。華盛頓郵報公司的股東很幸運，因為他們有凱瑟琳·葛蘭姆為公司做適當的定位。華盛頓郵報公司實際上沒有負債，且一直都能有效控制成本，此外公司也重視股東的權益。這些特性使得華盛頓郵報公司在加入這個競爭激烈的企業環境時，能更加凸顯出來。

當首都集團購買美國廣播公司的時候，巴菲特被迫辭去華盛頓郵報公司委員會中的職位。然而，八年之後，他的影響力仍深植於公司的經營管理哲學中。

蓋可保險面臨破產為何還敢買？

蓋可企業是一個保險組織，其業務包括個人產物保險與意外保險。它最大的子公司，政府員工保險公司（Government Employees Insurance Company），專為政府員工和軍事人員承保其私用汽車乘客意外險。該公司也為房屋所有人及其他合格的申請者承保多種保險。另外一個子公司，蓋可一般保險公司（General Insurance Company），替其他的申請人承保私用汽車險。今天，蓋可保險是美國國內第八大承保私用汽車乘客意外的保險業者。

蓋可於一九三六年由利奧·葛德溫（Leo Goodwin）建立，他原是一名保險會計師。葛德溫的想法是成立一家直接以郵寄方式往來，且只為駕駛者承保意外事故險的公司。葛德溫發現政府員工這個族群，發生事故的次數較一般大眾少。他也知道藉由直接銷售保單給駕駛者，公司能夠免除與保險經紀人有關的經常性費用，這個支出一般占保費的一〇%至二五%。葛德溫計算，如果他將那些開車小心的駕駛人區隔出來自成一群，而且直接經由儲金發行保單，他便有機會成功。

葛德溫邀請德州渥斯堡的銀行業者克李夫．瑞亞（Cleaves Rhea）做為他的合夥人。葛德溫投資兩萬五千美元，而且擁有二五%的股票；瑞亞投資七萬五千美元，擁有蓋可七五%的股票。一九四八年，公司從德州搬到華盛頓特區，那一年，瑞亞家族決定賣出他們的股份。瑞亞雇請巴爾的摩的債券交易員洛瑞默．大衛森（Lorimer Davidson），來協助他出售手上的股票。大衛森則邀請華盛頓特區的律師大衛．克里傑（David Kreeger）幫他找買主，於是克里傑與葛拉漢紐曼公司接洽。葛拉漢決定以七十二萬美元購買瑞亞一半的股票；另一半的持股被克里傑和大衛森的巴爾的摩機構收購。

由於葛拉漢紐曼公司是投資基金，因此，證券交易委員會限制它對蓋可的持股只能占保險公司總值的一〇%，所以葛拉漢必須將蓋可的股票分配給基金合夥人。幾年後，當蓋可變成資本額十億美元的公司時，葛拉漢個人持有的股票價值亦有數百萬美元。

大衛森在葛德溫的邀請下，加入蓋可的管理小組。一九五八年，他成為董事長並且領導公司直到一九七〇年。在這段期間，委員會將蓋可的車險業務擴展到專業、管理、技術和行政工作人員。新策略成功出擊，蓋可保險的市場占有率從原來的一五%，成長到目前涵括所有汽車車主五〇%的市場。由於新的被保險人族群最後被定位在像政府員工之類的小心駕駛者，所以承保利潤大幅上揚。

這時期是蓋可的黃金年代，在一九六〇和一九七〇年代間，政府的保險管理單位被蓋可的成功所迷惑，而它的股東們則看著股價上漲。公司的保費／理賠比例超過五：一。這個數字反映出公司所承擔的風險，傳統中這個比例不超過三，因為政府的保險業管理單位對蓋可印象深刻，所以允許它超過該產業的平均比例。

一九六〇年代晚期，蓋可的運氣開始轉壞。一九六九年，公司宣布當年度的準備金低估了一千萬美元。雖然賺進二百五十萬美元，公司實際上仍虧損。下一個年度，雖然它們已調整收益金額，但是，公司仍舊低列準備金，這次少了二千五百萬美元，所以一九七〇年代不但無保險收益，反而出現慘重損失。

保險公司從保險客戶身上得到的年度總收入稱作保費收入。從這些保費中，公司負責在此年度期間對汽車駕駛提供保障。保險公司的支出包括保險損失、給付駕駛者的理賠或損失費用及處理理賠的行政費用。這些總花費不僅必須反應當年所需的支付費用，而且也要評估尚需支付的理賠金額。評估項目區分為兩類：「理賠成本和費用支出」，也就是公司當年度預期的支付費用；「調整準備金」用來彌補前幾年短缺的準備金。一些保險理賠由於進入訴訟程序多年未獲解決，所以時常牽涉許多法庭和醫療方面的事務，而必須支付相當龐大的費用。蓋可面臨的問題不只是它所簽的保單不穩定，因而必須認列損失，還有它對早期準備金估算之不足。

一九七〇年，大衛森退休而由克里傑接替，公司的經營責任落到諾曼．吉登（Norman Gidden）身上，他身兼董事長和總經理，接下公司後的一些作為，都顯示蓋可正試圖從它在一九六九和一九七〇年所造成的準備金混亂中跳出。在一九七〇到一九七四年間，新汽車保單的數量以年增率一一%的比率成長，而在一九六五至一九七〇年間，平均只有七%。此外在一九七二年，公司正進行一項花費龐大且極具野心的管理分權計畫，這個計畫須在不動產、電腦設備和人事費用做龐大的投資。

到了一九七三年，公司在面臨激烈競爭狀況下，降低承保標準而且擴大市場占有率。蓋可所保的汽車駕駛，首次包括藍領階級工人和年齡在二十一歲以下的駕駛，這二個族群都有不穩定的駕駛歷史。執行公司擴充計畫和增加汽車駕駛保單數目這兩個策略性改變的同時，美國也剛好於一九七三年取消價格控制。不久，汽車修理和醫療照顧費用卻開始暴增。

一九七四年第四季，蓋可承保的保單開始出現損失。那一年，公司宣布六百萬美元的保險損失，二十八年來首次認列虧損。令人驚訝的是，該年度保費對理賠的比例是五：一。儘管如此，公司仍繼續追求成長；一九七五年第二季，蓋可宣布公司虧損更嚴重，而且宣稱要刪減公司股利〇．八美元。吉登請米利曼暨羅勃森（Milliman & Robertson）顧問公司研究蓋可反敗為勝的方法，並提出建議。但研究的結果顯示，公司的前景並不樂觀。

顧問公司表示，蓋可的準備金欠缺三千五百萬到七千萬美元，而且需要引入資金維持生存。委員會接受米利曼暨羅勃森的研究結果，並向公司股東宣布。此外，委員會預計一九七五年的保單損失，會接近令人震驚的一億四千萬美元（實際結果是一億二千六百萬美元），股東和政府保險業管理單位都為此驚惶失措。

一九七二年，蓋可的股價上漲至有史以來的最高點：六十一美元（見下頁圖5.5）；但到了一九七三年，股價減半；一九七四年，更進一步下跌至十美元；一九七五年當委員會宣布預期損失金額的時候，股票跌至七美元。一些股東控告公司詐欺，提出共同訴訟案。蓋可的主管認為公司所遭遇到的災禍，完全是因為通貨膨脹及法庭、醫藥費用的增加所造成，但其實所有的保險公司都面臨這些問題，蓋可的問題是，以前它只為細心的駕駛者投保，而現在卻從這種成功的傳統中偏離。此外它沒有再核對相關費用，當公司擴大業務時，它對預期虧損的假設嚴重失當，以致無法涵蓋那些更新、更頻繁的理賠情況。在公司低估它保險虧損的同時，卻又逐漸增加固定費用的支出。

一九七六年三月在蓋可的年會上，吉登承認別的總經理應該可以將公司的問題處理得更好。他宣布公司董事會曾經指示專門委員會，尋找新的經營者。蓋可的股價仍然疲軟，股價已降至五美元，且繼續下跌。

一九七六年年會之後，蓋可宣布旅行者公司（Traveler's Corporation）四十三歲的行銷主管約翰．伯恩（John J. Byrne），將成為蓋可的新總經理。伯恩被任命後不久，公司宣布出售七千六百萬美元的特別股，以增加資本。但是股東已不抱希望，所以股價下滑至每股二美元。在此時期，巴菲特不動聲色且堅定地購買蓋可的股票。當公司即將破產之際，他投資四百一十萬美元，以平均每股三．一八美元的價格買進一百二十九萬四千三百零八股。

企業原則：簡單且易於了解

一九五〇年，巴菲特還在哥倫比亞大學念書的時候，他注意到老師葛拉漢是蓋可保險董事之一。好奇心刺激巴菲特花一個週末去華盛頓拜訪這家公司。某個星期六，他敲公司的門，一名守衛讓他進入；守衛帶領他去見當天唯一在營業處的主管——洛瑞默．大衛森。巴菲特有許多問題，大衛森花了五個小時告訴巴菲特蓋可保險的特點，如果費雪在場，也一定會對大衛森留下深刻印象。

後來當巴菲特回到奧瑪哈他父親的經紀公司時，他推薦公司顧客購買蓋可的股票，而他自己也投資一萬美元在蓋可的股票上，這筆投資大約是他

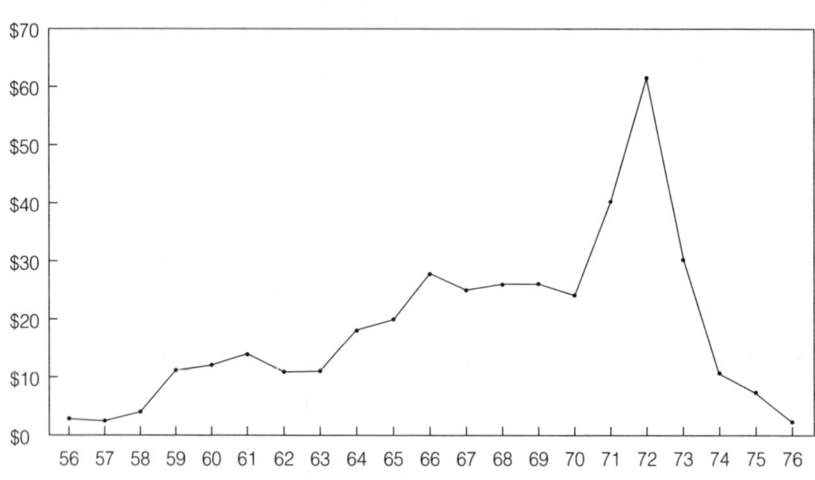

圖5.5　1956至1976年間蓋可保險股價的起伏

所有財產的三分之二。然而，許多投資人拒絕巴菲特的建議。奧瑪哈的保險經紀人向老巴菲特抱怨他的兒子竟推薦一家「無人敢當經紀人」的保險公司，讓他感到非常灰心。一年後，巴菲特賣掉手上的蓋可股票，賺得百分之五十的利潤，之後，直到一九七六年以前都沒再買蓋可的股票。

巴菲特毫無畏懼地繼續向他的委託人推薦保險業股，並且以它盈餘的三倍買入堪城人壽（Kansas City Life）的股票；他在波克夏哈薩威的有價證券投資組合裡，擁有麻薩諸塞州損害賠償暨人壽保險公司（Massachusetts Indemnity & Life Insurance Company）的股票。一九六七年他購買國家償金公司的控股權。在之後的十年中，林華特教導巴菲特如何經營保險公司，這次的經驗幫助巴菲特了解保險公司如何賺錢，而這種經驗不易從其他地方獲得。儘管蓋可的財務狀況仍然搖搖欲墜，他也給予巴菲特信心購買其股票。

除了波克夏控股公司持有的四百一十萬美元普通股投資之外，巴菲特也投資一千九百四十萬美元在蓋可新發行的可轉換特別股上，這次的股票發行為公司增加新的資本。二年之後，波克夏將這些特別股轉成普通股，並於一九八〇年，以波克夏的錢轉投資一千九百萬美元到蓋可。在一九七六和一九八〇年之間，波克夏對蓋可的投資總額為四千七百萬美元，以每股平均六・六七美元的價格購買七百二十萬股蓋可的股票。於是波克夏擁有蓋可三三%的股份。到了一九八〇年，波克夏對蓋可的投資增值了一二三%，價值達一億零五百萬美元，變成巴菲特最大的持股。

企業原則：穩定的經營史

看了巴菲特的表現，我們第一個反應可能是，巴菲特違背了他關於公司穩定經營史的原則。很明顯的，蓋可營運在一九七五和一九七六年完全不具一致性。當伯恩成為蓋可總經理的時候，巴菲特說，他的工作目標是使公司業績起死回生。但是，巴菲特提及起死回生是一件非常困難的事。所以我們如何解釋波克夏對蓋可的購買行為？

就某方面來看，它似乎是項例外。伯恩成功讓公司起死回生，而且重新將其定位以投入保險業的競爭中。但更重要的是，巴菲特表示蓋可還未壽終正寢，只是受創而已。它在提供低價、無中間代理的保險商品所具有的特許權仍是獨一無二。

此外，市場上仍然存在著小心駕駛族群，公司仍可提供其保險需求賺取利潤，在價格基礎上，蓋可一定可以打敗它的競爭者。數十年來，蓋可將資金投注在其競爭優勢上，並為它的股東賺取豐厚利潤，巴菲特認為這些優點仍然存在。蓋可在一九七〇年代所遭遇的困境，與其是否還保有市場上特許權毫無關係，而是因為業務以及財務的問題使公司誤入歧途。即使沒有任何資產淨值，蓋可還是非常值錢，因為它的特許權仍在。

企業原則：長期前景看好

雖然汽車保險是日常必需品，但巴菲特說，這樣的公司如果在定價上有穩定及高度彈性的優勢，就一定能賺錢。這個描述非常符合蓋可的情況。我們也知道一家銷售日常必需品公司的成敗，經營管理能力是最重要的變數。自從波克夏買入蓋可的股票後，從其領導階層的實際表現來看，蓋可的確有它的競爭優勢。

經營原則：坦白

當伯恩在一九七六年接管蓋可的時候，他使政府的保險管理單位和競爭對手深信，如果蓋可破產將會對全體的保險業造成傷害。他拯救公司的計畫包括尋找資金、得到其他公司再保險合約，使蓋可部分的保單獲得再保，並積極削減成本。這個作戰計畫的目的是推動公司轉虧為盈，伯恩稱之為「自力更生」。

伯恩上任的第一個年度，關閉了一百個營業處，將營業員從七千人減少到四千人，並且更改它的執照許可證，以便在紐澤西州和麻薩諸塞州銷售保險。伯恩告訴紐澤西州的政府管理單位，他將不會更新該州二十五萬份保單，這將使公司每年花費三千萬美元。然後，他撤除這套容許保險客戶可以不必提供新的資料就能更新他們保險單的電腦化系統。

當伯恩下令執行這個新命令的時候，他發現公司九％的更新保單所定的保費過低，當蓋可對這些保單重新定價的時候，四十萬個保險客戶決定中止他們的保險。伯恩的行動使保險客戶的總數，由二百七十萬減到一百五十萬。一九七五年，蓋可是美國排名十八的保險公司，一年後降為第三十一名。儘管人數減少，蓋可在一九七六年損失一億二千六百萬美元之後，一九七七年，伯恩的第一個責任年度，就從年度營收的四億六千三百萬美元中，賺了五千八百六十萬美元，令人印象深刻。

很明顯地，蓋可保險能迅速恢復體質是伯恩努力的成果，而他在公司成本支出所堅持的原則，使蓋可能持續改善營運情況。伯恩告訴股東，公司必須重新實行剛開始創立時的原則，提供保費低廉的保險商品。他的報告詳細說明如何持續減少公司成本，即使是在一九八一年，當蓋可還是全國第七大汽車保險承保業者的時候，伯恩仍與另外二個主管共用一個祕書；他極力宣傳公司如何從一年前每個員工負責二百五十份保單，進步到每個員工負責三百七十八份保單。在進行改革的幾年中，他是主要的推動者。巴菲特表示，伯恩像養雞場的農夫，滾著一顆鴕鳥蛋進入雞舍對著母雞說：「女士們，這是競爭下出現的產品。」

過去幾年來，伯恩很高興向股東們報告蓋可成功的進展，當情況變壞的時候，他也坦白相告。一九八五年，公司因為低估虧損而暫時不穩定。給股東的第一季報告中，有一段文字如此寫道，「伯恩比喻公司的情況就像領航員告訴他的乘客：壞消息是我們迷失了，但好消息是我們有很多的時間」。公司很快重新站穩腳步，並在下半年度發布獲利消息。但同樣重要的是，公司因為對股東坦白而贏得聲譽。

雖然在一九八六年伯恩離開蓋可，轉去領導消防員基金，蓋可坦誠報告營運狀況的聲譽始終不墜。一九九一年，蓋可博得《華盛頓郵報》一篇名為〈鼓勵據實以告〉正面評價的報導。郵報寫道：「主席比爾．史奈德（Bill Snyder）和副主席路．辛普森（Lou Simpson）再度讓股東看到公司毫無修飾的優點和缺點。」

經營原則：不落入盲從法人機構陷阱

保險公司能以兩種方式獲利：一、藉由他們發行的保單賺進利潤；二、藉由保險客戶支付的保費做明智的投資。一般的情形是，來自保單的利潤遠少於投資產生的利潤，於是當金融市場可以提供較高報酬時，保險公司甚至賠售保單以聚集更多的保費投資其中。投資部門的主管必須為公司的盈餘負絕大部分的責任。

蓋可的副總經理辛普森，專門負責公司資金的運用，包括合資經營。辛普森是普林斯頓大學經濟學碩士，畢業後雖然有些捨不得放棄母校所提供的教職，最後還是選擇史坦羅暨法爾漢姆（Stein Roe & Farnham）投資公司的工作。一九六九年，他加入西方資產管理公司（Western Asset Management），一九七九年跳槽到蓋可前，已經是西方資產管理公司的董事長和總經理。

巴菲特和伯恩在與辛普森面談時，巴菲特說，他記得辛普森獨立的個性，「他具備從事投資工作所需的理想氣質，在與群眾合作或抗衡時也不會特別開心；他有自己的想法，也樂於其中。」巴菲特的直覺告訴他，辛普森具備的性格，能夠抵抗法人機構的壓力，及避免未經思考的模仿。

在辛普森為蓋可所建立的投資指導方針中可以發現，他希望能夠做到獨立行動及思考。第一個方針是「獨立的思考」。辛普森非常懷疑華爾街的傳統名言，他想找到自己的準則，因此像巴菲特一樣，他貪婪地閱讀日報、雜誌、期刊和年度報告，並相信一個投資經理人在接受基本財務訓練之後，最重要的工作是保持閱讀和汲取資訊，直到概念實現。

辛普森經常面對許多好的概念而不知如何取捨，但他不願接受多數經紀分析師公然的建議。一位蓋可的前決策者說：「他是一個安靜的人。在這個現代化的世界裡，每個人都寧願用電話談天，也不願花心思在基本研究上，而他就在做這種基本研究。」

蓋可的第二個方針是「**投資是為股東經營高報酬率的企業**」。辛普森若看到一家能維持高於平均獲利能力的公司後，便會找公司的管理者面談，以確定他們心目中優先考慮的是讓股東價值達到最高，還是擴張公司的規模。辛普森希望找到的管理者，是在他們自己的公司中有一定數量的投資金額。在與公司股東接觸時，他表現非常率直，就像對夥伴一樣。最後，他測試管理者是否有意願放棄已經失去獲利能力的企業，而以多餘的現金為股東買回公司股份。

蓋可的第三個方針是「**即使對評價很高的的企業，也只支付合理價格**」。辛普森是很有耐心的投資人，他願意等到企業的價格變得有吸引力時才購買股票。辛普森認為最龐大的交易是價格過高的不良投資。第四個方針是「**長期的投資**」。辛普森並不注意股票市場，也從不預測短期市場變動，他寫道：「股票市場在許多方面就像天氣，如果你不喜歡目前的情況，你所能做的就是再等下去。」

蓋可的最後一條方針是「**不過度分散**」。辛普森認為太過廣泛且多變的投資組合，反而會造成平庸的結果。他承認與巴菲特的談話對他很有幫助，使他在這個題目上的想法能夠澄明下來；辛普森的做法是將他的持股集中。一九九一年，在蓋可八億美元的投資組合中，只包含八種股票。

從一九七九年起，辛普森所控制的股票投資組合，到一九八九年，產生的年複利報酬率為二六・一%，而標準普爾五百大工業指數僅有一七・四%；從一九九〇年開始，蓋可的投資組合都以一六・五%的年成長率上漲，而標準普爾指數則為一〇・八%。多年來辛普森引領蓋可脫離垃圾債券以及高風險的不動產持股行列。當其他的保險投資經理人陷入盲從法人機構的行為，而危及公司資產淨值的時候，辛普森以保守的投資方式，為蓋可的股東創造高於平均的報酬。

巴菲特宣傳：「在產物和意外保險公司界，辛普森是最好的投資經理人。」

經營原則：理性

伯恩和他的繼承人，史奈德與辛普森，多年來已經示範了理性經營蓋可的整體資產。伯恩接下蓋可保險理賠危機這個擔子後，為公司重新定位，以追求穩定成長。伯恩認為以較緩慢的速度成長，可以小心監控公司的承保損失和費用，這比公司以兩倍的速度成長卻無法控制財務更為有利。從那時起，蓋可已經為它的股東不斷地賺取承保利潤。

事實上，辛普森投資的成就所產生的大量盈餘，已足以用來彌補預估損失；簡單言之，公司資本的累積速度遠超過資本的使用。

一個能夠適當判斷經營者理性決策的能力，以及對股東忠誠度的指標，是看管理者是否願意利用多餘的現金，增加股利發放或買回股份，而不是毫無益處地轉投資其他事業，擴大整個公司規模。

一九八三年，蓋可無法將它的現金做有利投資，於是決定利用買回股份的方式，將現金回饋給股東。辛普森表示：「可能我們的標準訂得太高，或者我們願意支付的價錢（收購）太低」。自一九八三年起，在股權未稀釋的基礎上，蓋可已買回三千萬股股票，縮減公司三〇％流通在外的普通股股票（見圖5.6）。

除買回股票外，蓋可也大方增加支付給股東的股利。一九八〇年，公司的股利每股〇．〇九美元（見下頁圖5.7）；到一九九二年，支付的股息每股〇．六美元。從一九八〇年開始，蓋可支付給股東的股利每年都增加二一％。

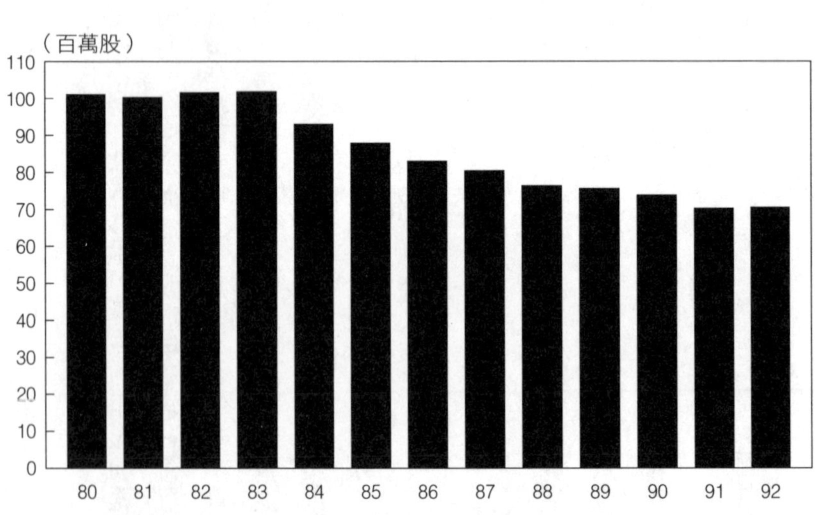

圖5.6　1980至1992年間蓋可保險流通在外的普通股股份

財務原則：股東權益報酬率

自一九八二年以來，蓋可的股東權益報酬率平均為二一．二%，是同業平均值的兩倍。一九九〇年代早期，由於公司股東權益的增加速度比盈餘還快，所以股東權益報酬率降低；因此根據財務邏輯，公司必須增加支付的股利和買回股票，其目的是為減少資本，以維持一個令人可以接受的股東權益報酬率。

儘管蓋可股東權益報酬率後來曾經呈現衰退現象，仍高過其他產物、意外保險公司的平均值。一九八〇年，公司股東權益報酬率是三〇．八%，幾乎是同業間平均值的兩倍。雖然在一九八四年和一九八八年股東權益報酬率都下跌，蓋可的表現仍優於業界的平均值。一九九二年，公司股東權益報酬率滑落至一四%，主因是當年美國遭受多次的天然災害，包括安德魯颶風。

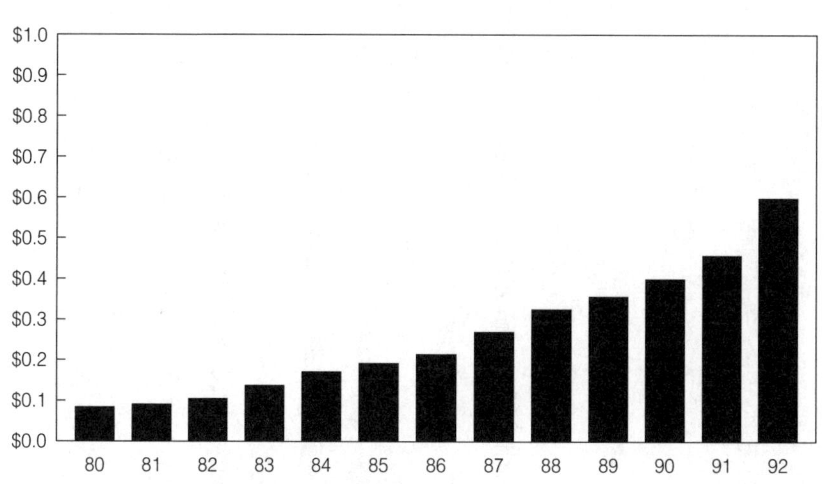

圖5.7　1980至1992年間蓋可每股股利

財務原則：毛利率

投資人可以利用幾種方式比較保險公司的獲利能力。稅前毛利率是其中一個最好的參考，過去十年裡，蓋可的稅前毛利率是同業間最穩定的（有最小的標準差）。

蓋可嚴密控制所有花費，同時仔細追蹤處理保險理賠所需相關費用。蓋可的企業支出平均占保費收入的一五％，是同業平均值的一半（見附錄表A.19）。這麼低的比例多少反應出一些蓋可不必負擔的保險經紀人成本。

蓋可的企業支出和保險理賠損失（見附錄表A.20）合計比例，明顯優於同業平均值。從一九七七年到一九九二年，同業平均值只在一九七七年唯一一次超過蓋可；在那之後，蓋可的合計比例平均為九七．一％，優於同業平均值十幾個百分點。

蓋可只有兩次出現保單理賠損失，一次在一九八五年，另一次在一九九二年。一九九二年那次是由於當年美國遭受到異常頻繁的天然災害，以致加重保單簽約的損失，如果沒有安德魯颶風和其他嚴重的暴風雨，蓋可公司的合計比例會更低，約為九三．八％。

市場原則：決定實質價值

巴菲特開始買進蓋可股票的時候，這家公司正瀕臨破產，但他說，因為蓋可公司有保險市場的特許權（有能力提供差異化商品），所以即使其淨值為負，整體上仍有一定價值。一九七六年，由於根本沒有盈餘，公司拒絕約翰．威廉斯所提出的計算公司價值建議，他假設企業的價值是決定於企業生存期間，預期的淨現金流量以適當的貼現率折成現值。而儘管蓋可的未來現金流量不確定，巴菲特確信公司會繼續生存，有一天會開始賺錢，不過能賺多少或什麼時候開始賺，就值得深思了。

一九八〇年，波克夏哈薩威擁有蓋可三分之一股份，他總共投資了四千七百萬美元，那一年，蓋可總市場價值是二億九千六百萬美元。即使這樣，巴菲特估計公司仍有很大的安全邊際。一九八〇年，公司從年度營收的七億零五百萬美元中賺了六千萬美元，波克夏從蓋可的股票上賺進二千萬美元。根據巴菲特的計算，「假使同樣從一個有一流體質及光明前景的企業投資中，要賺進二千萬美元將花費至少二億美元」，如果買的是公司經營的控制權，則成本可能更高。

雖然如此，巴菲特二億美元的假設也很接近事實，讓我們利用這個理論來看威廉斯的例子。假設在沒有任何額外資金的援助下，蓋可仍能維持六千萬美元盈餘，再以當年度美國政府三十年公債為基礎打一二%的折扣，蓋可的現值應該是五億美元，幾乎是蓋可在一九八〇年市場價值的兩倍。如果公司獲利能力可以實質提升二%，或在當時的通貨膨脹發生前提升一五%，蓋可的現值會增加到六億六千六百萬美元，而波克夏的股份就相當於二億二千二百萬美元。換言之，在一九八〇年，蓋可股票的市場價值還不到其獲利能力折現現值的一半。

財務原則：一美元的假設

蓋可的市場價值在一九八〇年是二億九千六百萬美元，從這一年開始它的市場價值不斷增加，到一九九二年變成四十六億美元（見表5.2），總共增加了四十三億美元，十三年間，蓋可賺了十七億美元。公司以支付普通股股利的方式，分給股東二億八千萬美元，而保留十四億美元做轉投資，因此對每一美元的保留盈餘，蓋可都為它的股東創造了三·一二美元的市場價值。這種財務上的成就，不僅顯示蓋可擁有優秀的管理階層和適當的市場活動，同時也證明它有能力以最佳的效率，將股東的金錢轉投資。

對蓋可優越性的進一步證據是：在一九八〇年投資一美元在蓋可上，除去股利，到一九九二年會暴增到二七·八九美元，年複利報酬率是二九·二%，這是非常驚人的，

表 5.2　蓋可公司市場價值的變動
（單位：百萬美元）

	淨收益	股利支付	保留盈餘	市場價值
1980	59.6	9.7	49.9	296.3
1981	64.4	10.3	54.1	559.0
1982	77.5	11.3	66.2	879.7
1983	94.8	15.0	79.8	1185.3
1984	100.4	17.1	83.3	1088.4
1985	77.6	18.2	59.4	1539.6
1986	119.3	18.5	100.8	1646.5
1987	150.2	22.4	127.8	1790.0
1988	134.4	25.7	108.7	1914.6
1989	213.1	27.5	185.6	2314.3
1990	208.4	30.1	178.3	2407.7
1991	196.4	32.6	163.8	2827.6
1992	172.7	42.4	130.3	4627.0

註：1980 至 1992 年之保留盈餘總值為 $1,388。同期的市場價值變動總值為 $4,331，意味著蓋可每一塊錢的保留盈餘創造 $3.12 的市場價值。

遠高於同期業界的平均值八·九％及標準普爾五百指數（見圖5.8）。

摘要：原有優勢仍在就值得投資

史奈德在一九八六年接替伯恩成為蓋可的董事長和總經理，後來他宣布將提早一年退休，他和伯恩兩人決定一起成立一家新的保險公司。他們向蓋可購買兩家保險公司：分別是田納西州查達努加市的米拉斯達保險公司（Merastar Insurance Company），以及喬治亞州亞特蘭大市的南方遺產保險公司（Southern Heritage Insurance）。這兩家公司的年保費收入總計達三千八百萬美元。蓋可宣布將聘請東尼．奈斯理（Tony Nicely）及辛普森擔任聯合總經理，奈斯理將負責管理保險營運部門，而辛普森則留任資金營運部門。

蓋可所擁有的特許權，包括低廉但仍有

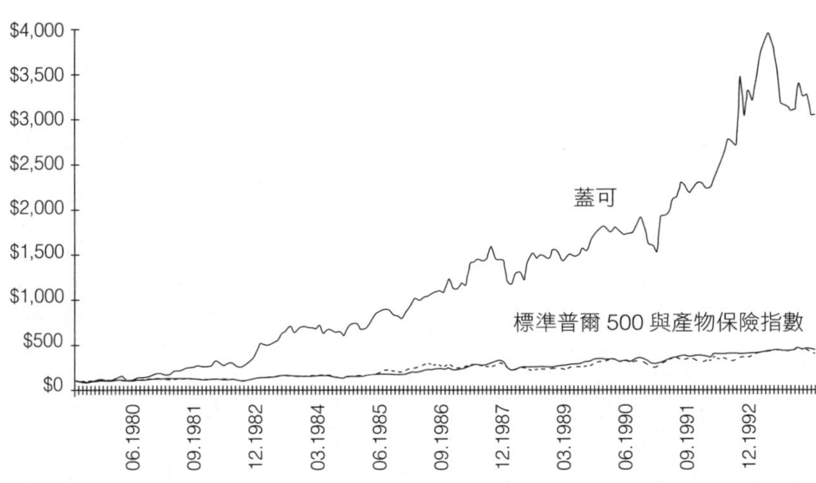

圖5.8　1980至1992年間蓋可普通股股價、標準普爾500及產險、意外險業指數的比較

利潤的保費，及無經紀人的保險業務行銷方式，使得公司原有的優勢地位仍然存在；公司在控制支出費用的努力也深植於企業文化；辛普森傑出的工作紀錄，暗示蓋可未來的投資組合，應會有正確的定位，而且公司已經建立了以股東為優先的聲譽。綜合這一些優點，《富比士》雜誌在它發行的《美國產業年度報告》中，封蓋可為一九九〇年代風雲保險公司。

多年來，波克夏在蓋可中的地位穩定上升；一九九〇年代，波克夏擁有公司四八%的股份。

首都／美國廣播公司好在哪？

首都／美國廣播公司是一家媒體通訊公司，資本額為一百一十億美元，擁有並經營電視和廣播網、電視和廣播電台，同時也為有線電視節目公司製作節目錄影帶。此外公司也發行報紙、購物指南，和各種企業相關的專業雜誌、定期刊物和書籍。

首都公司經營ＡＢＣ電視網和廣播網。電視網包括二百二十八家聯營電視台，將節目送至九九．九%的美國電視用戶家中；廣播網大約為三千一百七十五家聯營電台提供服務。首都公司的支出包括製作電視及廣播網節目的費用、購買節目版權的權利金，以及聯營電視和廣播電台發送節目和廣告的花費。而公司主要的收入，是賣節目的廣告時間給廠商做廣告宣傳。

首都公司旗下有八家電視台、九家調幅廣播電台和八家調頻廣播電台。其中的電視台都加入ABC電視網的聯營，而十七個廣播電台中有十四個是ABC廣播網的聯營電台。

公司旗下的錄影帶公司，積極參與製作並供應有線電視節目。首都公司擁有ESPN八〇%的股份；ESPN是首屈一指的有線體育網，同時也是美國國內最大的有線電視網，它在美國有六千一百萬用戶，在全球也有七十五個國家、三千四百萬個家庭收看它們的節目。首都公司占有藝術和娛樂電視網（The Arts and Entertainment Network）三七·五%的股份，主要播放有關文化及娛樂方面的節目；公司也有生活時代（Lifetime）三分之一的股份，這家有線服務電視台專門播放婦女生活及健康方面的節目。首都公司在德國、法國和西班牙也有一些電視和戲劇節目製作公司的股權。

首都公司也發行八份日報、七十五份週報，還有五十六份購物指南和十二個州的不動產雜誌。專業刊物發行部門包括農業出版集團（Agriculture Publishing Group）、契爾敦出版公司（Chilton Publications）、費爾柴德出版集團（Fairchild Publications Group）等，其中金融服務及醫藥集團（Financial Services and Medical Group）發行多本雜誌，包括《機構投資人》（*Institutional Investor*）和《國內醫藥新聞》（*Internal Medicine News*）。

公司報告其銷售狀況時，將收益分成廣播和刊物發行兩部分。一九九二年，廣播收益——包括各電視和廣播網的節目收益，以及電視、廣播電台和錄影帶節目的收益——總共在年度營收的四十二億美元中賺得六億一千九百萬美元；刊物發行部門從年度營收的十一億美元中賺進了一億三千六百萬美元。總計首都公司從一九九二年的總營業收入五十三億美元中獲利七億五千五百萬美元。

首都是從新聞事業起家的。一九五四年，一位著名的新聞記者洛威爾．湯瑪斯（Lowell Thomas）、他的事業經理法蘭克．史密斯（Frank Smith）和一群合夥人，共同買下哈德森山谷廣播公司（Hudson Valley Broadcasting Company），旗下包括紐約州首府阿爾巴尼市（Albany）的電視和調幅廣播電台。當時首都公司的董事長湯瑪斯．墨菲，在利弗兄弟公司（Lever Brothers）擔任產品經理；史密斯是墨菲父親的高爾夫球球友，他雇用朋友的兒子來經營公司的電視台。一九五七年，哈德森山谷收購萊理杜倫（Raleigh-Durham）電視台，將公司名改成首都廣播公司（Capital Cities Broadcasting），由於阿爾巴尼市與萊理市分別是紐約州和北卡羅萊納州的首府，所以這個名稱恰好隱喻其意。

一九六〇年，墨菲聘雇丹．柏克經營阿爾巴尼電台。柏克是墨菲哈佛同班同學吉姆．柏克（Jim Burke）的兄弟。吉姆．柏克後來成為嬌生公司（Johnson & Johnson）的董事長。丹．柏克是阿爾巴尼市人，當墨菲回紐約的時候，他被留在當地管理電視台；一九六四年他被任命為首都公司總經理，自此開始美國企業裡一個最成功的合夥關係。

在往後的三十年裡，墨菲和柏克共同經營首都公司，進行超過三十筆有關廣播及出版的收購行動，其中最引人注目的就是在一九八五年買下ABC電視廣播網。

巴菲特第一次見到墨菲是在一九六〇年代末，在一位紐約同班同學安排的午宴中。墨菲似乎對巴菲特印象非常深刻，所以邀請巴菲特擔任首都公司董事長，但遭巴菲特拒絕。不過，兩入後來變成很好的朋友，多年來一直保持聯絡。巴菲特在一九七七年第一次投資首都公司的股票，但在次年毫無理由將股票賣掉，不過仍賺了一些錢。

墨菲有意將ABC及首都公司合併，一九八四年十二月，當時ABC的董事長是李納德．葛登森（Leonard Goldenson），墨菲找他商談這個構想，雖然最初受到一些挫折，墨菲仍於一九八五年一月再次和葛登森接觸，這一次由於FCC（編註：聯邦傳播委員會，美國廣播電視的主管單位）限制單一公司所能擁有的電視和廣播電台的數目，從七家增加到十三家，並於同年四月開始生效，因此這次葛登森同意了墨菲的提議。

葛登森當時已經七十九歲，他最關心的事情是誰將會接掌ABC，雖然ABC內有幾位頗具潛力的候選者，但在葛登森看來，都不具備足夠的領導能力，而墨菲和柏克被認為是媒體和通訊業界最好的管理者。

在同意與首都公司合併後，葛登森確定ABC會維持強勢的管理階層。ABC開始向高額投資銀行家尋求諮詢服務。墨菲以往總是獨自進行交易，但這次他帶了一個他信賴的朋友——巴菲特；他們兩人共同努力，完成美國第一筆電視網的交易，也是有史以來最大的媒體合併行動。

首都公司給ABC的條件，是以每股一百二十一美元的價格買下其股票（其中一百一十八美元付現，另外購買首都公司十分之一股票的認股權證，相當於每股三美元）。首都公司所出的價錢，是合併消息宣布的前一天ABC股票在市場上交易價格的兩倍。為要籌出這筆交易所需的三十五億美元，首都公司必須向銀行財團借貸二十一億美元；賣掉區域重疊的電視和廣播電台，大約值九億美元；再賣掉電視網被限制擁有的財產，包括陸續賣給華盛頓郵報公司的有線電視產業，剩下的五億美元則由巴菲特支付。他同意波克夏哈薩威將以每股一七二．五美元的價格買下首都公司發行的三百萬股股票。墨菲再一次邀請巴菲特加入首都公司董事會，而這次巴菲特同意了。

企業原則：簡單且易於了解

在華盛頓郵報公司的董事會中服務了十多年，巴菲特了解電視廣播和發行雜誌這兩種行業。他在報紙發行的長期經驗也有助於他了解傳播事業；此外巴菲特對電視網的熟悉程度，也因為波克夏分別於一九七八年和一九八四年自行購買ABC的股票而增加。

企業原則：穩定的經營史

首都公司和ABC都有超過三十年持續獲利的經營歷史，一九七五年到一九八四年的十年間，ABC股東權益報酬率平均是一七%，而負債資本比平均是二一%；首都公司的股東權益報酬率平均是一九%，負債資本比平均是二〇%。

企業原則：長期前景看好

廣播公司和廣播網都受到眷顧，有高於產業平均值的經濟前景。在許多相同的因素下，它們像報紙一樣擁有不少經濟商譽。一旦廣播電台建立起來以後，轉投資和營運所需資金並不多，而且根本沒有存貨問題。電影和電視節目的購置費用，可以在廣告收入進帳之後再支付。一般來說，廣播公司的投資報酬都會高於產業平均值，而且賺得的現金也都超過公司營運所需。

廣播網和播送者所冒的風險包括政府規範、不斷更新進步的技術和瞬息萬變的廣告經費。政府單位也可以拒絕公司廣播執照更新的申請，但這種情況很少發生。一九八五年，有線電視節目對它們還不具很大的威脅性。雖然有些人收看有線電視台，但絕大多數的人仍然比較喜歡看無線電視網的節目。另外在一九八〇年代，用在非必要性支出的消費品廣告費用大幅成長，膨脹速度超過美國國內的生產毛額，為了讓大多數觀眾看到他們的廣告，廣告商仍然必須依賴無線電視網。依巴菲特的想法，無線電視網、廣播公司和出版社基本的經濟展望，均優於一九八五年，所以這些企業長期的前景無可限量。

市場原則：決定實質價值

波克夏在首都公司所投資的五億一千七百萬美元，是巴菲特當時對單一公司做過的最大投資。究竟是什麼原因，令巴菲特決定對首都公司和美國廣播公司投下如此龐大的金錢，仍不得而知。雖然墨菲同意以每股一七二．五美元的價格，賣給巴菲特三百萬股首都／美國廣播公司的股票，但是我們知道價格和價值常常是兩回事。

我們曾經提到，巴菲特的策略是，只有當一家公司的實質價值和它的購買價格有相當安全邊際時，他才會買進其股票，然而在購買首都／美國廣播公司的行動中，他承認自己對這個原則做了折衷讓步。

如果我們將巴菲特每股一七二．五美元的買價，以一〇%的貼現率（近似於一九八五年美國政府三十年債券的殖利率）折現，再乘以一千六百萬股（其中一千三百萬股流通在外，加上三百萬股發行給巴菲特的股票）得到企業的現值，相當於公司需要賺到二億七千六百萬美元的盈餘。

一九八四年首都公司在扣除折舊和資本支出之後，淨利是一億二千二百萬美元，而ＡＢＣ則有三億二千萬美元的淨利；所以這兩個公司合併後的獲利能力是四億二千二百萬美元。但是合併後也會有龐大的負債：墨菲預備借貸二十一億美元，公司每年須為此支付二億二千萬美元的利息，所以合併公司的淨獲利能力大約是二億美元。

除此之外還有其他考量。人們認為墨菲在買下一家企業後，若想要其資金流動量提高，他會單純的藉由減少開支以達到目的，這純粹只是道聽塗說。首都公司的營運毛利率是二八%，然而ＡＢＣ是一一%，如果墨菲能夠將ＡＢＣ財產的營運毛利率提升三分之一到一五%，那麼公司每年就可再多出額外的一億二千五百萬美元盈餘，合併後公司的淨獲利能力就等於每年三億二千五百萬美元。對一家每年賺三億二千五百萬美元、而且有一千六百萬股股份流通在外的公司，其現值打九折後，每股單價應該是二百零三美元，所以巴菲特以每股一七二．五美元的價格買入，仍有八％的安全邊際。巴菲特幽默地說：「我擔心班傑明．葛拉漢會從棺材裡爬出來為我這一個計畫鼓掌。」

如果我們再做一些假設，那麼巴菲特願意接受的安全邊際就可能進一步擴大。巴菲特說，依當時一般想法推論，報紙、雜誌或電視台，可以在沒有任何額外資金補充下，永遠保持六％的盈餘成長率。巴菲特解釋說，這是由於資本支出會與折舊率相等而抵消，使得資金的需求最小，因此收益能夠被看作是自由分配盈餘。這表示一家媒體公司的股東，擁有一項投資或像終身年金一般，在可預見的未來，不需要任何額外的資金就可以維持每年六％的成長。巴菲特提議，將這種情況與一家需要額外資金補充，以維持其成長的公司比較。他說，如果你擁有一家媒體公司，每年獲利一百萬美元，而且預期會成長六％，那麼以二千五百萬美元買下這個企業是很值得的（無風險利率約為一〇％，減去六％的年成長率後，再除一百萬）；另外一家同樣每年賺一百萬美元，但是若沒有再投入資金，盈餘就不能夠成長的企業只值一千萬美元（一百萬除以一〇％）。

如果我們接受這種財務計算觀念，而且將它應用到首都公司這個例子上，那麼其價值就會由每股二百零三美元增加到每股二百九十美元，或者從另一個角度來看，巴菲特同意接受的每股一七二．五美元這個價格，就有六〇％的安全邊際。但是在這些假設裡有太多的

「如果」。墨菲能夠將首都／美國廣播公司部分的資產賣掉，而籌出所需的九億美元嗎（他實際上可賣得十二億美元）？他能夠將ABC的營運毛利率提升嗎？他能夠繼續依靠廣告收入的成長嗎？

巴菲特從首都公司得到相當程度安全邊際能力，因為許多因素而變得複雜。首先，首都公司的股票價值多年來不斷上漲（見圖5.9），這是由於墨菲和柏克把公司管理得非常好，所以在公司的股價上反應出來；與蓋可不同的是，巴菲特沒有機會因為公司價格暫時滑落，而以便宜的價錢買到其股票，股票市場也沒有幫上巴菲特任何忙；而且因為這是在交易市場的認購，巴菲特被迫接受這個接近其當時交易價值的價格。

如果對發行價格有任何失望，巴菲特對這些股票價格的快速上漲應會覺得欣慰；一九八五年三月十五日星期五，首都公司的股價是一百七十六美元；三月十八日，星期一午後，首都公司將購買

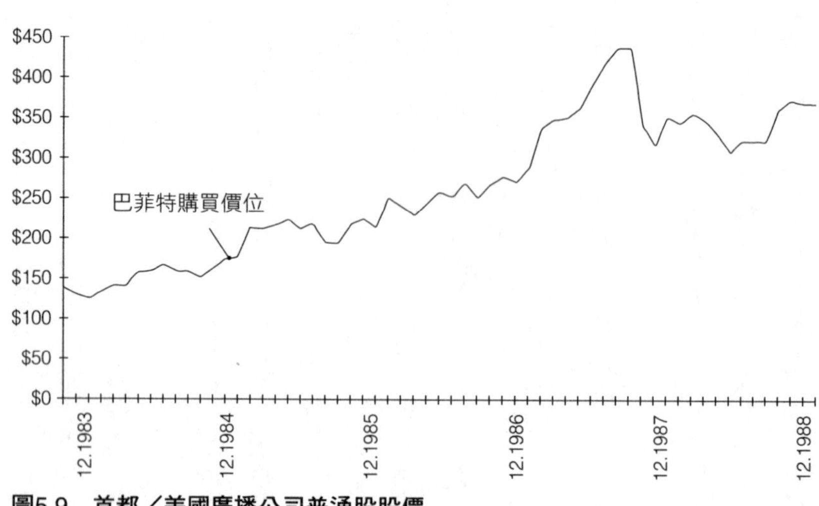

圖5.9　首都／美國廣播公司普通股股價

ABC的消息公布出來；次日股市收盤前，首都公司的股票價格變成二〇二．七五美元，四天之內上漲了二十六點和一五％的漲幅。巴菲特賺得九千萬美元的利潤，而且這個漲勢在一九八六年一月以前未曾停止。

巴菲特買進首都時的安全邊際，遠少於他以前所購買的其他公司，那麼他究竟是為什麼而進行這項交易？答案是墨菲。假如不是因為墨菲，巴菲特肯定不會做任何投資，墨菲就是巴菲特的安全邊際。首都／美國廣播公司是一個獨特的企業，是那種吸引巴菲特的企業。不僅如此，對於墨菲也有一些特別的感覺，「華倫崇拜湯姆．墨菲，」伯恩表示，「光是與他成為合夥人就非常吸引巴菲特。」

分權是首都公司的經營哲學。墨菲和柏克雇用最好的管理者，然後放手讓他們經營公司，所有的事都由他們決定，柏克在與墨菲合作早期就已經做到這一點。柏克在管理阿爾巴尼電視台的時候，每週郵寄最新的報告給墨菲，但墨菲從未有任何回應。最後柏克終於收到他的回條，墨菲允諾柏克，「我絕不會到阿爾巴尼去，除非你邀請我，或是我必須開除你的時候。」墨菲和柏克幫助他們的公司規畫年度預算，並在每一季檢討業績，除了這兩件事情之外，他們期望管理階層能把公司當作自己的企業一樣來經營。墨菲寫道：「我們對管理階層有很高的期待。」

而管理階層一定要做到的一件事就是控制成本。一旦他們無法將這件事情做好，墨菲會毫不遲疑的參與其中。首都公司購買ABC，正是急需墨菲這種削減支出的才能。電視網傾向於增加成長率，而不是提高獲利，他們認為，為了公司的成長，應該不惜任何花費，這樣的觀念在墨菲接管公司之後馬上改變。經由審慎挑選ABC董事會的成員，墨菲刪除薪資、額外津貼和支出。一千五百多人在公司給予優渥的遣散費之後被辭掉；ABC內的會議餐廳和私人專屬電梯也停用；洛杉磯市的ABC娛樂公司（ABC Enrertainment）為墨菲第一次視察公司所購買的接送轎車也一併賣掉，再去時墨菲改搭計程車。

這種成本控制意識在首都公司裡已成為一種生活方式。公司旗下的費城電視台WPVI是該市最大的電視台，它的新聞部門總共有一百個職員，而鄰鎮的哥倫比亞廣播公司（CBS）則有一百五十人。在墨菲到ABC工作之前，公司雇用六十個人來管理五家電視台，如今，六個人管理八個電視台；紐約市的WABC電視台以前雇用六百個人，有三〇%的稅前毛利率，現在它雇用四百個人，而毛利率超過五〇%。一旦經濟上的危機解決後，墨菲就靠柏克去管理營業決策，他自己則集中精神在收購和股東資產上。

經營原則：不落入盲從法人機構陷阱

廣播和電視網企業的基本經濟特質，已確保首都公司能產生充足的現金流量。然而，再加上墨菲喜歡控制成本的傾向，讓首都公司擁有非常龐大的現金流量。

從一九八八年到一九九二年，公司累積了二十三億美元的營運資金，有了這些財源，一些管理者可能無法抵抗花錢的誘惑，而買下其他企業和擴張公司的規模，墨菲也不例外，他買了幾個企業。一九九〇年，他花了六千一百萬美元買下一些小型產業，當時他表示，一般媒體公司的市場價格都太高了。

收購行動對首都公司成長的發展過程非常重要，墨菲一直在留意媒體產業，但他仍然堅守原則，絕不以過高的價格買下一家公司。首都公司有龐大的現金流量，能夠輕易吞併其他的媒體產業，但是「墨菲有的時候會等上幾年，直到他發現適當的產業；他絕不會只因為有足夠的財源可以買下一家公司就進行交易」。墨菲和柏克也了解媒體企業的景氣循環非常明顯，如果以大量舉債支付併購所需的現金，那麼加諸於股東的風險會讓他們無法承受。柏克說：「只要我們其中任何一人認為某筆交易可能會嚴重傷害公司，墨菲就會立刻叫停。」

若是一家公司無法靠轉投資自己的企業賺取更多利潤，那麼它可以選擇併購成長中的企業、減少公司負債或將錢回饋給股東。由於墨菲不願意支付媒體公司過高的要價，所以他選擇減少負債和買回股票。

一九八六年收購美國廣播公司之後，首都公司長期負債的總額是十八億美元，負債對資本的比例（負債比率）是四八．六％；同年年底，公司現金和其他高變現能力的資產，總計有一千六百萬美元，到了一九九二年，公司的長期負債為九億六千四百萬美元，負債比率降到二〇％，此外現金和其他高變現能力的資產則增加到十二億美元，因此，公司實際上沒有任何負債壓力（見下頁圖5.10）。墨菲強化了首都公司的資產負債表，使得公司面臨的風險大為降低。後來，事實證明他的作為更大幅提高了公司的價值。

經營原則：理性

一九八八年，首都公司宣布已經通過決議，要買回二百萬股流通在外的股票，占公司所有流通在外股票的一一%。一九八九年，公司花費二億三千三百萬美元，以平均四百四十五美元的價格買下五十二萬三千股股票，這個價格是公司營運現金流量的七．三倍，而多數媒體公司的售價是其營運現金流量的十到十二倍。次年，公司又買了九十二萬六千股，平均價格為四百七十七美元，或者說是其現金流量的七．六倍。

一九九二年，公司繼續買回股票，一年之中購買了二十七萬股，平均每股四百三十四美元，或者說是其現金流量的八．二倍。墨菲一再地說，和公司付給自己的價錢比較起來，其他墨菲和柏克認為有吸引力的媒體公司的賣價還要更高。從一九八八年到一九九二年，首都公司總共購買了一百九十五萬三千股股票，投資了八億八

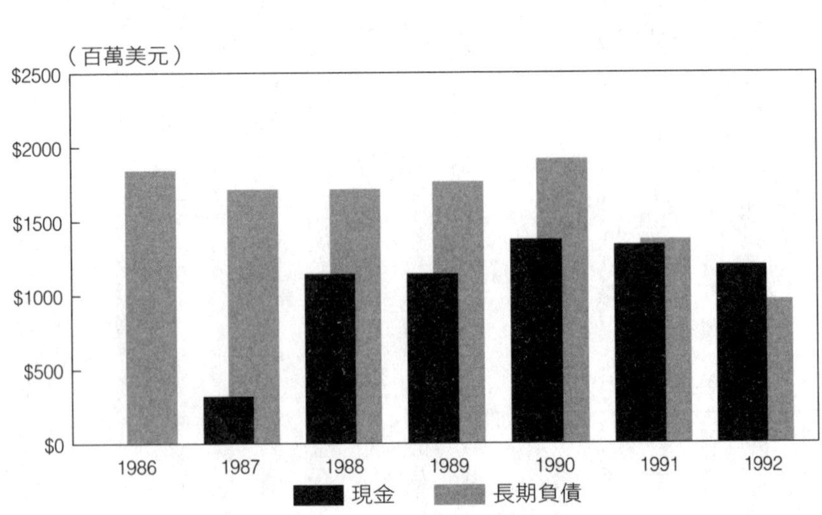

圖5.10　首都／美國廣播公司的現金與長期負債

千六百萬美元（見圖5.11）。

從一九九二年起，首都公司就對五十億到八十億美元左右的大型收購行動產生興趣，他們原先預定的目標鎖定在派拉蒙通訊公司（Paramount Communications），以及透納廣播公司（Turner Broadcasting），但主要收購行動的價格，卻不足以替股東提供合理利潤，因而公司再次決定將現金回饋給股東。

一九九三年十一月，公司宣布將舉行標購，以每股五百九十到六百三十美元間的價格購買多達二百萬股的股票，波克夏也參加了這次的標購，從它持有的三百萬股中提出一百萬股拍賣，這個行動引起了各方的臆測，是不是公司因為找不到適當的收購對象，因此將自己的持股出售？是不是巴菲特準備放棄首都公司，所以才賣掉他手上三分之一的股票？首都公司否認這些謠傳，一般的看法是如果公司真的要拍賣，巴菲特就不

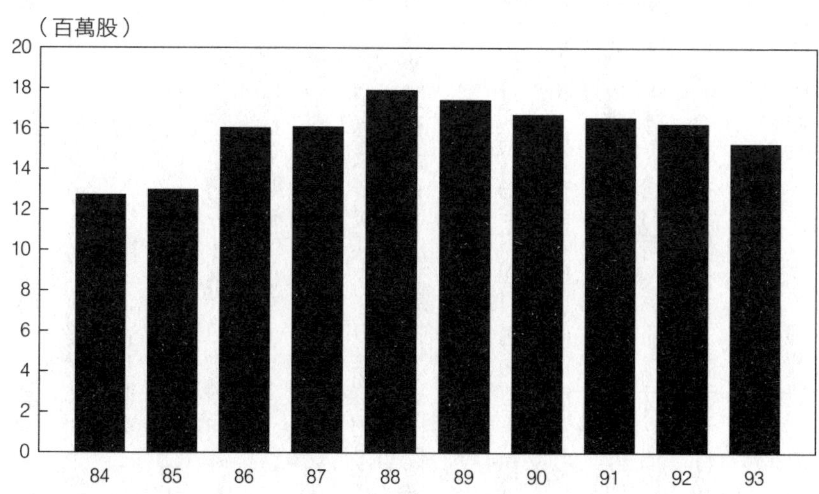

圖5.11　1984至1993年間首都／美國廣播公司流通在外之普通股股份

會以那麼高的價錢將股票提供出來拍賣。公司最後購買了一百一十萬股的股票，其中一百萬股來自波克夏，每股平均價格為六百三十美元。巴菲特能夠調度六億三千萬美元，而不會影響首都股票在市場上的地位。他現在仍是公司最大股東，擁有一三％的流通在外股票。

如果你了解首都公司在那幾年賺了多少錢，和這些錢是如何被可靠分配，那麼巴菲特對墨菲的讚賞就更容易理解了。自一九七七年開始，墨菲將流通在外股票的比例降低了一七％，刪減了一半的長期負債，而且將高變現能力的資產提高到超過十億美元。

此外首都公司和波克夏哈薩威公司一樣，是以分權的方式經營。巴菲特只在波克夏的非保險企業牽涉到管理人員薪酬和資本轉投資的時候，才讓自己參與其中。巴菲特和墨菲一樣，非常樂見他的附屬公司能獨立運作，他和墨菲也都樂於在公司的成本超出底限的時候積極參與改進，他們兩個人也同樣對股東的浪費感到厭惡。

多年來巴菲特已經觀察了無數個企業的運作和經營方式，但是對他自己而言，首都公司是經營得最好的公司。為了證實自己的觀點，巴菲特在投資首都公司股票的同時，也將未來十一年中所有的股東表決權都轉交給墨菲和柏克，只要他們其中任何一個人在繼續管理公司，這個約定就成立；如果這些都無法使你相信巴菲特非常敬重他們兩人，那你可以想想巴菲特的話，他宣稱：「湯姆．墨菲和丹．柏克不只是偉大的管理者，他們也正是那種你希望自己的女兒和他結婚的男人。」

在電視網產業前景不被看好的時候，墨菲對首都公司和波克夏哈薩威的價值就更為重要。如同華盛頓郵報公司，首都公司在一九九〇年也面臨週期性的經濟不景氣，而影響到公司的利潤，伴隨而來的還有產業地位永久性的衰退，降低了公司的實值（指其他的媒體瓜分了廣告市場），另外，越來越多的競爭使得公司難以提高廣告價格。電視網廣播企業中一個在經濟上的奇怪現象，是它具有主動提高價格的能力，而一個具特許權的企業一旦失去了定價的能力，很快就會變成普通企業，這時對公司的股東而言，管理上的價值也就更為重要。

無線電視網產業正面對來自有線電視和錄影帶公司日益增加的競爭，同時廣告的收入也越來越少。巴菲特解釋，電視網路就像人的「眼球」一樣，企業賣的是資訊和娛樂；如今有線電視節目、付費節目和錄影帶全都在競爭同一個眼球。假設大約有五百個眼球，而一天仍然只有二十四個小時，爭取觀眾人數的競爭是很激烈的。

當首都公司購買ABC的時候，電視網所占的觀眾比例超過八〇%，後來只有六〇%。巴菲特記得多年前他曾與墨菲一起坐在大螢幕電視前觀看體育節目，討論著電視中的畫面是如何美妙，墨菲回應說：「我比較喜歡當時只有一個八吋的黑白螢幕，和三個頻道的感覺。」

財務原則：股東權益報酬率

從一九八五年到一九九二年間，首都／美國廣播公司的市場價值從二十九億美元成長到八十三億美元（見下頁表5.3），在同一時期，公司從盈餘裡保留了二十七億美元，由此為轉投資的每一美元創造了二．〇一美元的市場價值。這種成就格外值得注意，尤其是一九九〇年和一九九一年，公司熬過週期性盈餘的下降，和廣播網產業永久性的改變造成公司實質價值的衰退。

這段期間，波克夏在首都／美國廣播的投資從五億一千七百萬美元增加到十五億美元，平均為一四．五％的年收益成長率，比哥倫比亞廣播公司和標準普爾工業指數還要高。

如果首都／美國廣播公司的實質價值下跌，當時巴菲特為什麼拒絕賣出他所有的股票？無疑地，部分理由是因為墨菲和他的私交。做為一個管理者，巴菲特尊重且知道墨菲不會虛耗股東價值；另外一個使巴菲特還沒有賣掉他手中所有首都公司股票的重要理由，是它仍有高於美國同產業平均報酬的能力。巴菲特說：「電視網是比較費勁的企業，但是只要經營得法，它仍然是非常好的企業，可以產生大筆現金。」

表 5.3　首都／美國廣播公司－市場價值變動
（單位：百萬美元）

	淨收益	股利支付	保留盈餘	市場價值
1985	142.2	2.6	139.6	2918.0
1986	181.9	3.2	178.7	4323.0
1987	279.1	3.2	275.9	5586.0
1988	387.1	3.4	383.7	6520.0
1989	485.7	3.5	482.2	9891.0
1990	477.8	3.4	474.4	7694.0
1991	374.7	3.3	371.4	7213.0
1992	389.3	3.3	386.0	8349.4

註：1985 至 1992 年之保留盈餘總和為 $2,692。同期市場價值變動總和為 $5,431。每一塊錢保留盈餘創造 $2.01 的市場價值。

一九七〇和一九八〇年代，公司股東權益報酬率大約維持在五到七個百分點，比標準普爾工業指數還高（見圖5.12）；公司的稅前毛利率是一般美國企業的三倍（見下頁圖5.13）。買下ABC之後，稅前毛利率和股東權益報酬率雖不再像以往一樣維持很高的水準，但仍然高於一般公司，而且穩定成長，直到一九九〇至一九九一年經濟不景氣為止。時至今日，首都公司的股東權益報酬率已經降到只有一般水準，但稅前毛利率仍舊很高。

FCC了解到電視廣播網多變的經濟特性，而且承認三家主要的電視網不再具有控制大眾收視的權力。二十多年來，電視網被禁止擁有電視表演節目，阻礙了他們從這個有利的市場組織中獲取利潤的權利。一九九三年，法院取消了這項限制，允許電視網播放自己的電視節目，並從中賺取利潤。

墨菲宣稱，製作節目及擁有電視台都是首都／美國廣播公司未來必須要把握的機會，墨菲的希望

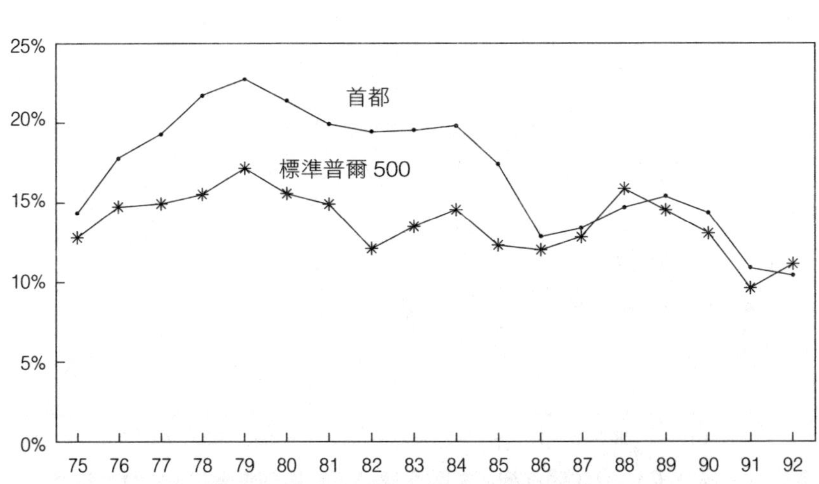

圖5.12　首都／美國廣播公司和標準普爾500的股東權益報酬率比較

是公司自行製作且播放電視節目，並從節目所附帶而來的市場中賺取利潤，包括國內的和國外的子企業集團。FCC也表決贊成允許電視網在有限的基礎上，購買有線電視系統，以往這項規定是為了保護成長中的有線電視，避免電視網對它的威脅，一九八六年，首都公司在購買ABC之後也受到這項規定的限制，被迫賣掉它的有線電視產業。最後的結果是，電視網積極購買外國的商業電視播送站。首都公司將它的資產所有權延伸到德國、法國和西班牙的電視和製作公司，之後更購買總部位在盧森堡的斯堪地那維亞廣播系統（Scandinavian Broadcasting System）公司二一%的股權，它是該地區首先成立的電視播送站之一。這一切的改變都提高了首都／美國廣播公司的實質價值。

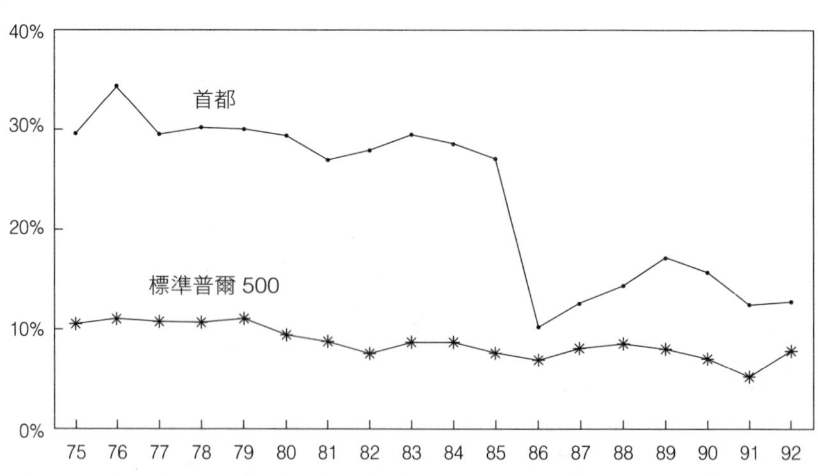

圖5.13　1975至1992年間首都／美國廣播公司和與標準普爾500的稅前毛利率比較

摘要：優秀經理人確保公司獲利

波克夏哈薩威投資超過二十億美元在媒體和通訊公司上，包括首都／美國廣播公司、華盛頓郵報公司和《水牛城新聞報》。波克夏的盈餘和實質價值，都因為產業週期性和經濟特質永久的變化而下跌；然而，首都公司、華盛頓郵報公司和《水牛城新聞報》都有高於其產業平均值的經濟狀況，巴菲特說這是由於利普西領導《水牛城新聞報》的方式，以及首都公司和華盛頓郵報公司不凡的管理階層。

這些公司之所以能夠有與眾不同的表現，是因為當其他的媒體公司都忙著以舉債融資買進其他產業時，首都公司和華盛頓郵報並沒有讓同業的愚蠢盲從行為搖動他們的想法，反而減少借款和買回股份，而不是做無益的花費買下其他公司。等到產業永久性的改變稍微平息，所有公開上市的媒體公司中，僅有首都公司和華盛頓郵報這二家企業基本上沒有債務的負擔，而其他以前用極高的價格進行收購的公司，其盈餘則正在萎縮，現在它們才發現自己為了支付利息而拚命掙扎。巴菲特擁有首都公司和華盛頓郵報的感覺，遠較擁有任何其他的媒體企業來得順心，他仍然期待這兩家公司能夠產生高於一般企業的報酬。但是他承認：「以前那種有恃無恐的企業特許權，和旺盛的經濟活動日子已不復存在。」

可口可樂公司

可口可樂是世界上最大的碳水化合物和糖漿濃縮物飲料的製造廠、市場零售商和經銷商。公司不含酒精的飲料產品於一八八六年第一次在美國銷售，而現在全世界有超過一百九十五個國家在販賣這種飲料。

巴菲特與可口可樂的關係可以追溯到他的童年。五歲時他喝了第一瓶可口可樂，不久，他開始從他祖父的雜貨店裡，以六瓶二十五美分的價錢取走可樂，再以每瓶五美分的價錢轉售給他的鄰居。

往後的五十年裡，巴菲特觀察可口可樂不尋常的成長速度，但是他仍購買紡織工廠、百貨公司、直升機廠和農耕設備製造廠，即使是在一九八六年，當他正式宣布櫻桃可口可樂將成為波克夏哈薩威股東年會的指定飲料時，也還沒購買任何一張可口可樂股票。直到兩年後，也就是一九八八年夏天，巴菲特才開始購買他的第一個可口可樂股份。

企業原則：簡單且易於了解

比較起來可口可樂的業務非常單純。公司購買一些日常隨處可見的添加物，將它們混合後製造出一種濃縮品賣給裝瓶工廠，然後加入一些材料，將成品銷售給零售商、小型商店、超級市場和販賣機。公司也提供不含酒精的飲料糖漿給礦泉水零售商，他們再用杯子和玻璃瓶賣給消費者。印上公司商標的產品包括可口可樂、健怡可樂、雪碧、皮布先生（Mr. PiBB）、Mello Yello碳酸飲料、蘭布林麥根沙士（Ramblin’ Root Beer）、芬達、Tab 和 Fresca 兩款低卡飲料等。其他的飲料也包括夏泉（Hi-C）水果飲料、美利果（Minute Maid）

柳橙汁、動樂（Powerade）、雀巢檸檬茶和北歐之霧（Nordic Mist）等。可口可樂企業是全美最大的飲料工廠，公司本身擁有美國廠四四%的股權，另外也擁有可口可樂位於澳洲的工廠阿瑪提爾（Amatil）五三%的股權，該廠不僅對澳洲市場，對紐西蘭和東歐市場也很有興趣。

可口可樂的力量不只是印有它商標的產品，還包括它無與倫比的世界行銷配送系統。今天，可口可樂的產品在國際間的銷售量占公司總銷售量的六七%，利潤也占公司銷售總額的八一%。除了可口可樂阿瑪提爾之外，也在墨西哥、南美、東南亞、台灣、香港和中國大陸設有分公司。一九九二年，他們賣了超過一百億箱的飲料產品。

企業原則：長期前景看好

一九八九年，波克夏公開宣布擁有可口可樂公司六．三%的股票後不久，瑪莉莎．透納（Mellisa Turner）採訪巴菲特，她為亞特蘭大《憲法報》（*Constitution*）撰寫企業動態方面的文章。她問巴菲特一個時常被問到的問題：為什麼不早一點買可口可樂的股票？巴菲特講述了當時導致他最後做這個決定的想法做為回答。

他表示：「讓我們想像你正要出門遠行，離開十年，現在你只能進行一個投資，你知道的就是你目前了解的一切，而且當你走的時候你也不能夠改變什麼，這時你會怎麼想？」當然，你投資的那家公司必須要簡單而且容易理解；當然，公司必須在過去幾年表現平穩，而且長期的前景也必須是看好的。巴菲特解釋：「如果我必須對所有的事都胸有成竹，知道市場會繼續成長，領導者會繼續是領導者，我的意思是世界性的領導者，而且會有大幅度的成長，那麼我知道的就只有可口可樂了。我比較確信的是當我再回來的時候，它們可能已經廣伸觸角到其他許多事業上。」

但是為什麼在這個特別的時候買進呢？巴菲特的說法是，可口可樂的企業特質已經存在了幾十年，真正引起他注意的是，可口可樂於一九八〇年代在羅勃特．葛蘇達和唐納德．奇奧的領導下所做的一些改變。

一九七〇年代是可口可樂的灰暗期，那十年中發生許多不幸的事，例如與裝瓶工廠的糾紛，美利果果園被控虐待外籍工人，還有環保人士抗議公司使用無法回收的容器，造成國內日益嚴重的污染問題。聯邦貿易委員會則認為可口可樂的獨家經銷特許權系統，違反了謝爾曼反托拉斯法（Sherman Anti-Trust Act），所以提出法律訴訟。

可口可樂在國際間的子企業也極不穩定，因為授與以色列獨家代理特許權，所以阿拉伯國家聯合抵制可口可樂，造成當地的投資瓦解；日本是公司盈餘增加最快速的地區，但也因為一連串的錯誤而成為戰場，其中一個事件是公司製造的二十六盎司家庭號可樂的瓶子爆炸事件（實際上是在貨架上爆炸的）；此外，日本消費者憤怒指責可口可樂在芬達葡萄汽水中添加人造焦油做為色素。當可口可樂發展出以真正葡萄皮來取代時，那些瓶裝汽水竟然全都發酵了，結果整批葡萄汽水被倒進東京灣。

一九七〇年代，可口可樂像是一家四分五裂且毫無效率的公司，而不是一家正在調整步伐的飲料工業創意公司。保羅．奧斯汀（Paul Austin）於一九六二年擔任公司總經理，至一九七一年被任命為董事長，儘管有許多問題，公司仍持續賺進數百萬美元盈餘，但是奧斯汀並未將錢轉投資在自己的飲料市場上，他讓公司多元化，而儘管水投資計畫和養蝦只有微薄的利潤，他仍選擇投資其中；奧斯汀也購買葡萄酒釀造廠，但是股東強烈反對這個投資，他們認為可口可樂公司不應該牽扯到酒精；此外奧斯汀不顧一切非難，投下史無前例的大筆金錢在廣告活動上。

當時可口可樂的股東權益報酬率為二〇％，然而稅前毛利率卻下跌（見下頁圖5.14），公司的市場價值在一九七四年的空頭市場結束時是三十一億美元（見下二頁圖5.15），六年後，公司的價值是四十一億美元。從一九七四年到一九八〇年間，公司的市場價值以平均每年五．六％的速率成長，遠低於標準普爾工業指數；在那六年中，對於公司的每一美元保留盈餘，它只創造了一．〇二美元的市場價值。

奧斯汀的言行舉止加重可口可樂整體所受的創傷。他具有有威脅性且不易與人接近，不僅如此，他的妻子吉妮（Jeane）也對公司有不良影響。她以現代藝術的方式重新裝修總公司，把公司傳統樸素的諾曼．洛克威爾（Norman Rockwell）畫作加上燈飾，甚至訂購一架公司用噴射機，以便她尋找藝術創作品。但導致她丈夫毀滅的，是她的偏執命令。

一九八〇年五月，奧斯汀太太下令員工不得在公司的公園裡吃午餐，因為她抱怨他們將食物掉落在修整好的草地上會吸引鴿子，這使得員工的士氣大為低落。公司九十一歲的創辦人羅伯特·伍德洛夫（Robert Woodruff）曾在一九二三年到一九五五年領導可口可樂，其時仍是公司財務委員會的主席，當他聽到這個新命令後覺得忍無可忍，要求奧斯汀辭職，讓葛蘇達接替這個職位。

葛蘇達在古巴長大，是可口可樂第一個外國籍的董事長，他的樂觀外向與奧斯汀的謹慎靜默互相映照。葛蘇達上任後的第一個行動，是將公司裡重要的五十名管理者召集到加州棕櫚泉（Palm Springs）開會，他說：「請你們告訴我，我們做錯了哪些事，我想要知道一切；而一旦問題解決之後，我要求百分之百的忠貞，如果有任何人不滿意，我們會給你很好的補償，然後跟你說再見。」這次會議訂出了公司「一九八〇年代的策略」，一本九百字的小小冊子，列出可口可樂整體的目標。

葛蘇達鼓勵他的管理人員冒險要有智慧，他要

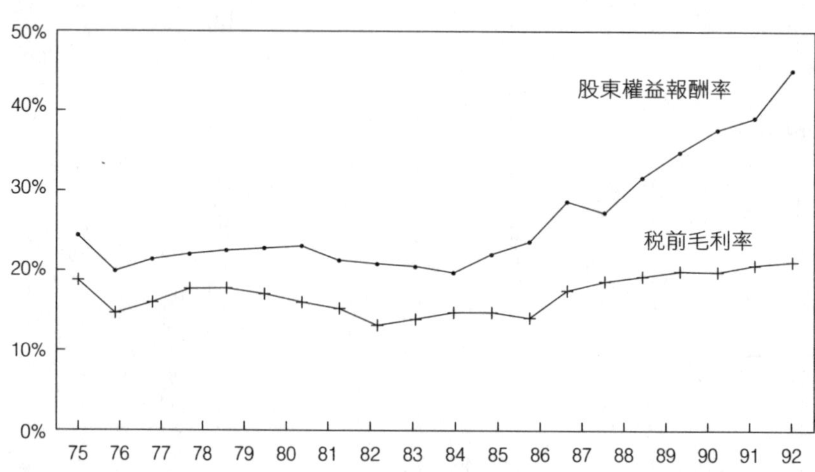

圖5.14　1975至1992年間可口可樂公司的股東權益報酬率和稅前毛利率

可口可樂主動出擊，而不只是臨事反應。葛蘇達如同許多新上任的董事長一樣開始裁減支出，他要求所有可口可樂擁有的企業，必須將其資產報酬做最佳運用，這些行動很快產生效果，且表現在逐漸增加的利潤上。

財務原則：毛利率

可口可樂的稅前毛利率在一九八〇年低到一二．九%。毛利率已經連續五年都在下跌，低於一九七三年一八%的公司毛利率。葛蘇達就任後的第一年，稅前毛利率上漲到一三．七%；到一九八八年巴菲特購買可口可樂股票的時候，毛利率曾經攀升到一九%的新紀錄。

財務原則：股東權益報酬率

在〈一九八〇年代的策略〉中葛蘇達指出，只要一項事業的股東權益報酬率不再令人能夠接

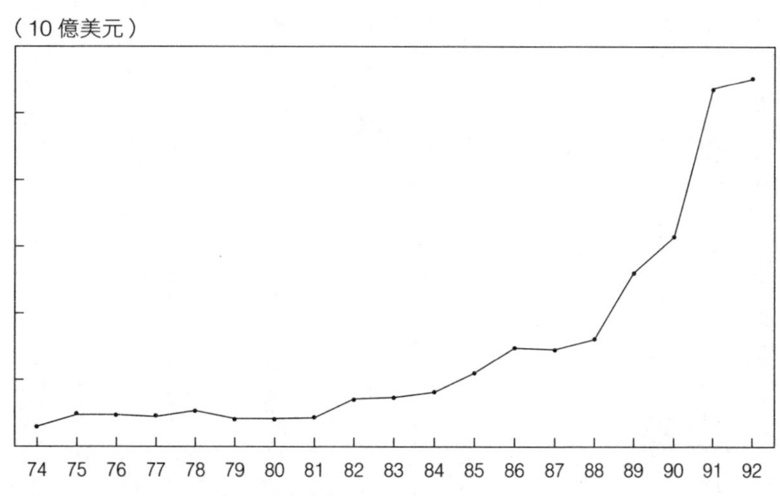

圖5.15　1974至1992年間可口可樂公司的市場價值

受，公司將把這項事業裁撤掉。而且，任何新的事業賭注必須有足夠的成長潛力以平衡投資。可口可樂已經沒有興趣再為市場不景氣的股票奮鬥，但葛蘇達主張「增加單股盈餘並提高股東權益報酬率，仍然是這場遊戲的目的」。董事長的話馬上付諸行動，雖然釀酒廠在一九七〇年代賺取了二〇%的股東權益報酬率，但葛蘇達並不在意一九八三年它被賣給西葛萊姆（Seagrams）。他要求更多的回收，而公司做到了。到一九八八年，可口可樂的股東權益報酬率曾經增加到三一·八%。

不論以哪一種方式計算，葛蘇達帶領下的可口可樂在財務上的成就，都是奧斯汀時期的二到三倍，這種結果可以從公司的市場價值上看出來。一九八〇年，可口可樂的市場價值為四十一億美元，到一九八七年底，即使股票市場在十月崩盤，可口可樂的市場價值仍增加到一百四十一億美元（見圖5.15）。在七年內，可口可樂的市場價值以平均一九·三%的年增率成長，可口可樂在這段期間保留的每一美元盈餘，都為它創造了四·六六美元的市場價值。

經營原則：坦白

一九八〇年代葛蘇達的策略將股東包含在內，他曾寫道：「在未來十年間，我們將全面繼續接受股東的委託，努力保護及增加他們的投資。為讓股東從他們的投資上得到高於平均的總收益，我們選擇的企業必須有超過通貨膨脹速度的收益。」公司的業務要成長，必須有資本投入，但葛蘇達要做的不只如此，他還得增加股東價值，為要達到這個目的，可口可樂逐漸增加毛利率和股東權益報酬率，因此公司能夠在支付逐漸增加的股利同時，也減少股利支出的比例。一九八〇年代，發放給股東的股利每年增加一〇%，但付出的比例則從六五%下降到四〇%，這使得可口可樂可以將公司大部分的盈餘轉投資，而在無損於股東利益的情形下維持公司的成長率。

可口可樂在每年的年度報告裡，都以陳述公司目標的方式，帶出公司財務的檢討和經營方式的議題：「經營主要目的是不斷讓股東權益價值達到最高。」公司企業策略強調長期現金流量的最大化，為達此一目的，公司將精力集中在高投資報酬率的飲料企業上，努力在現有的營運項目上增加利潤，並妥善使用資金。如果這些策略成功了，應該會看到現金流量增加、股東權益報酬率提高，以及增加股東的總收益。

經營原則：理性

現金淨流量的成長，使得可口可樂除了能夠增加支付給股東的股利，同時在公開市場中買回它的股票。一九八四年，公司第一次決定股票回購行動，並宣布買回六百萬股。從那年起，公司每年都持續買回它的股份，共以五十三億美元買回總數達四億一千四百萬股，這表示在一九八四年年初公司有超過二五%的流通在外股票。根據一九九三年十二月三十一日的收盤價格，公司回購的股份其價值達一百八十五億美元。

一九九二年七月可口可樂宣布：到二〇〇〇年，它會買回一億股公司股票，也就是公司七．六%的流通在外股票。顯然地，由於公司持續且積極地投資海外市場，它應該能夠完成這個目標。葛蘇達宣稱這個回購行動一定可以完成，因為公司可以賺很多的錢。一九九三到一九九六年間，在扣除資本支出之後，公司將會有超過三十億美元的資金來進行股票回購計畫。

財務原則：股東盈餘

一九七三年，「股東盈餘」（純益加上折舊減去資本支出）是一億五千二百萬美元（見下頁圖5.16）；到一九八〇年，股東盈餘是二億六千二百萬美元，年平均成長率是八%。從一九八一年到一九八八年，股東盈餘從二億六千二百萬美元成長到八億二千八百萬美元，年複利報酬率是一七．八%。股東盈餘的成長反映在可口可樂的股票上。以十年為一個週期分析，一九七三至一九八二年，可口可樂的總收益以年平均六．三%的速度成長；一九八三至一九九二年，總收益的年平均成長率增加到了三一．一%。

市場原則：決定實質價值

巴菲特在一九八八年第一次購買可口可樂股票時，人們問他：「可口可樂公司的價值在哪裡？」公司的價值是它有市場平均值十五倍的盈餘和十二倍的現金流量，以及三〇%到五〇%的市場溢價。巴菲特為一個只有六．六%淨盈餘報酬的企業，付出五倍於帳面的價格，原因是，有可口可樂的經濟商譽做保證（編註：經濟商譽相關內容詳見第三章），所以他非常樂意投資。公司可以賺到三一%的股東權益報酬率。當然，巴菲特曾經解釋價格與價值並沒有太大關係。猶如其他公司，可口可樂公司的價值主要取決於企業生存期間現金流量的預估值，以適當的貼現率折算成現值。

一九八八年，可口可樂公司的股東盈餘（淨現金流量）等於八億兩千八百萬美元（見下頁表5.4）。三十年期的美國政府公債（無風險利率）殖利率，大約是九%。如果在一九八八年可口可樂公司的股東盈餘，以九%的貼現率（我們要知道，巴菲特不會在貼現率中加入風險溢酬）折現，可口可樂公司的價值在當時是九十二億美元。

當巴菲特購買可口可樂的時候，公司的市場

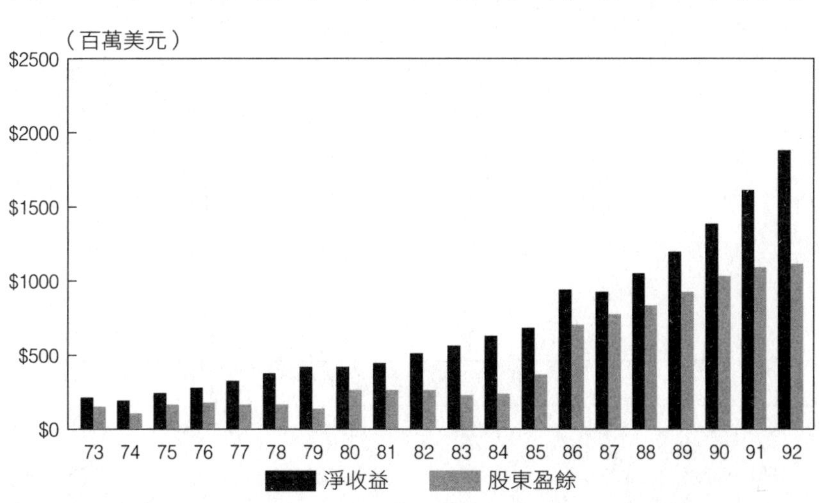

圖5.16　1973至1992年間可口可樂的淨收益和股東盈餘均大幅成長

表 5.4　可口可樂的股東盈餘逐年成長
（單位：百萬美元）

	年銷售額	年收入	折舊	資本支出	股東盈餘
73	2145	215	59.1	121.3	152.8
74	2522	196	59.5	150.1	105.4
75	2872	239	67.7	143.3	163.4
76	3032	285	71.7	182.2	174.5
77	3559	326	85.4	260.9	150.5
78	4337	374	95.0	306.0	163.0
79	4961	420	117.0	409.3	127.7
80	5912	422	138.0	298.0	262.0
81	5889	447	144.9	329.6	262.3
82	6249	512	150.7	400.3	262.4
83	6829	558	156.0	492.0	222.0
84	7364	629	170.0	565.0	234.0
85	7904	678	335.0	652.0	361.0
86	8669	934	430.0	665.0	699.0
87	7658	916	153.0	300.0	769.0
88	8338	1045	170.0	387.0	828.0
89	8966	1193	184.0	462.0	915.0
90	10236	1382	236.0	593.0	1025.0
91	11572	1618	254.0	792.0	1080.0
92	13074	1884	310.0	1083.0	1111.0
			年複利成長率		
1973-1980	15.6%	10.1%	12.9%	13.7%	8.0%
1981-1988	5.1%	12.9%	2.3%	2.3%	17.8%
1988-1992	11.9%	15.9%	16.2%	29.3%	7.6%

價值是一百四十八億美元，巴菲特可能花了太多錢買這間公司。但是九十二億美元是可口可樂公司目前股東盈餘的折現價值。因為市場上其他人樂意付上比可口可樂公司（實值九十二億美元）實質價值更高的六〇%代價來購買它，顯示買主將它未來成長的機會也視為價值的一部分。

當公司不需要額外的資金就能增加股東盈餘，主要是利用無風險報酬率和股東盈餘成長率相減得出的差額來增加利潤。分析可口可樂公司，我們可以發現從一九八一年到一九八八年，股東盈餘每年以一七．八%的成長率成長——比無風險報酬率還要快。當這種情形發生時，分析師使用二階段折現模型（two-stage discount model）。當一家公司在某幾年有特殊的表現，並長期以較穩定的比例成長時，此模型就適合用來計算未來的盈餘。

我們使用二階段的流程，來計算目前一九八八年公司的現值，及其未來現金的流量。一九八八年，可口可樂的股東盈餘是八億兩千八百萬美元。如果我們假設可口可樂在未來十年內能夠以每年度一五%的比例增加股東盈餘（這是合理的假設，因為這個比例比公司前七年的平均值還低），第十年度股東盈餘將會等於三十三億四千九百萬美元。讓我們更進一步假設在第十一年度剛開始時，成長率將會減少到每年五%，使用九%的貼現率（那時的長期債券利率），我們能計算可口可樂公司的實質價值在一九八八年為四百八十三億七千七百萬美元（參考附錄表格A.21）。

我們能假設不同的成長率重複這項計算。假設可口可樂公司的股東盈餘在未來十年的成長率為一二%，之後則每年以五%成長，以九%的貼現率計算公司現值是為三百八十一億六千三百萬美元。若在未來十年是以一〇%的比例成長，以後都以五%的比例成長，可口可樂的價值將會是三百二十四億九千七百萬美元。而且如果我們假設所有的成長率皆為五%，公司至少仍值兩百零七億美元（八億兩千八百萬除以（九%減五%））。

市場原則：在理想價位買進

一九八八年六月，可口可樂公司的價格大約是每股十美元（經股權分割調整之後的結果）。之後的十個月內，巴菲特已取得九千三百四十萬股，總計投資十億兩千三百萬美元（見圖5.17）。他的平均成本每股是一〇．九六美元。到了一九八九年年底，可口可樂占波克夏普通股投資組合的三五%，這是一個相當大膽的舉動。

從一九八〇年葛蘇達控制可口可樂公司開

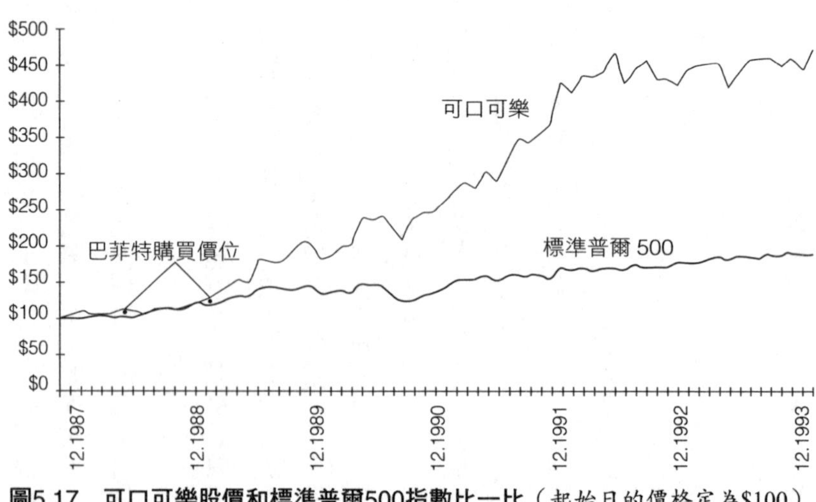

圖5.17　可口可樂股價和標準普爾500指數比一比（起始日的價格定為$100）

始，公司的股價每年都在增加。在巴菲特購買他第一張可口可樂股票的前五年，可口可樂的股價每年上漲一八%。該公司的經濟狀況非常好，所以巴菲特無法以較低的價格買到任何一張可口可樂公司的股票。

這段期間，標準普爾指數也在上揚。可口可樂公司及股票市場沒有機會讓他以低廉價格購得股票，但巴菲特仍依市價購買。他再次說明股價與價值之間是沒有什麼關係的。

在一九八八和一九八九年巴菲特買入可口可樂期間，可口可樂在股票市場上的價值平均為一百五十一億美元。但是巴菲特估計，可口可樂的實值大約是從二百零七億美元（假設股東盈餘以五%的比例成長）、三百二十四億美元（假設股東盈餘以一〇%的比例成長）、三百八十一億美元（假設股東盈餘以一二%的比例成長），到四百八十三億美元（假設股東盈餘以一五%的比例成長）。所以巴菲特的安全邊際——實質價值與市價的差額——可能從保守的二七%提高到七〇%。

「價值」投資人與巴菲特觀察同樣的可口可樂股票，但因為它的股價與每股盈餘、每股帳面價值及每股現金流量相比都太高了，「價值」投資人認為市場高估了可口可樂公司的價值。

財務原則：一美元的假設

自一九八八年以後，可口可樂的表現變得非常突出。在一九九二年，它的股票每股從十美元升到四十五美元，績效已經超越標準普爾工業指數（見二四八頁圖5.17）。從一九八七年以後，可口可樂的市場價值從一百四十一億美元上漲到五百四十一億美元。當支付二十八億美元股利給股東，並由保留盈餘的轉投資中獲得四十二億美元的時候，可口可樂創造了七十一億美元的盈餘。對於公司內保留的每一美元盈餘，它創造九．五一美元的市場價值。

從一九八八到一九八九年，波克夏在可口可樂公司投資的十億二千三百萬美元是值得的。一九九二年之前，這項投資的價值達三十九億一千一百萬美元。

在一九八八年和一九九二年之間，可口可樂這種戲劇性的增值，已經減低了可口可樂的市價和實質價值之間的安全邊際。一些投資人爭論可口可樂價值被高估，而且暗示公司很難重複過去幾年來優秀的經營狀況，和備受肯定的股價漲勢。但是葛蘇達的目標是，在二○○○年以前，將可口可樂的產值加倍。

葛蘇達指出，可口可樂公司的經營目標是建立邁向二○○○年的企業組織，他說：「我們在一九九○年代的任務，是將可口可樂變成唯一能將產品帶到世界上每個角落的行銷配送企業。要做到這點，主要是藉由增加下列國家每人飲用可口可樂飲料的平均消費，如：東歐、前蘇聯、印尼、印度、非洲和中國大陸等國家，這麼一來，公司將會達到加倍銷售的目標。雖然這些國家從未達到美國的每人平均消費（每年度每人二百九十六個八盎司包裝的消費量），但是在這些開發中國家裡，任何一點消費額的增加，都會增加許多利潤。世界上有一半的人，每人每年消耗少於十六盎司的飲料。光靠中國大陸、印度和印尼的那些消費機會，可口可樂就能夠在下個世紀持續增加財富了。

摘要：善用資金賺取高報酬率

巴菲特說：「隨著時間過去，能利用大量資金以取得非常高的報酬率，才是最好的企業。」這項說法與可口可樂的情形不謀而合。可口可樂公司是世界上廣受認可且被尊敬的商標。由此我們也很容易了解，為什麼他會認為可口可樂公司是世界上最有價值的企業。

投資上美好的合夥關係彌足珍貴

為了要達到股份永久持有，公司必須擁有良好的經濟特質和最佳的經營——凡是能幹和可信賴的人們，對公司都非常重要，巴菲特喜歡和這類人共事。華盛頓郵報公司、蓋可保險、首都／美國廣播公司和可口可樂，都是擁有水準以上經濟潛力的公司。多年來，這些企業的經營者已經證明他們是可以完全被信賴的。他們保護股東的利潤，並真正增加他們的投資價值。

每位經營者都不喜歡公司浪費，而且努力追求高利潤。他們都了解資金分配應該非常理性。巴菲特對他與各經營者在工作和私人方面的良好人際關係，感到莫大的喜悅，如凱瑟琳和唐納德．葛蘭姆、辛普森和史奈德、墨菲和柏克以及葛蘇達和奇奧。

巴菲特發現投資上美好的合夥關係彌足珍貴，所以他從不想放棄手上持有的永久性普通股。如果將永久性持股與其他企業交換，巴菲特必須重新與新的經營團隊發展關係。他不喜歡與這些優秀的經營者結束投資關係，即使如此做可能使波克夏哈薩威增加一些利潤，他也不考慮。

第 6 章

將債券當作企業來經營

債券收益是以現金方式固定配發，只有對貨幣長期穩定性較有信心的時候，巴菲特才會對債券產生較大的興趣。其次，他認為應該以企業家的眼光來看債券，因此，在任何可以選擇的時機，他總是尋找稅後投資報酬率最高的投資。

巴菲特是投資界裡最著名的投資者，因為他在股票市場做了許多明智的決定，同時他也為波克夏的保險公司購買固定收益有價證券。巴菲特會考慮短期票券、中期債券、長期債券和套利組合。他承認在投資這些不同項目時，並沒有特別喜好。在任何可以選擇的時機，他只是尋找一些稅後投資報酬率最高的投資。

我們必須了解，固定收益有價證券只占波克夏的保險公司投資組合中相當小的比例，尤其是相對於其他保險公司的投資組合。關於這點非常重要。一九九三年，固定收益有價證券如定存、債券和特別股只占波克夏投資組合的一七%。在絕大多數的保險公司中，固定收益有價證券往往占去六〇%到八〇%之間的資產價值。因為波克夏良好的財務品質和有計畫的保險哲學，巴菲特已經能夠將大多數波克夏的資產投資在普通股。一般而言，他對債券並沒有很大興趣，而且認為它們只能算是平凡的投資。

事實上，巴菲特對債券的態度，用「冷感」形容較為貼切。這可從兩方面說明：第一，由於通貨膨脹影響，他預期將來現金的購買力會降低。因為債券收益是以現金方式固定配發，只有對貨幣長期穩定性較有信心的時候，巴菲特才會對債券產生較大興趣。其次，巴菲特認為應該以企業家的眼光來看債券，而且，大多數固定收益的契約（利率水準）所制定的投資報酬率，都低於企業家的需求。「將債券當作一種企業經營」這個投資方法頗不尋常。

假設你投資某企業一千萬美元，而且獲得一二%的股東權益報酬率，和保留它每年全部的盈餘，並在第三十年賺進三千二百萬美元，則經此三十年後，該企業將值三億美元。巴菲特說，如果你現在購買一千萬美元的債券，並且每年有一二%的利息，再使用這些利息購買更多殖利率一二%的債券，三十年後，你也會有三億美元的資金，而且在最後一年，你也會賺到三千二百萬美元。我們知道美國企業的長期平均股東權益報酬率是一二%。若是如此，他也認為債券是值得做的企業投資。

回顧一九四六年，巴菲特提到一筆二十年期的AAA級市政府債券上市，其殖利率為一%。他說，這些債券的買主在帳面上雖然賺進一%的利潤，但在未來二十年，除此之外別想多賺得一毛錢。他說，一九四六年時大概沒有一家美國企業會相信，買主不能夠藉由買或賣賺得超過帳面價值一%的利潤。儘管有這些不利的經濟解釋，固定收益的投資人仍然爭購這些債券。而且根據企業經營標準，這項投資的報酬率明顯不足，然而在往後的幾年內，投資人仍繼續購買債券。

一九七〇年代末期和一九八〇年代早期，債券利率開始因為通貨膨脹而上升。一九八一年，長期政府公債的利率是一六%，免稅的市府公債是一四%。在這段時期，保險公司從發行一年的汽車保單，改變到只發行六個月的保單。在這段通貨膨脹快速上升的時期，保險主管提出了某些使人信服的論點，也就是他們不能夠估計未來有關修理汽車的費用。更諷刺的是，巴菲特提到在通貨膨脹期間，一旦保險主管覺得一年期的汽車保單不合理時，便會將它轉讓，並以三十年期固定利率借出現金，購買債券。

巴菲特說，在這個持續通貨膨脹的世界裡，長期債券是最後一個固定收益長期有價證券。在橫跨下個世紀的二十年內，那些債券的買主才能陸續從他們的投資得到固定利潤。如果保險、辦公室、巧克力或新聞用紙的債券投資者，要求在未來三十年內有固定收益，想必會被人嘲笑。巴菲特指出，這種財務報酬方式的不一致，對購買長期債券者不會有任何影響。

雖然在一九七〇年代末期和一九八〇年代初期，長期債券的殖利率大約等於企業的報酬率，但巴菲特仍不把現金完全投資在長期債券上。在他的腦海中始終有發生惡性通貨膨脹的可能性。在此情形下，一般的普通股會失去它真正的價值，但是已流通在外的債券則會遭到更大的損失。保險公司在過度通貨膨脹期間大量投資債券，有可能造成手上投資組合全軍覆沒的危險。雖然惡性通貨膨脹不太可能發生，而且在一九八〇年代初期，利率水準已經考慮高通貨膨脹的可能性，巴菲特仍為自己提出解釋，他無法忍受判斷錯誤所造成的風險。

雖然如此，保險公司基於他們對保戶的責任，公司的一些資產仍必須投資到固定收益有價證券上。至今，巴菲特仍將波克夏公司固定收益的有價證券限制在可轉換債券、可轉換特別股，和發行公司已提撥償債基金的中短期債券。在購買之前，他要求清除長期債券的高財務風險。這包括與當期殖利率相近且與企業報酬率相近的債券票面利率，以及債券資本利得的可能性。市場常會錯估這些獨特債券的價值，而以低於面值的價格交易。

如何挑選能賺錢的債券？

一九八三年七月二十五日，華盛頓公共電力供應系統（WPPSS；以促狹的幽默稱之為「woops」）宣布，無法償還二十二億五千萬美元市府公債的利息及本金，此公債是提供給二個尚未完成的核子反應器（計畫四和五）做為工程經費。

華盛頓公共電力供應系統

該州規定地方的電力管理單位，可以不必為它們以前曾經答應購買、但現在已取消的電力付費給華盛頓公共電力供應系統，而最後華盛頓公共電力供應系統也沒有要求付費。法院的判決導致這次大量的市政債券違約，並成為美國歷史上最嚴重的一次。債券違約事件以及後續的價格崩潰，使得公共電力債券市場蕭條好幾年。投資人賣掉持有的公共設施債券，迫使債券價格下跌，而提高當期殖利率。

華盛頓公共電力供應系統計畫四、五的受挫，也連帶造成計畫一、二、三蒙上陰影。巴菲特解釋，現在計畫四、五與計畫一、二、三的簽約條件及必須擔負的義務，有相當大的差異。前三項是提供電力運轉的公用事業，也是由政府機關波恩維爾電力管理公司（Bonneville Power Administration）直接負責。然而，可能因為計畫四和五的問題太過嚴重，以至於降低波恩維爾公司的信用狀況。

巴菲特評估持有華盛頓公共電力供應系統計畫一、二、三的市府公債的風險。這些債券當然有違約欠款和債券償付期間內暫時停止支付利息的風險，而且這些債券的價值仍然基於某些因素而有上限。他即使能以面值的折價購買到這些債券，但到期時其價值仍是面額還本。

計畫四和五違約後不久，標準普爾暫停計畫一、二、三的債券等級評定。計畫一、二、三最低價的息票債券掉到一美元只值〇·四美元，而且產生一五％到一七％免稅的當期殖利率。最高的息票債券下跌至一美元只值〇·八美元，而且產生相似的殖利率。在接下來的一年中，從一九八三年十月到隔年六月，巴菲特積極購買華盛頓公共電力供應系統計畫一、二和三所發行的債券。他購買廉價息票債券，也購買高價息票債券。一九八四年六月底，波克夏哈薩威擁有華盛頓公共電力供應系統計畫一、二、三共一億三千九百萬美元的債券，其面值為兩億零五百萬美元。

巴菲特說，藉由購買華盛頓公共電力供應系統債券，波克夏相當於投資一億三千九百萬美元的生意，而這筆生意預計每年可賺進二千二百七十萬美元（華盛頓公共電力供應系統每年的附息累積價值）的稅後盈餘，而且是以現金支付給波克夏公司。巴菲特指出，在當時能不透過借款且以低於帳面價值來買下某家公司，而有一六·三％稅後報酬率的機會，可說相當罕見。

巴菲特提到，購買一家無負債、且在納稅後仍可以獲利二千二百七十萬美元（稅前收入為四千五百萬美元）的企業，波克夏願意支付二億五千萬到三億美元的價格。如果這又是他了解、喜歡而且極具發展潛力的企業，他很樂意支付這個價錢。但是，波克夏公司只支付華盛頓公共電力供應系統債券一半的價格就得到相同的盈餘。除此之外，波克夏以面值的三二%買下這些債券。

回顧過去，巴菲特承認購買華盛頓公共電力供應系統債券比他預期還要好很多。的確，在一九八三年，那些債券的收益勝過大多數企業的收購計畫。當年巴菲特以極低折扣購買的債券，每年支付波克夏公司一五%到一七%免稅的利息，這些債券換算成目前的市場價值，是當初購入成本的兩倍。巴菲特表示，「雖然華盛頓公共電力供應系統的投資經驗愉快，但仍不會改變我們對長期債券負面的看法」，以及「這件事使我們對於高風險的證券有些經驗，而這些危險證券在市場上總是負面的評價居多，市場已經對這件事產生錯誤的評價」。

雷諾納貝斯克債券

一九八〇年代，金融市場引進新的投資工具——高利債券（high-yield bond）。巴菲特認為這些新的高利債券不同於它們的前身——「墮落天使」（fallen angel），這是巴菲特對投資級債券（investment grade bond）的稱呼，它們在發行時公司營運不良，債券信用評等機構給予甚低的評等。

華盛頓公共電力供應系統債券就是墮落天使。那些新的高利債券則是低品質的墮落天使，這些高利債券也時常被稱為垃圾債券（junk bond）。依照巴菲特的說法，在發行之前，這些高利債券只是垃圾。

華爾街的證券業務員引用稍早研究指出，高利率能補償投資人蒙受債券違約風險，以提升投資垃圾債券的正當性。然而，巴菲特指出因為這些資料是歸納以前發行的債券，而這些債券和那些垃圾債券有相當大的不同，所以他認為，早期的統計資料是無意義的。巴菲特堅持，將垃圾債券和墮落天使視為同樣的等級，是不合邏輯的。他表示：「應該留心過去財務的績效證據，如果可以從歷史書籍中找出致富的關鍵，富比士前四百首富應該出現圖書館員了。」

進入一九八〇年代，新發行的垃圾債券氾濫整個市場，使得高利債券變得不值錢。巴菲特說：「那些既粗心大意又不肯認真思考的人，賣出了堆積如山的垃圾債券。」在這種瘋狂舉債風潮刺激之下，巴菲特預測，當負債的公司努力掙扎償還利息時，某些企業注定要失敗。果然，一九八九年索司馬克（Southmark）公司和糧油食品進出口公司（Integrated Resources）無法支付積欠的債息。甚至肯皮歐（Campeau）公司——一家靠垃圾債券起家的美國零售企業王國——也宣布它正面臨財務困境。一九八九年十月十三日，聯合航空公司的管理階層及工會想以垃圾債券集資六十八億美元買下公司，但最後宣布它無法獲得足夠的資金。於是，套利者賣掉手上的聯合航空普通股，道瓊工業平均指數也在一天內下跌了一百九十點。

由於投資人對聯合航空、索司馬克與糧油食品進出口公司的失望，使他們開始懷疑高利債券的價值。基金經理人開始拋售垃圾債券，然而，降低高利債券的價格也不能吸引任何買主。在收益表現傑出的年度剛開始時，美林（Merrill Lynch）證券的高利債券指數不足四．二％，相對於投資級債券的一四．二％，實在很低。一九八九年底，垃圾債券非常不受市場歡迎。

一九八八年初的時候，考柏格克雷維斯暨羅伯特公司（Kohlberg Kravis Roberts & Company, KKR）向銀行借款加上以發行垃圾債券的融資方式，成功以二百五十億美元購買雷諾納貝斯克公司。雖然雷諾納貝斯克也因此償還了自己的債務，但正逢垃圾債券市場一片混亂，雷諾納貝斯克債券價格也連同其他垃圾債券一起下跌。一九八九年和一九九〇年時，垃圾債券在市場上大跌，巴菲特便趁機開始購買雷諾納貝斯克債券。

這段期間，當大多數的垃圾債券看起來仍然缺乏賣相時，巴菲特發出不平之鳴，認為雷諾納貝斯克公司受到不公平待遇。他說該公司穩定的產品，能夠產生足夠的資金償還借款。此外，雷諾納貝斯克公司已經成功以非常誘人的價格，售出部分企業，因此降低了負債與股東權益比。巴菲特分析投資雷諾納貝斯克的風險並下結論說：公司信用額度比其他銷售債券的投資人所認為的還要高。雷諾納貝斯克債券有一四．四％的利潤（與企業的報酬率相近），而這種低價格成為獲取資本利得的潛力。

一九八九年和一九九〇年，巴菲特以四億四千萬美元的折價收購雷諾納貝斯克債券。而在一九九一年春季，雷諾納貝斯克宣布以帳面價格，贖回公司發行的垃圾債券。此舉等於使雷諾納貝斯克的債券價格上揚了三四％。也為波克夏哈薩威創造了一億五千萬美元的資本利得。

套利交易的四個基本問題

巴菲特有時候會以中期免稅債券替代現金。他了解以中期債券替代短期國庫券的換券操作，如果被迫在不利的時候賣出這些債券，將要承擔資本損失的風險。因為這些免稅債券比國庫券提供了更多稅後收益，所以，巴菲特認為，收入上的利益可以彌補潛在的資本損失風險。然而，這不是國庫券之外唯一的有利替代方案。當巴菲特手上的現金超過投資計畫所需的資金時，他有時候會轉向套利交易（arbitrage）。

套利，以最簡單的形式而言，就是在市場上購買證券，同時又馬上在其他市場上賣出相同的證券，其目的在賺取市場差價。比如說，如果公司的股票在倫敦市場每股是二十美元，在東京市場每股是二十．〇一美元，則套利者可以同時購買倫敦股市的股票，然後將相同的股票在東京股市銷售，藉此獲益。在這個個案中，沒有任何資金風險。套利者只是利用各地市場間的無效率，從中獲利。因為這些交易並未承受風險，所以被稱為無風險的套利。

另一方面，有風險的套利，是希望以公開的價錢買賣證券而獲得利潤。

最典型的風險套利是，以低於公司未來價值的價錢購買股票。這個未來價值通常基於公司併購、清算、股票收購或改組。套利者面對的風險是未來股票價格的不確定性。巴菲特解釋，為了要評估套利可能的風險，你必須回答四個基本問題：「股票市場中，預期事件發生的機率有多大？你的現金可允許被套牢多久？有什麼釋出股票的機會——比如說競爭性的併購報價？因為反托拉斯法的限制或籌措資金的技術問題等，當預期事件未發生時，你要如何處理？」

為了要幫助股東了解套利的優點，巴菲特提到關於波克夏如何以阿卡塔公司來套利的故事。一九八一年，阿卡塔公司同意將公司賣給靠舉債收購企業的ＫＫＲ。阿卡塔的事業包括森林產品和印刷。除此之外，在一九七八年，美國政府以公權力從阿卡塔取得超過一萬英畝的紅木林地，以擴大紅木國家公園的範圍。政府以分期付款的方式，付給阿卡塔公司九千八百萬美元，再加上利息為六％單利的流通在外債券給阿卡塔。公司抗議政府以不合理的低價購買這塊土地，而且六％的單利也太低了。一九八一年，阿卡塔公司的價值是它本身的業務及政府潛在的投資。ＫＫＲ提議以每股三十七美元的價格購買阿卡塔公司的股票，再加上政府支付阿卡塔公司總金額的三分之二。

巴菲特分析ＫＫＲ併購阿卡塔公司的行動。他提到，過去ＫＫＲ籌措資金的經驗相當成功，且如果ＫＫＲ決定停止併購交易，阿卡塔公司會另尋其他買主。阿卡塔公司的董事會已決定賣掉公司。最後需要回答的問題比較困難。被政府強制徵收的紅木林到底值多少錢？巴菲特認為，「無法分辨榆樹和橡樹的人，反而能冷靜評估所有的報價。」

波克夏哈薩威在一九八一年秋天，以每股三三．五美元的價格開始收購阿卡塔公司股票。在十一月三十日之前，波克夏擁有四十萬股，大概是阿卡塔五％的股份。一九八二年一月，阿卡塔和KKR簽署正式契約，在這同時，巴菲特以每股接近三十八美元的價錢，為波克夏增購了二十五萬五千股的阿卡塔股票。儘管交易事項很複雜，巴菲特仍願意以超過KKR每股三十七美元的價格收購阿卡塔股票，顯示出他認為政府對於紅木林的補償支付價值會超過零。

幾星期後，交易開始出現問題。首先，儘管巴菲特曾經假定KKR很有能力，但由於當時房地產業正在暴跌，所以貸方非常小心，以致KKR在資金方面碰到困難。阿卡塔公司的股東會議被延遲到四月。因為KKR不能安排所有資金的籌措，所以他們提供阿卡塔公司每股三三．五美元的低價。阿卡塔公司董事會拒絕了KKR的提議。到了三月，阿卡塔接受了其他公司的競價，而以每股三七．五美元賣掉公司，再加上一半潛在的政府訴訟補償。波克夏從二千二百九十萬美元的阿卡塔投資中，得到一百七十萬美元的利潤，相當於每年一五％的報酬率，這已經是令人相當滿意的利潤。

多年後，波克夏公司終於收到期待已久、政府支付給阿卡塔公司的分期款。訴訟期間，法官指定兩個委員會，一個負責決定紅木林的價值；另一個負責決定適當的利率。一九八七年一月，第一個委員會決定宣布紅木林的價值為二億七千五百七十萬美元，而非九千七百九十萬美元。第二個委員會決定適當的利率應該是一四%，而不是六%。

法院判定政府應該付給阿卡塔公司六億美元。政府繼續上訴，但最後決定付出五億一千九百萬美元。一九八八年，波克夏公司收到一千九百三十萬美元，或阿卡塔公司每股二九·四八美元的額外收入。

巴菲特操作套利交易已有多年經驗。然而，大多數的套利者可能每年參與五十次或更多次的交易，而巴菲特只尋找一些重大的財務交易事項。他限制自己只參與公開且較友善的套利交易，拒絕利用股票從事可能會發生接收或「綠票訛詐」（greenmail，編註：指溢價收買威脅吞併目標公司的股票）的投機交易。雖然多年來他從未計算過自己的套利績效，但巴菲特算出波克夏公司平均每年的稅後獲利率大約是二五%。因為套利時常用來取代短期國庫券，因此巴菲特的交易欲望常隨波克夏現金存量的起伏而變動。他解釋說，更重要的是，套利交易使他免於鬆動他自行設定的嚴厲長期債券投資標準。

由於波克夏公司套利的成功，股東可能會猜測，巴菲特是否曾經迷失於這個策略中。一般公認，巴菲特投資所得的利潤遠比他預期要好，但在一九八九年前，套利的前景正在改變。舉債收購引發市場對資金的需求過剩，使市場成為無法駕馭的狂熱環境。巴菲特不知道貸方和買主何時會清醒。但是當別人眼花的時候，他總是慎重採取行動。即使當UAL的收購行動崩潰瓦解之時，巴菲特正從套利交易中抽身。藉著可轉換特別股的出現，波克夏公司很容易從套利交易中跳脫出來。

可轉換特別股的真實價值

可轉換特別股是兼具股票與債券特質的混血證券。一般而言，可轉換特別股可提供投資人較普通股高的當期收益。此高殖利率可保護股價免受價格滑落之害。假設普通股股價下跌，那麼特別股股價下跌的幅度則不會比普通股大。理論上，要可轉換特別股的股價下跌，除非它的當期殖利率趨近於殖利率、面額、到期日差不多的不可轉換債券的價值。

可轉換特別股也讓投資者享有相當於普通股價格的增值機會。因為它隨時可換成普通股，因此，當普通股上揚時，可轉換特別股也跟著水漲船高。然而，因為可轉換股票提供較高的收益及資本利得的潛力，購價也較普通股高。特別股溢價反應在可轉換特別股換成普通股的比率上。傳統上，轉換的溢價可能是二〇%至三〇%。這表示可轉換特別股必須在普通股上漲二〇%到三〇%時進行轉換，才不會遭受損失。

當巴菲特開始投資可轉換特別股的時候，有許多人感到困惑。最初，大家並不清楚巴菲特這項行動的含義，是對以下這些公司和企業的營運狀況表示認同？或只是對它們免於被控訴的獎勵？在當時的情況下，所羅門、吉列、國際冠軍（champion International）和美國航空（USAir）等公司均被收購集團威脅。所羅門公司面臨被露華濃集團（Revlon Group）旗下的羅納德派瑞門（Ronald Perelman）接收的潛在危機。吉列則被科尼斯頓合夥公司

（Coniston Partners）迫害，邁克．史坦哈（Michael Steinhardt）威脅要接掌美國航空。

國際冠軍公司並沒有面臨迫切危機，但是由該公司賣給波克夏三億美元新的可轉換特別股（相當於八％的公司股份），也可看出它正努力避免被併購的危機。巴菲特被捧為拯救這些公司對付侵略者的「白色騎士」。

所羅門股份有限公司

一九八七年，在十月股市崩盤之前，波克夏哈薩威宣布，以七億美元購買所羅門公司新發行的九％特別股股份。並可在三年後以每股三十八美元轉換成該公司的普通股。如果波克夏沒有兌換這些特別股，那麼從一九九五年十月起的五年後，所羅門必須贖回該股份。當時，所羅門的普通股以每股約三十三美元交易；特別股是以高於票面面額一五％發行。換句話說，在波克夏兌換特別股之前，所羅門的普通股必須上漲一五％，才不會發生損失。

一九八七年，羅納德派瑞門企業正試圖接掌所羅門公司。當時所羅門的總經理約翰．葛特福恩德（John Gutfreund）不認為把公司賣給羅納德派瑞門會有任何好處。葛特福恩德表示：「所以我打電話給華倫，而且很快達成交易」。巴菲特和葛特福恩德相識已久。從一九七六年葛特福恩德協助蓋可保險公司從破產邊緣恢復後，巴菲特多次觀察到此人如何優先考量委託人的利益，而非公司的獲利。他評論道，在華爾街這種行為相當不尋常。因此他非常信賴而且欣賞葛特福恩德。

從巴菲特的觀點來看，所羅門的特別股屬中價位、收入固定的股票，而且轉換成普通股的可能性相當高。不可否認，關於投資銀行業務的投資，他並沒有很特別的洞察力。對於銀行業未來的現金流量也沒有很大的信心。巴菲特解釋說：這種不可預測性，正是波克夏只投資特別股而不投資普通股的原因。然而他相信，假以時日「引領風潮、素質高的增資手段和市場交易，會使股東權益報酬率高於平均水準。」如果他說對了，就可證實特別股的轉換權是很有價值的。

一九八六年，所羅門的普通股曾漲到每股五十九美元——比波克夏所購入的轉換選擇價高出五五%。如果所羅門在三年內再一次達到這個高點，那麼轉換後的股票加股利，可使波克夏的總獲利率達八八%，或是二九%的年獲利率。如果是在五年內才上揚到每股五十九美元，那麼波克夏的年獲利會是一七．六%。雖然一七%比波克夏自己的有價證券獲利還低，但仍勝過大多數的企業報酬，而且幾乎是長期債券利率的兩倍高。儘管有這種轉換的潛力，但巴菲特解釋說，最令人難以抗拒的還是它具有收入固定的特性。也就是這項特點，使所羅門公司能度過兩次前所未有的災難。

二次災難

在巴菲特購入所羅門特別股後一個月，一九八七年十月股市大崩盤發生了（見下頁圖6.1）。所羅門的股價跌落到每股十六美元。假如巴菲特當初是投資普通股，現在他已損失掉一半的投資金額了。到一九八七年年底，所羅門股票掙扎到每股十九美元的價位。

從這裡算起，若波克夏想要在轉換特別股時不賺不賠，所羅門股票必須有兩倍的漲幅。到一九八八年，該公司股票上漲二三%，該年度結束時，每股二十四美元。次年亦曾高漲到二十九美元，直到十月十三日股票跌價時才又滑落到一股二十三美元。最後，到一九九一年股票總算回升到每股三十三美元，也就是巴菲特當年購買的價格。

終於，股票穩健回升。該公司在一九九一年八月違反美國財政法之前，每股已達三十七美元。之後發生的事情則多半牽涉到巴菲特個人的故事，而非投資的事情。

巴菲特表示：「一九九一年八月十六日，大約早上六點四十五分，我接到一通所羅門公司高級主管打來的電話，說他們要遞出辭呈了。」早在一星期前，該公司就坦承違反國庫券拍賣法規，原因

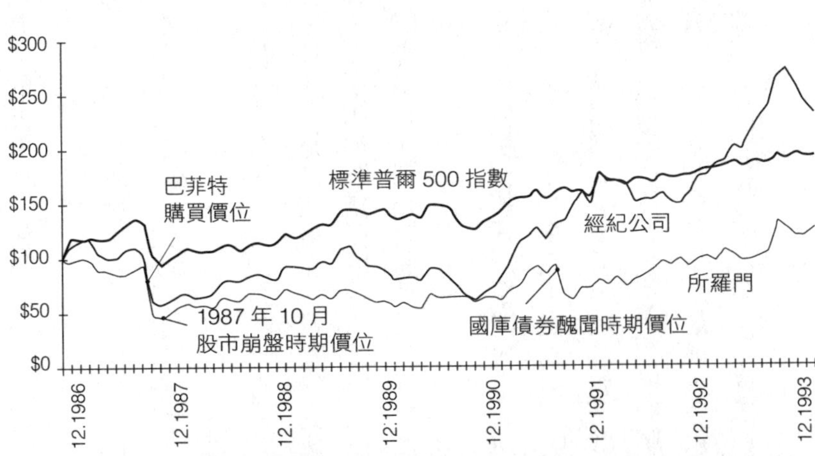

圖6.1　1986至1993年間所羅門公司股價與標準普爾500指數和經紀公司指數比一比（起始日價格定為$100）

是在五月賣給投標人的兩年期國庫券中，所羅門控制其中的九五%。法規中明文規定公司在拍賣中不能購買超過三五%的總出售物。

所羅門公司不但遠超過這項限制，而且還隱瞞有關單位好幾個月。葛特福恩德在公司違規後不久就知道這件事，他連同其他重要主管被人批評沒有及時告知政府相關部門。嚴厲的批評使得葛特福恩德除了辭職外，別無他途。

「這只是小問題。」巴菲特開玩笑承認，因為在美國除花旗銀行（Citicorp）外，就屬所羅門負債最多，而且有一半負債再過幾個禮拜就到期。如果所羅門失敗了，那麼它對國家財政及波克夏，都會產生巨大影響。為了向政府、政客、股東和顧客擔保所羅門公司是值得支持的企業，直到危機解決時，巴菲特一直擔任過渡期的董事長。調查期間，巴菲特的表現及領導能力帶領該公司免於被瓦解的厄運。

之後的十個月，巴菲特指定戴瑞克．莫漢（Deryck Maughan）擔任所羅門兄弟公司的董事長兼總經理，所羅門兄弟公司經營投資銀行業務。莫漢之前被派駐東京，負責東亞業務，且績效甚好。另外，他指派孟格托爾斯暨奧爾森（查理．孟格的法律公司）的經營合夥人羅伯特．丹漢（Robert Denham），擔任所羅門的專任律師。丹漢及巴菲特邀集相關的聯邦官員，針對所羅門違反命令一案進行協商，並賠償二億九千萬美元和解了事。最後，他重新安排所羅門的經營、主管薪酬和業績評等。當一九九二年六月巴菲特辭去過渡期董事長一職後，他指定丹漢為繼任董事長。

信心不減

所羅門宣布公司違法後，股價就下跌至每股只剩十六美元。與一九八七年十月股市大崩盤時的股價相當；之後四年，股價一直保持大崩盤後的水平。從一九九一年九月巴菲特接手後，它的股價才又穩定回升。到一九九三年十二月，也就是醜聞發生後的二十八個月，股價上漲了一九三％，也就是每股四十七美元。

儘管奇蹟般恢復，該公司特別股的表現卻十分令人失望。自一九八七年以後，普通股的價格不但不能超越標準普爾五百的股票指數（見二六九頁圖6.1），反而比其他公司表現更差。波克夏投資所羅門的特別股，若轉換成普通股和外加股利，最後六年平均回收一三％。這項回收顯然低於一般企業的平均報酬率，但是也明顯超過其他的中期固定收益證券。

無疑地，所羅門低於水準的成長率多半歸咎於不佳的經營策略。這是第一宗由於高級主管的違法行為，而損害到波克夏的投資個案。巴菲特強調，如果他在企業方面評估錯誤，那是由於他誤解公司未來的經濟方針，而不是違反經營道德。

巴菲特表示：「評估一個人時，你必須看準他的三個特質：正直、智力和活力。然而如果缺乏第一項，另外兩項也會害死你。」沒有一種經濟統計能預測所羅門公司未來的經營問題。但是，巴菲特在重新委任的名單中加入了非管理階層的董事，該董事擁有較高的優先權可以保護股東利潤，並確保公司以後能夠非常迅速且開誠布公地處理問題。

在一九九四年二月三日和三月四日之間，巴菲特在一連串十八項不同的交易中，購入所羅門企業五百五十一萬九千八百股的普通股。加上在一九九三年十一月購買的四十九萬五千二百股，波克夏哈薩威總共有六百零一萬五千股普通股和七十萬股特別股。因為身為該公司的普通股股東，巴菲特對此公司的信心更是大增。然而，所羅門仍是上市公司，它的盈餘自然相當不穩定。但是，就巴菲特的觀察，時思糖果店的盈餘也相當不穩定，聖誕節時它的獲利相當可觀，七月時卻非常冷清。因此巴菲特指出，上天堂的方法不只一種。

很明顯，因為新的經營方式及新的人事安排，使他對所羅門的信心與日俱增。莫漢的薪水緊繫在所羅門兄弟公司的股東權益報酬率上。如果公司經營得好，而且股東也獲利，那麼他的薪水便會跟著增加。如果股東利益受損，莫漢就準備看緊荷包了。而且有丹漢擔任董事長，他也相當放心。巴菲特說：「它並不像吉列（刮鬍刀）或可口可樂那樣容易預測，但是我們有一些人才在經營所羅門。」

美國航空集團

一九八九年八月七日，波克夏投資美國航空三億五千八百萬美元，並從可轉換特別股中獲利九．二五%。該特別股可轉換成每股六十美元的普通股。如果波克夏十年後沒兌換，那麼美國航空必須買回這些股票。當時，美國航空公司的每股普通股的股價是五十美元。巴菲特承認，「這項買賣，時機非常巧合。問題就發生在我插手這項交易的時機。」

他指出，準備投資美國航空時，該公司正從派德蒙特航空公司（Piedmont Airlines）的收購案中獲益。此外，航空工業也正在彼此合併。過去，美國航空一直是令人印象深刻的企業。從一九八一到一九八八年，它的股東權益報酬率平均達一四%。稅前純益率在八%和一二%之間，而公司的市場價值從二億美元上揚到十五億美元。

至今，巴菲特對於航空工業仍全然陌生。他不知如何預估這項產業的經濟情況。所以，他投資特別股，而非普通股。巴菲特寫道：「這不代表我們不看好（美國航空公司）；我們是不可知論者，而不是無神論者。」「對它（航空業）缺乏強烈信心，表示我們在投資這種遠景被看好的企業時，必須採取與以往不同的投資結構。」

雖然如此，巴菲特相信在產業情況允許下，美國航空的普通股應該會有不錯的表現，如此特別股也會跟著水漲船高。然而，他卻學到其他一些事情。

美國航空的問題是由併購派德蒙特航空公司，及航空業本身不合理的行為引起。巴菲特已經預料到這次的併購案將會發生一些混亂的場面，一般而言，合併時常會發生這種事，尤其在航空業界，困難的合併案更是普遍。還好，美國航空的董事長和副董事長愛德．科洛德尼（Ed Colodny）和塞斯．休菲爾德（Seth Schofield），沒多久就修正了那些複雜的併購手續。然而，還是不能避免即將捲入的航空工業風暴。

雪上加霜

航空服務是一種商品。消費者選擇哪家航空公司，往往決定於價格。當航空公司要爭取市場占有率時，他們會不斷降價。巴菲特說：「航空公司的經營，惡化速度相當驚人，尤其在採取自殺般的降價策略後，更是如此。」這種降價行為在破產的運輸公司中尤其常見。一旦一家航空公司宣告破產，它就能免於財務危機而繼續提供運輸業務。

為了賺取現金，破產的航空公司會以低於成本的價格提供服務。巴菲特學到，這種商品服務的問題所在，就是你跟你的對手一樣愚蠢。財務健全的航空公司會被破產公司這種愚昧的行為拖累。雖然如此，巴菲特仍認為，除非所有航空公司均被打垮，否則在美國航空的投資一定能回收。

很不幸地，在一九九一年，航空工業經歷史上最蕭條的一年。短短的十四個月，中途（Midway）、泛美（Pan Am）、美西（America West）、大陸（Continental）和寰宇（TWA）幾家航空公司相繼登記破產。在破產法院的保護和鼓勵之下，這些公司都以低於次要公司的最低收費繼續營運。破產法院造成的骨牌效應，正威脅著整個航空業。一九九一年，航空業單一年度的損失遠超過自萊特兄弟駕「貓鷹」（Kitty Hawk）號首航以來的歷年總和。

一九九一年，巴菲特估計，波克夏持有的美國航空特別股的市場價值只有二億三千二百萬美元，比當初的支付價格少了一億二千六百萬美元。「我們給該公司這麼低的評價，正反應出這種產業會使所有的參與者，冒著不容忽視且無利可圖的風險。」

錯誤的投資

巴菲特承認，雖然他了解航空公司企業的競爭性，但他從未想到這一行的決策者會有這種自掘墳墓的行為。在經歷這次事件後，巴菲特認為沒有比航空業更不值得投資的企業。這種商品企業有其極大的固定成本和過剩的生產力。「儘管航空業致力於經營技巧改善，但其報酬只能苟延殘喘而無法興盛。」巴菲特如此說。

隨著英國航空小額投資，美國航空生存的潛力逐漸增加。英航投資三億美元，購買該公司一九．九％的股份。這項橫跨大西洋的合作意圖，是想藉著兩家航線的結合來運輸旅客。美國航空搭載本地旅客飛往英國倫敦希斯洛（Heathrow）機場，然後改由英航把旅客送往國外。同樣地，英航也將歐洲的旅客載往美國，然後改搭美國航空繼續他們的旅程。概念上，這樣的聯盟有相當的道理。當然，結合兩家航空公司的服務可是不容易的。

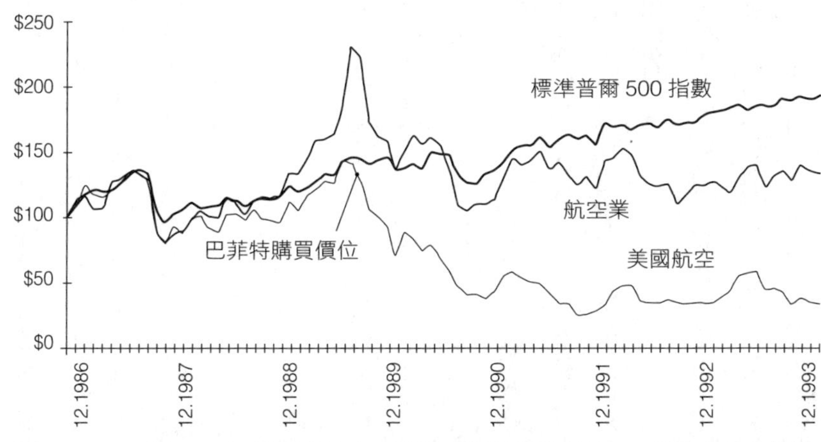

圖6.2　1986至1993年間美國航空普通股股價與標準普爾500指數和航空業指數比一比（起始日價格定為$100）

巴菲特坦承：「美國航空的投資是一項錯誤。」就像所羅門企業一樣，美國航空的表現不但低於標準普爾五百股票指數（見圖6.2），而且還不如同業。一位哥倫比亞大學學生問巴菲特為什麼投資美國航空，巴菲特說：「我的心理醫生也問我同樣的問題……事實上，現在我手邊有八百個電話號碼，如果我急需購買航空公司股票，只需打通電話說：『喂！我叫華倫．巴菲特，是位飛機狂。』他們馬上會很客氣和我談談。」

國際冠軍公司

一九八九年十二月六日，國際冠軍公司把三十萬股可轉換優先股賣給波克夏哈薩威。每股的年累積股利是九十二．五美元。除此之外，一股特別股尚可兌換成二六．三股（每股三十八美元）的普通股。當波克夏購買其特別股時，冠軍公司的股票市價為每股三十美元。

該公司的董事長兼總經理安德魯．希格勒（Andrew Sigler）一直對併購者懷有敵意，他害怕冠軍公司很快就會成為併購者的目標（一九八九年喬治亞太平洋企業〔George-Pacific〕順利取得大北方尼可莎公司〔Great Northern Nekoosa〕），所以他力邀巴菲特來公司投資。波克夏擁有八%的公司股份，而且試圖勸阻那些虎視眈眈的併購者。

和股票經紀業及航空工業一樣，巴菲特也不熟悉林業。同樣地，因為無法預估未來的經濟狀況，他買進可轉換特別股以避免未知的損失。在波克夏投資該公司之前，冠軍的情況較為不振。幾年來，它的股票一直在二十二和四十美元之間波動。在巴菲特購買國際冠軍公司特別股的前十年，它的平均股東權益報酬率是七%，雖然在一九八七和一九八九年，其股東權益報酬率曾經高到一二%，負債與股東權益比平均為六〇%，遠超過巴菲特可接受的比例。

國際冠軍最吸引人的一點就是，該公司以帳面折價進行交易。所謂帳面價包括高級紙製品工廠和寶貴的木材。公司擁有面積五百八十萬英畝的林地，價值十五億美元。如果是其他的買賣，類似這樣的木材交易會使公司的土地價格接近二十六億美元。當波克夏投資可轉換特別股時，該公司曾經從董事會授權的一千萬股證券中買回其中的二百八十萬股。雖然紙業和林產業的經濟利益較不令人印象深刻，但國際冠軍公司所持有的木材，其本身價值就無可限量。只要公司賣掉一些木材來買回股票並減少負債，那麼股票價格就會如同波克夏一般，不斷上漲。

但儘管改進的潛力還很大，冠軍公司的進步卻非常緩慢。連續十五年的盈餘後，公司在一九九一、一九九二和一九九三年開始賠錢。紙製品需求量的降低與生產力過剩，導致價格下滑二五%，利潤和股價不斷萎縮（見下頁圖6.3）。

雖然冠軍公司的短期經濟績效，已經落後在標準普爾五百股票指數以及紙業／林業產品指標之後（見下頁圖6.3），但持有木材能保持它的長期價值。對於長期投資人而言，「伐木製材業是在通貨膨脹時最佳的保值方法。根據紀錄顯示，木材在通貨膨脹時，可長期回收高於通貨膨脹率為四到六%的利潤。」多年來，巴菲特一直努力避免通貨膨脹。對波克夏哈薩威而言，持有冠軍公司的木材可能就是度過通貨膨脹的最佳屏障。投資人每擁有一百股國際冠軍的股票，就等於擁有五．五英畝的原木。

美國運通公司

一九九一年八月一日，巴菲特投資美國運通公司三億美元。這間公司和波克夏所持有的其他可轉換特別股不同的是，雖然它的特別股固定有八．八五％的股利，但在發行三年後，所有的特別股必須全部轉換成普通股，共計最大總股數為一千二百二十四萬四千八百九十八股。如果波克夏所持有的美國運通特別股，其轉換價值不低於四億一千四百萬美元，則轉換率會自動調降，以限制波克夏應得之普通股的價值。

不同於其他可轉換特別股，美國運通公司的特別股設有價格上限。如果到期時的轉換價低於波克夏的損益兩平價格，即每股二十四．五美元，則

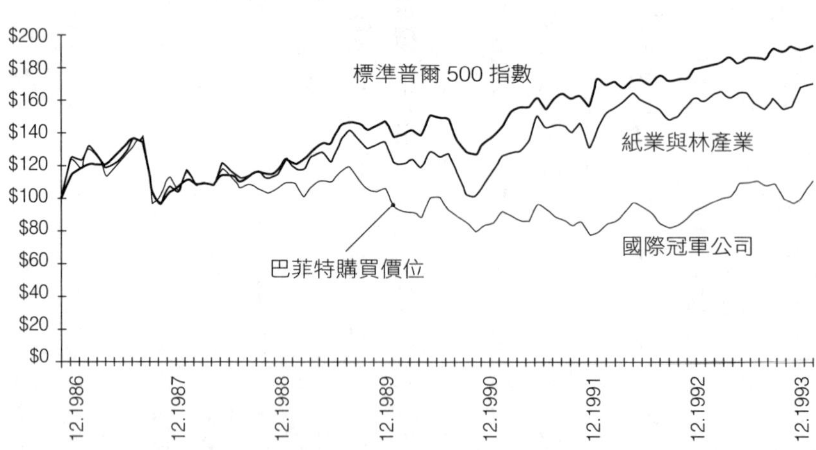

圖6.3　1986至1993年間國際冠軍公司之普通股股價與標準普爾500指數和紙業／林產業指數比一比（起始日價格定為$100）

該公司允許波克夏延後一年轉換。雖然契約中有這麼一項規定，但是該公司的股價並沒有最低限制。如果屆時股價只值二十美元，那麼依然要照此價格轉換。當發行特別股時，它的普通股價格是每股二十五美元。

一九九一年，該公司進行籌集基金活動。經紀公司西爾森雷曼兄弟公司（Shearson Lehman Brothers），在信用卡部門必須挪一部分借款，以補西爾森資金的不足。一連串損失認列之後，資金大幅削減。美國運通公司於該年的債券等級馬上從AA降成AA^-，這項指標令董事長兼總經理詹姆士．羅賓森（James Robinson）相當難堪。此時，蓋可的前任董事長、現今的董事會成員傑克．伯恩就股本投資以立即提高資本價值一事接洽巴菲特。巴菲特回憶說：「我告訴傑克我有興趣，而他馬上叫羅賓森打電話和我聯絡」。一星期後，巴菲特投資該公司未公開發行的特別股三億美元。

巴菲特為什麼接受美國運通公司的限制條件，原因並不清楚。股價上限額度的條件會使波克夏最多只有三七%的收益。如果股價已達三七．五三美元，那麼公司贖回股價只要三三．七九美元。然而儘管有這些限制，巴菲特依然想要投資。他承諾會投資五億美元，但是羅賓森只想發行三億美元的特別股。巴菲特提醒讀者不要把這次行動視為怪事。「當時對我而言，那是很值得的。」擁有固定收益的另一種方法是購買殖利率七．五%的長期國庫券，以及六%的短期國庫券。

一九九一年十月，投資美國運通公司二個月後，公司宣布有二億六千五百萬美元的應付款項，第三、四季的盈餘減少為以往的九三%，股價滑落到十八美元（見圖6.4）。從那時起，股價一直小幅上揚。到一九九二年，公司把從事資訊服務業的子公司，第一數據（First Data）四六%的股權賣出，籌措了九億七千五百萬美元的資本。一九九三年，公司以十億美元把旗下的西爾森經紀公司賣給布萊梅瑞卡（Primerica）公司。

除了保留雷曼兄弟公司的投資銀行業務和證券交易部門外，一九九四年它計畫依持股比例，分配資產給美國運通公司的股東。資產分割後，公司就剩下旅遊事務部門（信用卡部門）、IDS財務服務部門（財務規畫與投資部門）、美國運通銀行，及第一數據公司五四%的股權。

到一九九三年底，美國運通公司股票漲到三十一美元。如果波克夏以這個價格轉換股票，全部獲利可達八千萬美元。包括股利在內，這兩年中平均每年的投資報酬率為二一%。

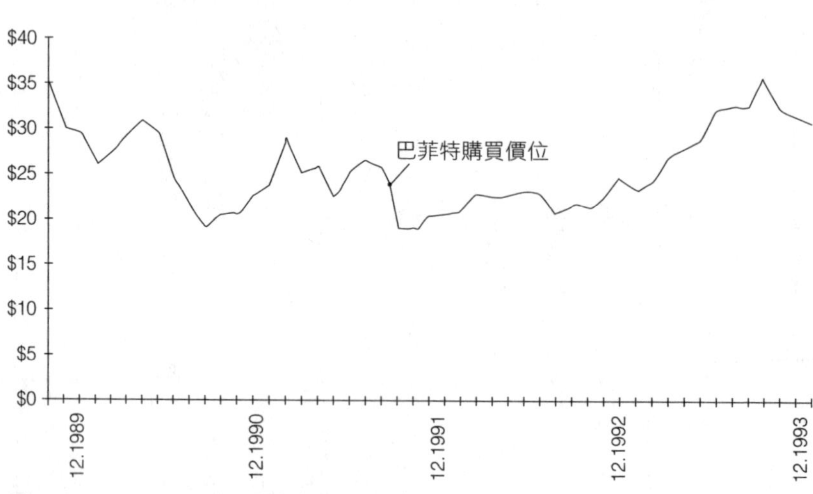

圖6.4　1989至1993年間美國運通普通股股價

買特別股得看普通股增值潛力

我們要記住很重要的一點：巴菲特把可轉換特別股視為固定收入證券，以及增值的工具。他重視的是每股特別股所代表的普通股增值潛力，而忽略那些它所代表的固定收入。比如說，當所羅門公司的普通股市場價值為二十二美元時，一些新聞界人士就指出，若公司的特別股以三十八美元轉換後，會值面值的六〇％。巴菲特提出：「總括來說，特別股的價值就在於它的可轉換性，失掉這種優勢的話，無論所羅門公司的利息或贖回的條件為何，其價值都是零。」「另外，波克夏的可轉換特別股價值，主要來自它收入固定的特性，」巴菲特解釋道，「所以波克夏可轉換特別股的價值不能少於類似的不可轉換特別股，甚至基於轉換權的考量，還必須高於不可轉換股。」

巴菲特預期從可轉換特別股的投資中，波克夏起碼能回收本金外加股利。他也坦承，若獲利僅止於此，他會很失望。當然，他了解要使特別股的報酬率更高，必須有表現優秀的普通股。他說：「要達到這個目標，公司需要良好的經營及基本的風險承擔能力。」雖然國際冠軍公司自波克夏投資後一直營運不佳，但它仍有改進空間。巴菲特從不期望波克夏可轉換特別股的投資會有驚人利潤。然而，他確實希望特別股的利潤能超過那些具固定收益的投資組合。

第7章

不完全合乎原則的五家公司

當巴菲特買下通用動力、富國銀行等五家公司的時候，這些公司不見得完全合乎「巴菲特原則」。不過，最後都證明他是對的，總而言之，巴菲特選股最強調的是，必須由能維護股東權益的經營者來經營，且股價必須具有吸引力。

除了在第五章所述及的永久持有普通股之外，波克夏哈薩威也擁有其他五種數量可觀的股票。就一九九三年而言，波克夏擁有通用動力公司一四%、吉列公司一一%、富國銀行公司一二%、聯邦住宅貸款抵押公司七%和健力士二%的股份。

在「永久持有」和「非永久持有」之間的主要差異是——與管理階層的特殊情誼。就我們所見，多年來巴菲特不僅與波克夏永久持有普通股的公司經營者保持商務聯繫，而且經由多年互動，已發展出衷心的私誼。

雖然與管理階層的特殊情誼，是影響波克夏是否出售永久持有普通股的因素之一，但這和是否購買永久和非永久持有股票所考慮的因素是相同的。總而言之，巴菲特尋找經營情況吸引人的公司，該公司必須由能維護股東權益的管理人員營運，且公司的股價必須具有吸引力。

一旦他買進這些公司，巴菲特是「相當熱中於永久持有此類股票，只要上述公司股票具有令人滿意的股東權益報酬率、具競爭力的經營管理能力，且誠實不欺，同時該公司的股票價值也未被市場高估」（編註：巴菲特檢驗以下五家公司的原則，詳細內容請參見第四章）。

六億變八十七億的吉列公司

吉列是跨國消費品公司。營業項目包括製造、銷售刀片和剃刀、衛生用品類和化妝品。耐久性的產品則有：電動刮鬍刀、小型家電用品和口腔保健用品。該公司在二十八個國家擁有製造營運據點，同時產品行銷超過二百個國家。國外的營運量占了吉列銷售額和盈餘六成以上。

企業原則：長期前景看好

吉列公司在十九、二十世紀交替之際由金．吉列（King C. Gillette）創立。年輕的吉列沉思著要如何創造財富。朋友建議他應該發展使用一次即丟且須置換的消費品。當吉列在做克朗軟木塞（Grown Cork & Seal）業務員時，腦中突然冒出可丟棄式刮鬍刀的奇想。一九〇三年，他初試啼聲的公司開始以五美元價格，銷售二十五片可丟棄的吉列安全剃刀片。

今天，吉列是世界製造與行銷刀片、剃刀方面的領導廠商。它的市場占有率是六四%，遙遙領先第二大廠——舒適牌刮鬍刀（Warner-Lambert's Schick，有一三%的市場占有率）。領導世界市場的不凡表現，已使得「吉列」在許多語言中，成為「刮鬍刀」的代名詞。

吉列在歐洲的市場占有率為七〇%，在拉丁美洲為八〇%，而在東歐、印度和中國大陸的銷售市場則正在擴大中。在美國本土每賣出一片吉列刮鬍刀片，在海外市場便可賣出五片。剃刀刀片的銷售金額約占公司總銷售額的三分之一，並創造了公司三分之二的利潤。

企業原則：穩定的經營史

很少公司可以像吉列主宰其產業這麼久。它在一九二三及一九九三年都是剃刀和刀片的領導品牌。想要維持霸業，公司必須在研發改進產品上投入相當多的成本。即使威金森（Wilkinson）在一九六二年首先發展出套式不鏽鋼刀片，吉列仍很快反擊，努力保持作為刮鬍刀產品的世界領導創新者地位。一九七二年，吉列發明了普受消費者歡迎的雙刀鋒刮鬍刀Trac II。一九七七年，公司引進了旋轉刀頭式的阿特拉（Atra）剃刀。一九八九年，吉列又發展出極為流行的感應式獨立懸吊式刀片。吉列持續的成功是來自產品不斷創新，和保護其專利權的結果。

雖然這是個令人歆羨的公司，但吉列也曾在一九八〇年代初期經歷財務困難。不像其他靠運氣成功竄起的公司經常擴充企業規模，吉列總是保持公司的經營品質。吉列在一九八〇年代的總經理柯爾曼．默克勒（Colman Mockler）採精簡式的營運管理，如減低成本、減少勞工的雇用，並結束表現不佳的業務部門。在他的領導下，年生產力增加六％。

公司暫時的損失是發明便宜且用後可丟棄剃刀的結果，它使毛利率迅速減少。一九七四年，比克公司（Bic）將可棄式剃刀引進希臘。最初，一般猜想這產品只會占一〇％的刮鬍刀市場，沒想到，竟席捲了五〇％的市場。吉列早在一九六〇年代就曾對威金森引進套式刀鋒的作為感到驚訝，因此能立刻用它自己的可棄式剃刀對比克公司的威脅做了反擊。在強力促銷下，吉列很快地取回市場的領導地位（然而，即使吉列可拋棄式刮鬍刀已屬高價位，公司的毛利率亦不可避免地受到侵蝕）。

吉列最後以感應式刮鬍刀擊敗了比克公司的強力競爭。吉列估算四十五歲以上的男性人口占了一半的刮鬍刀市場，他們願意為一支緊貼而平滑的刮鬍刀支付較高的價格，而感應式刮鬍刀正是這種刮鬍刀中的佼佼者。由於不願冒失去高品質刮鬍用品製造者形象的風險，吉列全面停止可拋棄式產品的廣告，並全力將促銷資源用在感應式刮鬍刀上。這種做法雖然冒險，但是也獲得回饋。

一九八〇年代，吉列是家活力和創新兼具的消費品公司。從公司內部比從公司外部更可清楚看出這點：在內部，研發小組從事發明令人鼓舞的新產品，從外部看，投資人也可以觀察到一些其他東西。因為來自低毛利、可拋棄式剃刀的競爭，吉列看起來更像一個成熟、成長緩慢、準備被併購的消費品公司。從一九八一到一九八五年，稅前毛利率在九％和一一％之間盤旋。股東權益報酬率（見下頁圖7.1）雖然有二〇％，但一直持平，不見進步的跡象。收入的成長亦是一副不振之相。在一九八一與一九八五年之間，年收入以五．二％的速度成長（見下頁圖7.2），銷售額幾乎不曾變動，年成長率低於一％。簡而言之，公司營運狀況相當蕭條。

默克勒在這段期間打發了四個有心併購者，其中在一九八八年時，與康尼斯頓合夥公司（Coniston Partners）的激烈對峙是整個事件的最高潮。吉列差點不能贏得股東委託人的投票支持，只獲得五二％的支持票。但同時，公司也強制自己必須以每股四十五美元的代

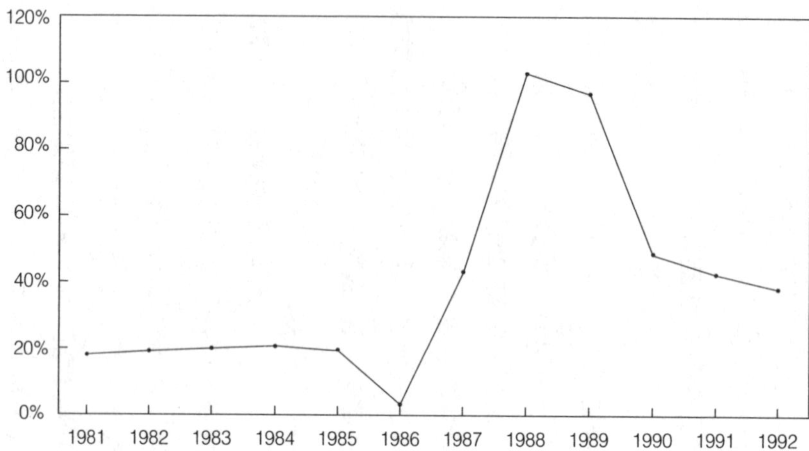

圖7.1　1981至1992年間吉列的股東權益報酬率

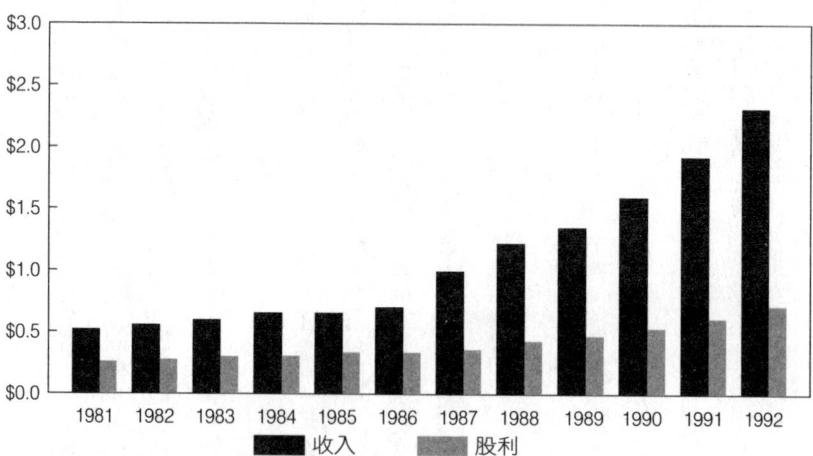

圖7.2　1981至1992年間吉列的收入和每股股利

價，買回一千九百萬股的股份。吉列流通在外的股份，由五五%降到三五%。在一九八六和一九八八年之間，公司用負債取代了十五億美元的股東權益，使得吉列曾出現一段短期的負淨值。

原則：簡單且易於了解

在這個時候，巴菲特打電話給他的朋友約瑟夫．西斯卡（Joseph Sisco）——吉列董事會中的一個成員，表示願意提供波克夏的資金，以補充其所需的資本。吉列在一九八九年七月發行六億美元可轉換特別股給波克夏，而且用此資金償付借款。巴菲特收到年配息八．七五%，十年內必須強制贖回的可轉換權證，和以每股五十美元的代價轉成普通股的權利，價格高於當期股價的二〇%。「吉利的生意的確討我們歡心，」巴菲特寫道，「查理（孟格）和我認為，我們了解公司的經營狀況，因此相信我們能對它的未來可以有合理而聰明的猜測。」一九八九年，巴菲特加入吉列董事會；就在同年，他們也推出了感應式刮鬍刀，二個巧合皆對公司相當有利（見下頁圖7.3）。

吉列可轉換特別股的條件，使巴菲特不能在兩年內進行轉換。然而，吉列保有依照票面價格贖回可轉換特別股的權利：如果普通股價格連續二十個交易日超過六二．五美元的話，將可以強迫轉換。在推出感應式刮鬍刀之後，吉列呈現一片欣欣向榮。每股盈餘開始以每年二〇%的速度成長。稅前毛利率從一二%增加到一五%，股東權益報酬率到達四〇%，是一九八〇年代早期的兩倍。

一九九一年二月，公司宣布一股分割為二的股票分割政策。吉列當時的股價是每股七十三美元。既然它已經超過二十個連續交易日股價在六二．五美元之上，公司宣布贖回波克夏的可轉換特別股。波克夏進行轉換手續，並且得到一千二百萬股吉列普通股，亦即吉列流通在外股份的一一％。在不到二年內，波克夏投資在吉列的六億美元已經上漲到八億七千五百萬美元，除了股利外，尚有四五％的獲利。

市場原則：決定實質價值

既然波克夏擁有吉列殖利率為一．七％的普通股，及殖利率八．七五％的可轉換特別股，那麼他在吉列的投資不僅有潛在增值性的固定收益有價證券，還具有股權直接賦予的控制力。如果波克夏想保有吉列的普通股，則巴菲特需要了解吉列的確

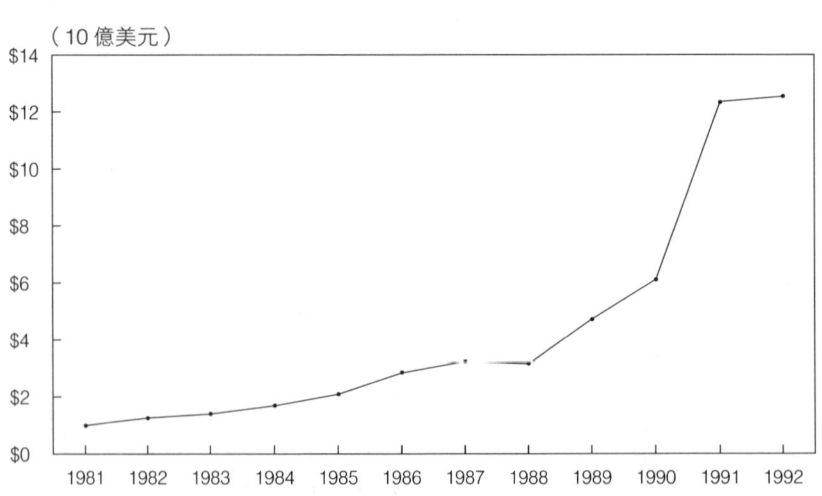

圖7.3　1983至1992年間吉列的市場價值

是好的投資。我們知道巴菲特了解公司，且公司的遠景光明。吉列公司財務的特性包括：股東權益報酬率和稅前毛利率正在成長。加上公司有調升價格的能力，所以能提高股東權益報酬率，這樣的事實反應了公司的經濟商譽正在成長。默克勒有意減少吉列的長期負債，而且努力增加股東權益。簡言之，公司股票符合了所有值得購買的先決條件。巴菲特要做的最後一件事，就是決定公司的價值，並藉此保證吉列的股價不會被高估。

一九九〇年年底，吉列有二億七千五百萬美元的股東盈餘（見附錄表格A.22）。在一九八七到一九九〇年之間，股東盈餘以每年一六％的速度成長。雖然用這段期間來判斷一家公司的成長是嫌太短了些，但我們還是能開始做某些假設。事實上在一九九一年巴菲特就曾拿可口可樂和吉列做比較。「可口可樂和吉列是世界上最好的兩個公司，」巴菲特寫道，「而且我們預期在未來幾年內，它們的盈餘會大幅成長。」

一九九一年初期，三十年期的美國政府公債利率是八．六二％。為了保守估計起見，我們使用九％的貼現率評估吉列。很重要的一點是：巴菲特未把證券的風險貼水加入貼現率中。吉列像可口可樂一樣，潛在盈餘的成長超過貼現率，所以我們必須再一次使用二階段折現模型。如果我們假設十年內有一五％的年盈餘成長率，之後則以比較緩慢的五％速度成長。那麼在九％的貼現率下，吉列的企業價值近乎是一百六十億美元（見附錄表格A.23）。如果我們假設吉列將來的年成長率低於一二％，公司的價值大約是一百二十六億美元；若以一〇％的速度成長，公司價值會是一百零八億美元。

市場原則：在理想價位買進

從一九八四年到一九九〇年，吉列的平均年獲利率是二七%。一九八九年，其獲利率會高達四八%（見下頁圖7.4）。一九九〇年，在波克夏轉換特別股為普通股之前，吉列股價上漲了二八%。一九九一年二月，吉列的股價到達每股（未分割前）七十三美元，創下紀錄的高點。在那時，公司有九千七百萬股股份流通在外。當波克夏行使轉換權的時候，總股份增加到一億零九百萬股，吉列股票的市場總價值是八十億三千萬美元。

依據對吉列成長率的假設，在轉換特別股的時候，公司的市價是以五〇%（假定吉列的成長率為一五%），或是三七%（假定吉列的成長率為一二%），或二五%折算（如果你假定吉列股東將來的成長率是一〇%）。在七%的年成長率假設下，吉列的價值為八十五億美元，和它的市價大致相等。無論是哪一種假設數值，在一九九一年，相對於這些設定價值，吉列的企業價值並未被高估。

財務原則：一美元的假設

一九九二年即將結束的時候，吉列的股價到達一股五十六美元（在股票未分割前是一百一十二美元）。波克夏的未實現資本利得是七億六千五百萬美元，有一二七%的報酬率（以六億美元的原始投資來計算）。從一九八八年到一九九二年，吉列的市場價值增加了九十三億美元。

在這段期間，吉列賺進十六億美元，其中的五億八千二百萬美元分配給股東，而保有十億一千一百萬美元作為轉投資之用。每保留一美元盈餘，公司的市場價值就增加九．二一美元，這種超平均水準的表現反應在和標準普爾五百指數的比較上（見圖7.4）。吉列的剃刀刀片事業是國際化的受益者。在發展中國家裡，剃刀刀片的單位銷售額成長率是三〇％，而且當吉列公司打入印度和中國大陸市場時，應該會繼續以該速率成長。剃刀刀片在發展中國家的營業毛利率，雖不像美國一樣有四〇％，但是，平均而言，可以達到接近二〇％的水準。

吉列是一家典型企業，初期製造的是短鋒刀片，毛利較低。隨著時間過去，引進改良型剃刀，才有較高的毛利。公司為了增加獲益，不但增加銷售的據點，也持續改善了毛利。

簡言之，吉列的前景似乎是一片光明。「每

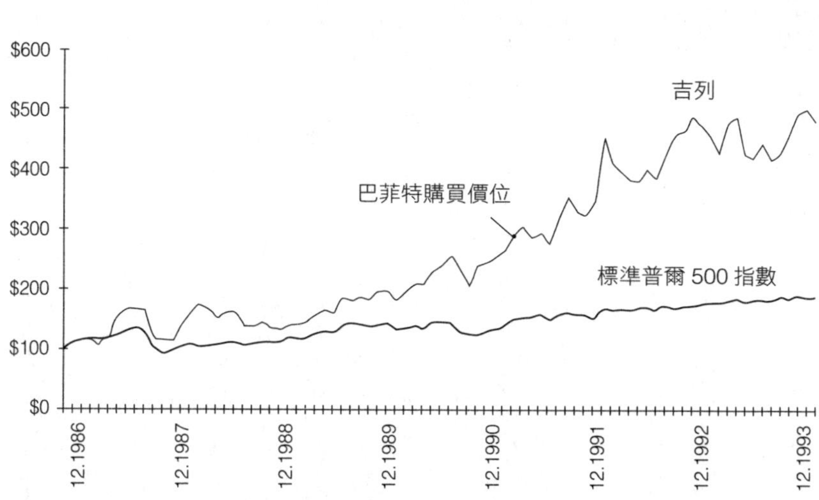

圖7.4　1986至1993年間吉列股價和標準普爾500指數比一比（起始日價格定為$100）

晚就寢睡覺是件愉快的事，」巴菲特說道，「因為知道有二十五億的男人會在第二天早上刮鬍子。」

沒有「巴菲特股」特質的通用

通用動力公司在二個涇渭分明的產業中營運。它是美國核子潛艇的領導設計者、建造者，以及裝甲車輛的製造者，產品包括美國陸軍的M1A1和M1A2戰車。一九九〇年，它是僅次於麥道企業（McDonnell Douglas Corporation）的美國國防承包者。通用動力公司為美國提供飛彈系統（戰斧、麻雀、螯針和其他先進的巡弋飛彈）、防空系統、太空發射器和戰鬥機（F-16）。一九九〇年，公司的總銷售額超過一百億美元。一九九三年之前，該公司的銷售額是三十五億美元。儘管銷售額下跌，股東價值卻在這個時期增加七倍多。

一九九〇年，柏林圍牆倒塌，這是美國長期冷戰結束的訊號。接下來的這幾年，共產主義在蘇聯崩潰。對於每場辛苦贏來的勝利——從第一次世界大戰到越南戰爭——美國必須重整它的國防資源。現在冷戰結束，美國軍事工業正值另一階段的重整。

一九九一年一月，通用動力指派威廉·安德斯（William Anders）擔任公司總經理。那時，通用動力的股價位於十年來最低點，每股十九美元。最初，安德斯嘗試說服華爾街人士，即使國防預算縮減，通用動力仍能創造更多的實質價值。

他開始重整公司，希望除去任何會使分析師產生偏見的財務不利因素。他削減十億美元的資本支出和研發經費，裁員數千人，並執行以公司股價表現為基礎的管理人員薪酬計畫。

安德斯開始了解，國防工業已經發生基本改變，為求生存，通用動力必須採取比較激烈的步驟，而非只是節流而已。儘管已開始進行初期改組，國防工業仍然面對嚴重的產能過剩問題，這樣無法使國防工業繼續營運下去。國防預算的縮減最後會導致公司規模相對縮小，或是促使公司發展多元化，或涉足非國防工業，再不然就是取得現成、較小的國防業務全部的主控權。

經營原則：不落入盲從法人機構陷阱

一九九一年十月，安德斯委任顧問做了一項國防工業研究。這項研究的結論是：國防公司併購非國防企業，其失敗率高達八〇%。該項研究也指出：只要國防工業沉重的產能過剩問題未獲解決，就無法有效經營下去。

安德斯認為公司要成功，就必須做合理改革。所以，他決定通用動力將只繼續經營合乎下列條件的業務：第一、保持那些市場反應良好的產品，或有市場獨占性的產品；第二，產品要能符合規模經濟，「即可以平衡研發經費和生產規模，以及經濟規模和財務健全之間消長的那些產品。」安德斯表示，「產量不足的事業將難逃被賣掉的命運。」

最初，安德斯打算把重心集中在四個營運核心：潛水艇、坦克、飛機及太空系統。在這些產業中，通用動力都是市場的領導廠商，而且，安德斯判斷他們仍會在萎縮的國防市場中繼續生存。其他的通用動力企業則被賣掉。

一九九一年十一月，通用動力把旗下的資料系統公司（Data Systems）以二億美元的價錢賣給電腦科學（Computer Sciences）公司。次年，公司以六億美元把賽斯納航空（Cessna Aircraft）賣給德克斯壯（Textron），過不久又把它的飛彈企業賣給休斯航空（Hughes Aircraft），售價四億五千萬美元。不到六個月，公司藉由銷售非核心部門企業，增加了十二億五千萬美元。安德斯的舉動引來華爾街注目。通用動力的股價在一九九一年上揚了一一二%。安德斯的下一波行動，則引來了巴菲特的注意。

經營原則：理性

對於公司持有的現金，安德斯宣布公司會首先滿足其流動資產的需要。然後，降低負債以確保財務實力（見下頁圖7.5）。減少負債後，通用仍然持有超過需求的現金。

在國防預算縮減的狀況下，增加產能並沒有道理，而進入非國防工業的多角化經營又會導致破產。因此，安德斯決定使用多餘的現金來造福股東。一九九二年七月，依據標購的遊戲規則，逐步降低價格的拍賣條件，通用動力以每股六五・三七到七二・二五美元之間的價格，購買流通在外的三〇%股份，即一千三百二十萬股（見下二頁圖7.6）。

一九九二年七月二十二日早晨，巴菲特電告安德斯說，波克夏的保險子公司購買了通用四百三十萬股股份（見三〇一頁圖7.9）。巴菲特告訴安德斯，說他對通用的經營策略留有深刻印象，他買股票是因為想投資。九月，巴菲特宣布只要安德斯保有公司的總經理職務，通用動力的董事會將擁有波克夏股權所代表的表決權。

絕大多數的波克夏普通股股東對巴菲特購買通用動力的股權感到困惑：它沒有傳統巴菲特購買型態的特質，也不再是簡單而可以理解的公司，也不具有一貫優異的表現。而且，它更沒有被看好的長期遠景。公司不但被政府控制（九〇%的通用動力公司業務來自政府合約），而且國防工業市場正在萎縮。

通用動力公司只有少得可憐的收益，和中下等的股東權益報酬率。此外，它未來的現金流量不可預知。所以，巴菲特如何能夠決定它的價值？答案是：最初巴菲特並沒有以長期投資的角度購買通用動力公司的普通股。他購買通用動力

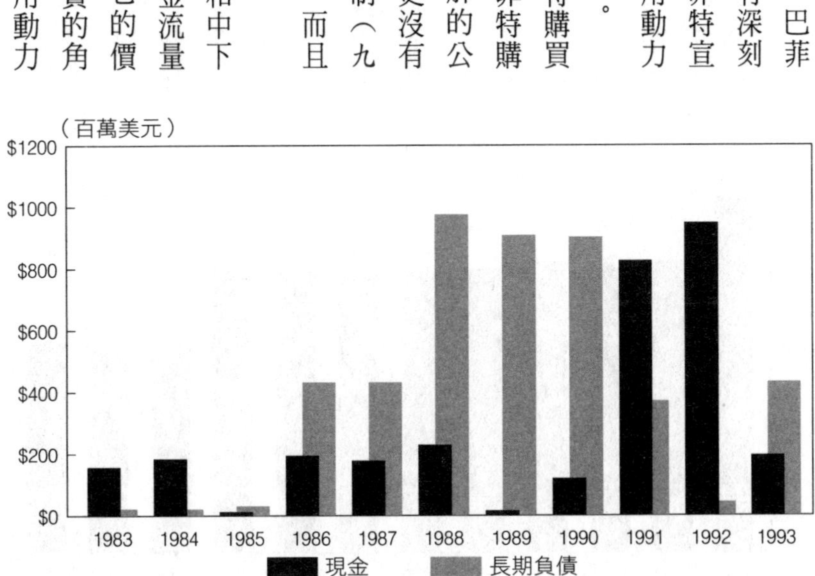

圖7.5　1983至1993年間通用動力的現金和長期負債

公司的股票，是為了套利。

「在購買通用動力公司股票一事上，我們是幸運的。」巴菲特寫道，「我直到去年夏季才稍微注意這家公司的動向。當它宣布公司將透過標購買回大約三〇%的股票時，我就料到會有套利的機會。我開始為波克夏買進該公司的股票，希望賺得微薄利潤。」

因為這是第一次為了套利而購買，所以不適用波克夏投資股票的原則，包括財務和營運表現的一些條件。然而，巴菲特卻變成長期的持有者。「但是，之後我開始了解這家公司的經營情形，」巴菲特表示，「以及安德斯擔任通用動力公司總經理的短期表現。我看見的事情，令我眼睛為之一亮。安德斯有一套條理井然的理性策略；他積極實現其想法，而那成果真是豐碩。」巴菲特不但拋棄原先套利的想法，反而決定變成長期持有的股東。

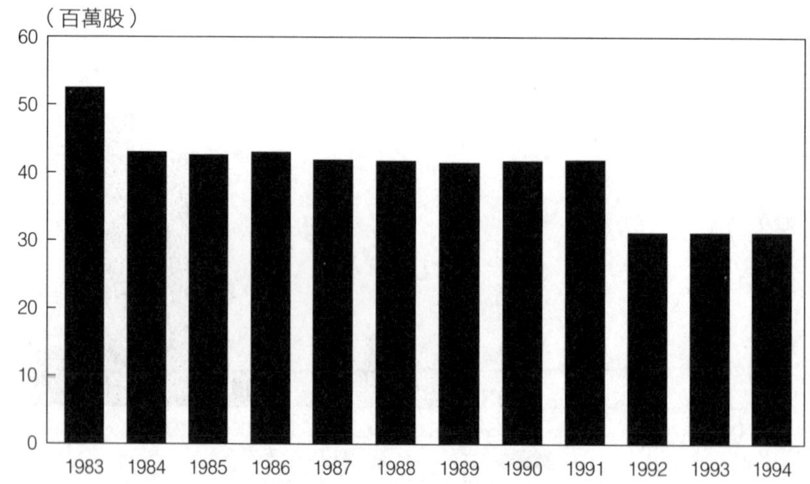

圖7.6　1983至1994年間通用動力流通在外的股票

顯然地，巴菲特對通用動力公司的投資，是建立在安德斯是否能通過盲從法人機構不理性行為的考驗。批評家認為安德斯解體了一個公司，但是，安德斯認為自己只是將公司的未實現價值轉換為現金而已。當他在一九九一年就任以後，通用動力公司的市價是帳面價值（見圖7.7）的六〇%。近十年來，相對於其他十家國防工業公司的一七·一%的年平均報酬率，和標準普爾工業指數的一七·六%的獲利率，通用動力為它的股東創造了九·一%的年複利報酬率。

因此巴菲特看見的是：一家公司以低於帳面價值的市價交易，並產生現金流量，且積極展開股權強制過戶的方案。此外，最重要的是，經營者不遺餘力維護股東權益。

雖然通用動力公司稍早曾認為航空器、太空系統部門會保持其核心地位，但是，安德斯決定賣掉這些企業；航空器企業賣給洛克希德

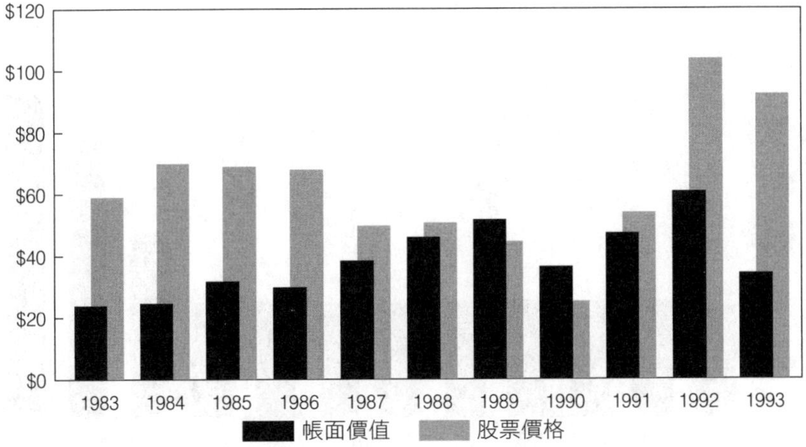

圖7.7　1983至1993年間通用動力的帳面價值和每股價格

（Lockhead）。通用動力公司、洛克希德和波音（Boeing）是下一代戰鬥機F-22的合夥人，各自擁有三分之一的股權。現在，洛克希德已取得通用動力公司裡成熟的F-16業務，而且在F-22計畫上，波音變成擁有三分之二股權的合夥人。太空系統部門則出售給太空發射系統的廠商馬丁瑪麗艾塔（Martin Marietta）。飛機的銷售和太空系統提供通用動力公司十七億二千萬美元資金。

現金流量再度充沛後，公司再次分配股利給股東。一九九三年四月，公司發給股東每股二十美元的特別股利。七月，公司再發給股東每股十八美元的特別股利。此外，在十月時，又發給股東每股十二美元的特別股利。一九九三年，公司發給股東的每股特別股利累計達五十美元，而且提高每季支付的股利，從每股〇・四提高到〇・六美元（見圖7.8）。

一九九二年七月到一九九三年末，只要投資

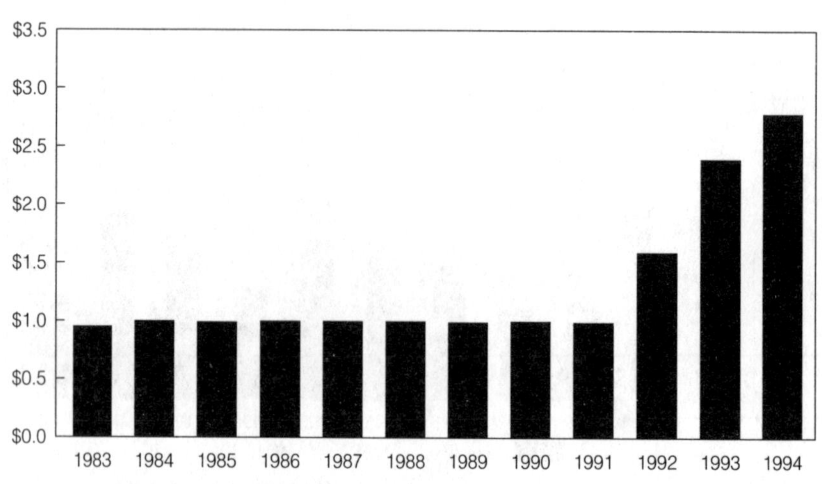

圖7.8　1983至1994年間通用動力每股股利

每股七十二美元的通用動力股票，波克夏就獲得二．六美元的普通股股利和五十美元的特別股利，且其股價上揚到一百零三美元。既然安德斯開始清算通用動力公司的貨幣價值，並給予它的股東現金股利，通用動力公司的股票投資收益，不但強過它的同業，並漂亮地超過標準普爾工業指數的表現（見圖7.9）。

巴菲特會持有通用動力多久？他告訴我們，他會在股東權益報酬率令人滿意，且公司前景看好、市場不高估通用動力公司的股票價值，以及經營者為誠實有才幹者的情況下，才繼續持有。在目前的價格下，通用動力是否被高估仍值得存疑。但是，安德斯是誠實且有才幹的經營者這一點，是無庸置疑的。安德斯和通用動力公司或許將會成為教科書裡的個案，告訴世人他們如何面對不利的產業情況，仍有卓越的經營表現。

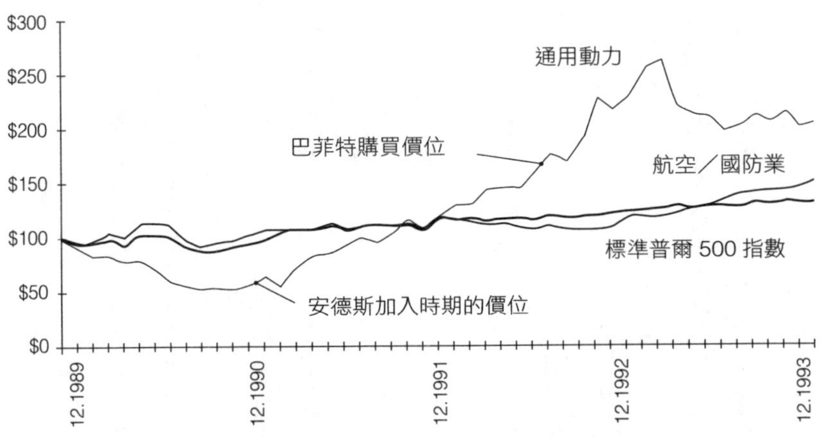

圖7.9　1989至1993年間通用動力股與標準普爾500指數和航空／國防業指數之比一比（起始日價格定為$100）

遭不尋常資訊包圍的聯邦住宅

聯邦住宅貸款抵押公司簡稱「房地美」（Freddie Mac），是一家大眾持股，由美國國會於一九七〇年特許成立和接受政府贊助的企業。依據法令，它的任務是在次級市場，提供當地居民穩定的住宅抵押業務。房地美（譯註：美國政府於二〇〇八年九月接管該公司）購買來自貸方的抵押，集中這些抵押，而且將它們成組證券化。然後，將這些抵押證券賣給投資人。藉由聯合資本市場和抵押資產債權人，房地美能夠降低放款者和投資人的成本。最後，降低的成本使得住宅買主能夠負擔得起抵押貸款。

企業原則：簡單且易於了解

房地美的企業目標明確。收益主要來源為利差收益。來源有三：首先，公司賺取手續費，用來管理、維護貸方的抵押資產，並向證券投資人保證支付本利。這項手續收入是在抵押保證的期間內賺取，並且也是利差收益構成的最大部分；其次，每個月公司得到來自抵押貸方所支付的本利。在這個利息和本金尚未送達到抵押證券投資人手上之前，房地美將它投資於短期證券，賺取投資收益；第三，房地美保有自己抵押品的一小部分，作為投資組合。就和任何其他傳統的金融機構一樣，房地美賺取投資利得，和這種債務成本之間的差價。這三種收益來源的現金流量創造了企業的收益。

企業原則：長期前景看好

一九九二年年初，傳統家庭的抵押金額達七千億美元，其中，有六四％經由房地美和它的關係企業房利美（Fannie Mae，美國政府於二〇〇八年九月接管該公司）證券化並賣出。房利美（聯邦國家貸款抵押公司）也是政府贊助企業，為居住者提供抵押貸款資金。這兩個公司有著相似的結構和相同的業務種類。雖然這兩家公司彼此短兵相接互相競爭，他們用高進入障礙的營運手法，迅速成為此成長市場裡的兩個產品供應獨占者。巴菲特說：「雙獨占是僅次於壟斷。」因為它們的主動，和政府贊助的優惠，房地美和房利美已經較其他公司在進入抵押次級市場方面握有更大的競爭優勢。理論上這個競爭優勢，未來仍會持續下去。

除了擁有雙頭寡占的地位外，這兩個公司還享有市場逐漸擴大的甜頭。多年來，傳統的家庭抵押被賣到次級市場的比例已經增加不少，預期還會成長。一九九〇年，儲貸修正法強制規定：儲蓄銀行除非擁有分散的抵押證券投資組合，否則必須提列較多的放款損失準備。基本上，新法強迫傳統的抵押資產提供者，給房地美和房利美企業更多業務，從一九八八年的三三％到一九九二年六〇％的抵押須證券化。

一九八四年，房地美發行特別股給聯邦住宅貸款委員會（Federal Home Loan Board）的會員，亦即聯邦貸款委員會的會員成為提供房地美資金的來源。然而，股票所有權卻受限於會員。經過幾年後，因為股票不能反應公司潛在價值，房地美決定在紐約股票市場公開上市，提供股票讓一般大眾認購。

一九八八年，破天荒地，除了聯邦貸款委員會會員能夠擁有房地美公司的股票外，投資大眾亦能持有。一九八八年，魏斯科共同儲金公司（Wesco's Mutual Savings）增加持有房地美的在外流通股份至四％（見圖7.10）。而波克夏哈薩威因擁有魏斯科八〇％的股權，亦間接成為房地美股票的受益人。

財務原則：股東權益報酬率

共同儲貸公司董事長查理．孟格，正確計算出房地美優於傳統的儲貸公司。因為房地美賺取可觀的手續費用與差價，卻同時避開利率風險（公司保有小量抵押投資組合）。他注意到：房地美比前一〇％的頂尖儲貸公司更好。這項證據能在房地美的高股東權益報酬率中找到。相較於大多數的儲金和放款，這些報酬能在某種程度上被維持的原因是

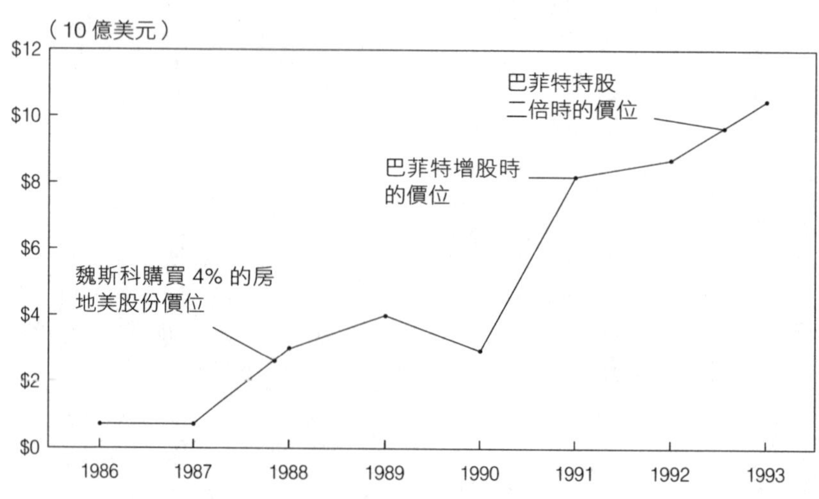

圖7.10　1986至1993年間房地美的市場價值

房地美不需支付存款利息。

市場原則：決定實質價值

一九九二年四月，房地美以一股分割成三股的比例分割其股權，使得該公司流通在外的股份達一億八千萬股。一九九一年，波克夏曾經增加它的房地美持股。一九九二年，巴菲特開始累積額外股份，年底時，波克夏已擁有該公司一千六百一十九萬六千七百股（股份未分割前）的股份，是它當初持股數的兩倍（見上頁圖7.10），這項購買意義深遠。巴菲特增加三億三千七百萬美元的持有股數，股價在此期間已經上升一八二%。波克夏現在擁有九%的房地美股份。在達成此股票買賣之前，巴菲特早已明顯看見公司價值。

一九八六年，房地美的淨收入是二億四千七百萬美元。在一九九一年以前，收益曾經增加到五億五千五百萬美元（見圖7.11）。連續五年來，股東

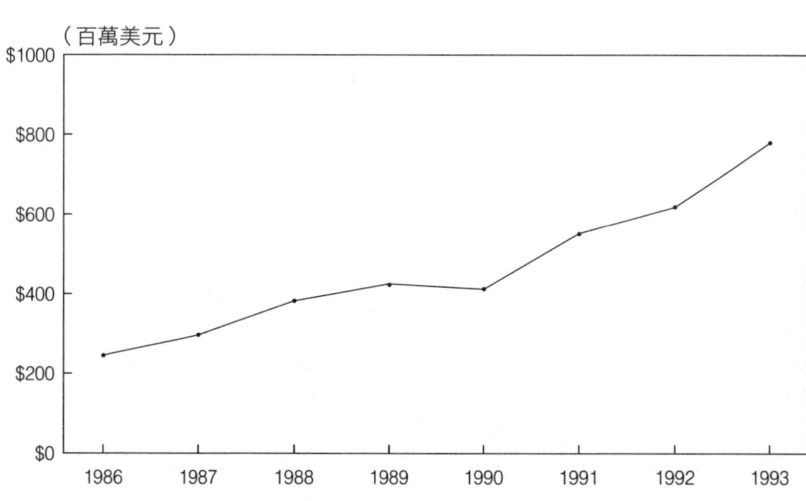

圖7.11　1986至1993年間房地美的淨收益

盈餘以每年一七%的速率成長。

房地美公司的價值，不僅包含其目前盈餘的折現，也把公司盈餘的未來成長一併納入考量。我們知道巴菲特對房地美的長期遠景頗為看好。公司賺取股東權益報酬率也高，所以，它是一個具有成長潛力的企業，因為只有兩家公司競爭。公司經營者努力控制利率風險，以及勤勉核對抵押申請人的貸款信用。所以經營者相信，房地美仍會在未來幾年繼續保持每年的高盈餘成長。

使用二階段折現模型，最能適切評估出房地美的價值。如果我們假設房地美的盈餘在未來十年的成長率為一五%，然後再以比較緩慢的五%成長，用九%的貼現率（三十年期美國政府債券的平均收益）折現一九九一年五億五千五百萬美元的盈餘後，房地美在一九九二年的價值是三百二十億美元（見附錄表格A.24）；如果我們假設在第一個階段是以一二%成長，則房地美在一九九二年會有二百五十億美元的價值；如果我們假設在第一個階段是以一〇%成長，則一九九二年的折現值是二百一十億美元；如果我們假設在第一個階段是以七%的速度成長——這只是經營者所相信的盈餘成長率的一半，房地美的身價為一百七十億美元。在這個最低的估計價值下，巴菲特在一九九二年以公司價值的四三%，買下房地美公司的股票。

為什麼在一九九二年，房地美以低於其實質價值的價格進行交易？投資人在想：也許公司未來無法繼續保持盈餘成長。他們懷疑經營者可能會藉由增加自己的有價證券投資組合，或放寬抵押條件來增加信貸及利率風險，但是當時沒有證據可以證實這些懷疑。也許是因為房地美的股價曾經在一九九一年上漲了一八二％（見下頁圖7.12），所以，投資人不認為價格會再上漲。無論基於什麼樣的理由，在一九九二年，沒有任何證據顯示房地美的股價被高估。即使我們假定房地美的盈餘每年只有四％的成長率——這是美國國內生產總值的一般成長率，則房地美的公司價值在一九九二年仍有一百一十一億美元。

財務原則：一美元的假設

在一九八九年至一九九二年的四年間，房地美賺進二十億二千八百萬美元。在分配過普通股及特別股的股利後，公司保有十五億三千九百萬美元。在這段期間，公司的市場價值從四十億三千三百萬增加到八十七億二千三百萬美元。公司每保留一美元的盈餘，約增加三・〇四美元的市場價值。

摘要：股票被錯估就是好機會

房地美有著不尋常的歷史。它類似政府部門的地位使許多投資人感到困惑。由傳統只能藉由儲貸持有公司的特別股，轉變到一般大眾皆可持有公司的股票，這種轉變令人費解。曾經有一段時間，一些人誤認為聯邦住宅貸款抵押公司和聯邦儲貸保險公司（Federal Saving and Loan Insurance Corporation, FSLIC）注定有相同的命運。巴菲特看穿這種困惑。無疑地，魏斯科早期對房地美的持股，給予它某種優勢，那優勢便是對公司的了解。這了解是任何一個肯花時間調查企業的人都會得到的。巴菲特表示：「只有當優良的公司被不尋常的訊息包圍，導致股價被錯誤評估的時候，才是真正大好的投資機會。」房地美正是這種不尋常的股票。股票市場錯估公司價值。那些努力調查、了解公司的投資人，值得因此而獲利（見圖7.12）。

飲酒人口減少衝擊健力士

健力士是一家跨國大公司，從事知名品牌酒精類飲料的生產、分銷和行銷業務。在英國，健力士是第四大淨出口商，也是第十一大公司。就利潤而言，健力士是世界最大的酒精類飲料生產公司。它有兩個主要的營運公司：聯合蒸餾酒製造公司（United Distillers，生產烈酒）和健力士國際釀酒公司（Guinness Brewing Worldwide，生產釀酒）。

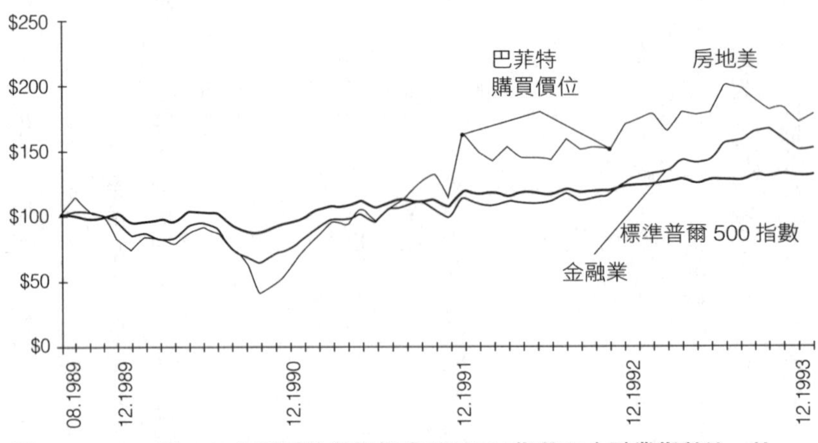

圖7.12　1989至1993年間房地美與標準普爾500指數和金融業指數比一比

（起始日價格定為$100）

聯合蒸餾酒製造公司執蘇格蘭威士忌酒世界銷售之牛耳。它生產世界最暢銷的蘇格蘭威士忌酒——約翰走路，以及其他廣受歡迎的蘇格蘭威士忌酒品牌，包括鐘牌（Bell，英國最暢銷的蘇格蘭威士忌酒）、德瓦爾白標（Dewar's White Label，美國最暢銷、世界銷售量第五的蘇格蘭威士忌酒），和白馬陳年老酒（White Horse Fine Old，日本最暢銷、世界銷售量第七的蘇格蘭威士忌酒）。健力士也生產世界銷售量最大的琴酒戈登琴酒（Gordon's Gin），銷售量超越其最大競爭者五〇％以上。此外，它也生產在美國廣受歡迎的進口琴酒——譚克雷（Tanqueray）。營業利潤方面，一九九二年，和格蘭麥特（Grand Met）的五億零九百萬英鎊、西葛萊姆的四億七千萬英鎊，以及萊昂斯聯盟（Allied Lyons）的四億零九百萬英鎊相比，健力士／聯合蒸餾酒製造公司則賺進了七億六千九百萬英鎊。

健力士國際釀酒公司在產量方面是世界第七大釀酒公司，就營業利潤而言則是世界第三大酒廠。健力士的商品分別在四十四個國家釀造、在超過一百三十個國家銷售。健力士主要的釀酒品牌包括世界第一的健力士黑啤酒，占該公司啤酒產量的四〇％。它也生產豎琴牌（Harp Lager）和克魯茲坎伯（Cruzcampo Lager）儲藏啤酒、史密斯威克（Smithwick's Ale）麥酒和凱利伯（Kaliber）等。健力士國際釀酒公司的組織畫分為四個營運區域：愛爾蘭、歐洲、美非和亞太。該公司在一九九二年的年度銷售額為四十三億六千萬英鎊，利潤為七億九千五百萬英鎊。營業利潤的一五％來自英國，其餘為美國一九％、亞太地區二〇％、歐洲二九％，世界其他地區則為一七％。

企業原則：簡單且易於了解

健力士是波克夏對外國公司的第一項重大投資。巴菲特認為健力士和可口可樂以及吉列都是非常類似的公司，他在可口可樂和吉列的經驗，使他對投資健力士公司非常放心。雖然可口可樂和吉列一樣，根據地皆在美國，然而和健力士相似的是，它們大部分的利潤仍來自國際營運。巴菲特解釋說：「的確，就賺取利潤的地點而言——一個大陸接著一個大陸——可口可樂和健力士表現出強烈的同質性。」然而，巴菲特很快指出，他不會把這兩家公司所生產的飲料給搞混，他仍是忠實的櫻桃可樂迷。

然而，身為一名投資人，可口可樂和健力士之間的相似點很明顯。兩家公司都銷售飲料，可口可樂銷售世界第一的不含酒精飲料；健力士銷售世界第一的蘇格蘭威士忌酒和琴酒等含酒精飲料。

兩家公司都了解國內市場已趨飽和，增加利潤的最佳途徑，就是將錢投資在新的或是正在冒出頭的國家。最後一點，兩家公司的飲料都是受世界推崇的知名品牌。由於兩家公司的飲料產品在市場均有特許權（產品有差異性、獨占性），它們不僅在國際上有銷售成長的空間，還因為它們在價格上的定價彈性甚大，因此有賺取超出平均獲利率的潛力。

企業原則：長期前景看好

不過，令人困惑的是，在人們酒喝得越來越少的同時，為什麼製酒公司的遠景仍被看好？在美國，十年中大部分的時間，烈酒的銷路以每年三個百分點下滑，全球銷量也不斷遞減。一九九一年，波克夏買下健力士的那一年，自由世界的烈酒銷售量下滑一個百分點，為五億二千五百萬箱。然而，當年的健力士總經理安東尼．泰尼特（Anthony Tennant）表示，「事實上，在任何企業中，銷售量不是企業是否仍有發展機會的理想指標。」

製酒工業已體認到一個事實，不論在美國、英國和北歐等發展已呈飽和的市場中，酒的消費量正漸漸減少。了解到它們的顧客喝酒量減少之後，製酒公司企圖說服顧客喝較好和較貴的酒。這一經營策略叫作「消費升級」（trading up，編註：指以高價及高質量商品來取得信譽，並取得較好商業等級的經營政策）。

世界製酒工業的行銷廣告用詞是「要過更好的生活，就要喝更好的酒」。這個廣告用詞同時被推銷到世界上已成熟的工業化市場和開發中國家。烈酒公司賺取到暴利，乃是精緻化的廣告行銷手段，恰巧迎合了開發中國家日益富裕的生活水準所致。當生活水準提高時，泰國、巴西和東歐國家的人則認為，約翰走路、起瓦士、戈登琴酒是成功身分的象徵。「健力士有一種了不起的能力，能夠把酒當身分表徵一般去銷售。」孟格如此表示，「價格越高，代表地位越尊貴。」

這種市場在美國稍微顯得不振。經濟不景氣已迫使消費者認為「價值」商標，比那些高價位品牌來得重要。但是產業專家預測：這種購買模式只是短暫的。酒和香菸不同，絕大多數的酒品消費具有週期性。重視精神層次的消費者不會因價格感到壓力，而影響對酒品的消費。

酒公司比大多數其他消費品公司先抓住三個重要概念。首先，它們了解自己的國際商標利潤豐厚。約翰走路大約每年貢獻給健力士五億美元營業利潤。老字號的產品有增值趨勢，新品牌想強行打入市場幾乎不可能。較為新近的熱門品牌是貝利出品的愛爾蘭雪利醇酒（Bailey's Original Irish Cream），它在一九八〇年進入烈酒市場。

酒公司所抓住的第二個概念是：控制產品在國外市場的定價和行銷通路相當重要。公司很快學習到：一旦酒裝了瓶輸往國外，它原有的珍貴品牌已不在公司的掌握中，隨著新商標的取得，酒公司也取得分銷據點。從一九八六年到一九九一年，健力士取得全世界的七百個配給點。

最後，酒公司不羞於和它們的競爭者合作。缺乏可口可樂財務的能力、行銷系統和資產，酒公司在新市場尋求合資企業。合夥會分散固定成本，但相對也會分散收益來源。健力士有超過三十五個合資企業，包括巴卡迪（Bacardi），負責在南美地區銷售健力士的產品。最近，健力士已經與軒尼詩（LMVH Moet Hennessy）形成二五％股權的合夥關係。雖然合夥企業近來經營頗為吃力，但軒尼詩有寶貴的國際商標產品，包括唐培里儂（Dom Perignon）、酩悅（Moet & Chandon）、凱歌（Veuve Clicquot）、波馬力（Pommery）、梅西耶（Mercier）、Canard-Duchene、魯納特（Ruinart）、軒尼詩和御鹿白蘭地（Hine Cognac）。

財務原則：毛利率

飲料產品的製造，不論是否含有酒精成分，都是非常賺錢的生意。健力士是僅次於可口可樂最有利潤的飲料公司。自一九八六年併購聯合蒸餾酒製造公司後，健力士的稅前毛利率（見圖7.13）已經穩定上升。併購之前，健力士只是獨立的釀酒公司，獲利情況類似於安海斯布希（Anheuser-Busch）公司。當健力士取得聯合蒸餾酒製造公司的高毛利率烈酒業務後，稅前毛利率一躍為兩倍之多。

健力士對它的負債相當負責。在一九八六年收購聯合蒸餾酒製造公司後，健力士的長期負債占資本的四八％。在往後幾年裡，健力士積極償還公司負債。在一九八八年之前，長期負債占資本的一八％。一九九二年，比例上揚到二九％，但仍然比西葛萊姆和安海斯布希來得低。

健力士不但能保持低負債比率，最近七年，還以每年超過二〇％的比率，增加公司的淨收益。自

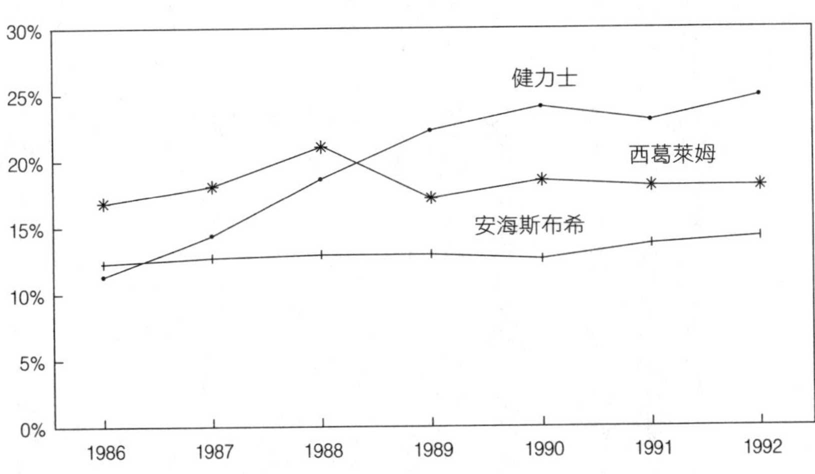

圖7.13　1986至1992年間健力士、西葛萊姆和安海斯布希的稅前毛利率

從買下聯合蒸餾酒製造公司後，健力士的利潤不斷成長，較其競爭對手超出許多。然而在此時期，銷售成長的平均值不到九％，顯示出大部分的收益成長是毛利率拉大的結果；到一九九二年公司重組之前，利潤成長下跌到只有六％。

收益成長衰退的原因來自全球經濟蕭條，特別是軒尼詩的二五％股權績效不良所致。儘管經濟不景氣，健力士仍期待能夠藉由提高其主要烈酒的售價，增加公司的收益。

市場原則：決定實質價值

飲料企業吸引人的特點之一，尤其是對烈酒和釀酒工業而言，就是和這項企業產生的現金流量比較起來，它所需要的資本支出和營運資本相當低。研發的需求不高，而製造費用也僅占銷售百分比的一小部分。因此，飲料公司的資本回收速度快，而對一般成功的公司來說，包括健力士，資本回收速度不斷上升。和可口可樂一樣，健力士不但享有相當好的經濟商譽，同時也致力於增加這項資產的價值。

一九九一年，波克夏哈薩威以二億六千四百七十八萬二千美元的價格，買下健力士公司三千一百二十四萬七千股的股份。雖然巴菲特未曾提及以多少匯率來換算英鎊的成本，我們可以十二個月的移動平均值來計算，匯率大約是一．七六美元。相對地，在這個匯率下，每一美元可以兌換五十六便士（一百便士等於一英鎊）。

波克夏所持有的健力士股票，每一股的平均成本為八．四七美元或四．八一英鎊。在一九九一年年底，健力士流通在外的股票為一百九十五萬二千股。而巴菲特在考慮購買某一股票時，他是以買下整家公司的角度衡量。雖然他只有購買健力士股份的一．六％，但理論上，他會樂意以相同的價格買下整個公司。一九九一年，巴菲特以每股四．八一英鎊買下健力士的股份，若以十九億五千二百萬股計算，巴菲特等於是以九十三億八千九百萬英鎊買下整個公司。

一九九一年，健力士的淨收益是六億三千六百萬英鎊。公司有一億二千二百萬英鎊的折舊和分期攤還費用，及二億二千四百萬英鎊的資本支出。因此，股東盈餘等於五億三千四百萬英鎊。一九九一年美國政府的一般三十年期公債殖利率接近八．五％。我們確實知道，由於利率持續下降，巴菲特傾向於謹慎使用目前政府的公債殖利率。為了保守起見，在這份評估中，我們將使用九％的貼現率。如果將健力士的股東盈餘以九％的貼現率計算，健力士的價值則為五十九億三千三百萬英鎊（五億三千四百萬英鎊除以九％）。但是和可口可樂與吉列一樣，健力士大部分的價值並不只取決於其目前盈餘的折現價值，而是目前盈餘的折現價值加上它未來盈餘的成長能力。

一九八六年收購聯合蒸餾酒製造公司後，健力士的盈餘成長以年平均二五％的速率增加。然而，在一九九〇和一九九一年之間，盈餘減少年增率只有一三％，自此之後更持續下跌。巴菲特在一九九一年決定購買健力士時，他知道公司盈餘成長正從二五％下滑，而未來年增率可能會降至較為實際的一〇％到一五％。

利用二階段折現模型，我們可以計算出健力士公司的價值。假設健力士在未來十年內的年增率以平均一〇%緩慢成長，之後則為五%，並將公司的股東盈餘以九%折現，公司的價值為二百零九億八千三百萬英鎊（請參閱附錄表A.25）。以這個假設的成長率來算，巴菲特等於以其價值的四四%買下健力士公司。

假設我們在接下來的幾年內，公司以更低的五%成長率緩慢成長，則在一九九一年，健力士公司的價值為一百三十三億五千萬英鎊（五億三千四百萬英鎊除以〔九%減五%〕）。在這低於紀錄的平均成長率下，巴菲特仍相等於以公司價值的七〇%買下健力士公司。

摘要：美國境外第一個重大投資

幾年前，巴菲特承認由於難以掌握經營狀況，他沒有興趣購買美國境外的公司。公司和外國股東之間的溝通，不像美國國內公司和股東彼此間的聯繫那麼理想。然而，他破例了。當然巴菲特頗感安慰的是他體認到，健力士的企業類型和波克夏持有的最大股份可口可樂相似。了解可口可樂如何運作，以及如何在世界經濟中獲益，巴菲特比較容易知道健力士如何可以達成它的目標。他也知道諸如可口可樂、吉列和健力士等擁有高價值特許權的公司，可採自由的方式經營，而仍然能保持中上的投資報酬率。因此在像健力士這樣的公司裡，股東並不是非常迫切地必須深入了解公司概況。巴菲特身為這家公司的一名外國股東，或許會比他擁有許多不具健力士般經濟吸引力的其他外國公司，更來得自信滿滿。

人人都看空的富國銀行

如果通用動力是巴菲特做過的投資中最令人困惑的，那麼富國銀行可以說是他最引起爭論的一項投資。一九九〇年十月，巴菲特宣布波克夏已經購買富國銀行股票五百萬股，以每股平均五七．八八美元計算，等於投資了兩億八千九百萬美元在這家公司（見下頁圖7.14）。波克夏哈薩威現在是該銀行最大股東，擁有一〇%的流通在外股份。

在該年稍早，富國銀行曾經以每股八十六美元的高價上市，直到投資人開始放棄對加州地區銀行和互助儲蓄銀行的投資。他們害怕經濟不景氣會蔓延到西岸，導致商業區和住宅區的不動產市場大量貸款損失。由於富國銀行在加州所有銀行中擁有最多商業不動產，因此投資人賣出該公司的股票，而市場空單充斥，更加劇其下跌的趨勢。富國銀行股票於十月的賣空收益高達七七%，差不多就在同時，巴菲特開始購買它的股票。

接下來的幾個月，波克夏宣稱已經成為這家銀行的一個主要股東，富國銀行似乎面臨重大戰鬥。一方面，巴菲特抱持多頭觀點，花二億八千九百萬美元打賭富國銀行的價值會增加；另一方面，投機者則是賣空看跌，打賭富國銀行股價必定將進一步下跌，因為它在年度中已經下跌了四九%。費西巴哈（Feshbach）兄弟——美國最大的賣空者——與巴菲特持相反看法。湯姆．巴頓（Tom Barton）表示：「富國銀行是死定了。」巴頓是費西巴哈兄弟達拉斯公司的財務主管。「我不認為稱它們為破產大王是正確的，但我認為雖不中亦不遠矣。」換言之，巴頓認為富國銀行會跌到只剩一成多的價格。喬治．莎樂（George Salem）表示：「巴菲特是出了名的討價還價者，也是長期投資者。」莎樂是保德信證券公司（Prudential Securities）的證券分析師，他說：「但是，加州有可能會變成另外一個德州。」莎樂所講的，正是那些曾經在能源價格下滑期間，在德州發生的銀行倒閉事件。在巴隆（Barron's）的約翰．利西歐（John Liscio）表示：「巴菲特毋須擔心誰在長期揮霍他的金錢……只要他不要一直試著選擇去買處於谷底價位的銀行股。」

企業原則：簡單且易於了解

巴菲特對銀行業務非常熟悉。一九六九年，波克夏哈薩威購買伊利諾州國家銀行信託公司（Illinois National Bank and Trust Company）九八%

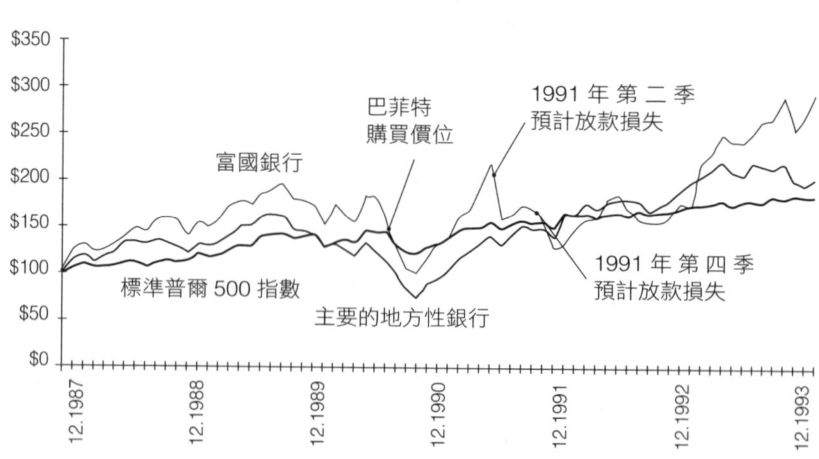

圖7.14　1987至1993年間富國銀行股價與標準普爾500指數和地區性銀行業指數比一比（起始日價格定為$100）

的股權。一九七九年銀行股票法案要求波克夏撤掉所有銀行的持股之前，巴菲特在每年的年報裡，都會報導在銀行投資的銷售額與盈餘。

一如林華特幫助巴菲特了解保險企業的複雜性，伊利諾州國家銀行的主席阿貝格（Gene Abegg）教導巴菲特相關的銀行業務。巴菲特學到一件事實：銀行是有利潤的企業——只要經營者謹慎信用放款，而且要盡量縮減成本。巴菲特表示，「我們的經驗是：一個習慣用高成本經營企業的經理人，總有不尋常的能力花更多成本……然而在一家營運艱困的企業，即使和競爭者相比他們的成本已經較低了，它的經營者通常還是能夠持續找到可以縮減營運成本的方法。在這方面，無人能超越阿貝格。」

企業原則：長期前景看好

巴菲特說，富國銀行當然不是可口可樂。在多數的情況下，很難想像可口可樂會有失敗的一天。但是，銀行業不同。銀行有可能會失敗，而且已有許多例子。巴菲特指出，銀行之所以失敗，絕大多數是因為管理上的錯誤，最大多數的情況是經營者愚笨地放款，而這是理性的銀行業者不會考慮的事。在銀行業資產通常是其股東權益的二十倍，任何管理上的疏失，甚至只涉及很小部分的資產，都能破壞銀行的股東權益。

「然而，」巴菲特說，「銀行要成為一個良好的投資標的，並非不可能。」如果經營者做他該做的事，銀行就能產生二〇％的股東權益報酬率。雖然這比可口可樂或吉列賺得少，但它的股東權益報酬率還是高於大多數企業的平均值。巴菲特解釋：「如果你是一個銀行家，不必要求在你的行業裡數一數二……你要做的事是：管理你的資產、負債和成本。銀行就像保險業，是個商品企業。正如我們所知，在商品企業，經營者的一舉一動時常是企業最引人注意的特色。」在這方面，巴菲特挑選銀行投資時，是挑選經營者最好的銀行。他說：「與富國銀行一起……我們認為已經獲得這產業中最好的經營者——卡爾．雷查德和保羅．海山。從許多方面來看，卡爾和保羅的組合，使我想起另外一組優秀的管理搭檔——首都／美國廣播公司的墨菲和柏克。每一對搭檔組合都強過他們公司其他力量的總和。」

經營原則：理性

一九八三年，雷查德成為富國銀行企業的董事長，他開始把死氣沉沉的銀行轉變成會賺錢的企業。從一九八三年到一九九〇年，富國銀行的平均資產報酬率為一．三％，而且平均股東權益報酬率是一五．二％。一九九〇年，富國銀行以五百六十億美元的資產，成為全美第十大銀行。雷查德就像巴菲特喜歡讚美的許多經營者一樣，深具理性。雖然，雷查德尚未著手進行股票買回或發放特別股利的計畫（這些全是有利於股東的措施），他已經使公司的股東獲利了。和首都／美國廣播公司的墨菲一樣，雷查德也是縮減成本的經營傳奇之一。一旦成本被控制住，雷查德不讓成本再度增加，他持續改善富國銀行的獲利情況。

在衡量銀行經營效率時，分析師可比較公司的非利息支出占公司淨利息收入的比例，這個比例是用來測量銀行的營運費用占淨利息收入的百分比。富國銀行的營業效率是二〇%至三〇%，比第一州際銀行（First Interstate）或美國銀行還好（見圖7.15）。

雷查德經營富國銀行的方法，就像其他的企業家經營他們的企業一樣。「我們試著像是經營一家企業來管理這家公司，」雷查德表示，「二加二等於四，而不是七或八。」

巴菲特在一九九〇年買進富國銀行的時候，該銀行是美國任何主要銀行中，對商業不動產放款最高的銀行。富國銀行的商業放款高達一百四十五億美元，是其股東權益的五倍。因為加州經濟不景氣正在惡化，分析師推算銀行的商業放款中，有一大部分將成為呆帳。它也正是導致富國銀行的股價在一九九〇、一九九一年下跌的原因。

隨著聯邦儲貸保險公司的崩盤，金融檢查人員嚴格分析富國銀行的貸款投資組合。他們迫使銀行

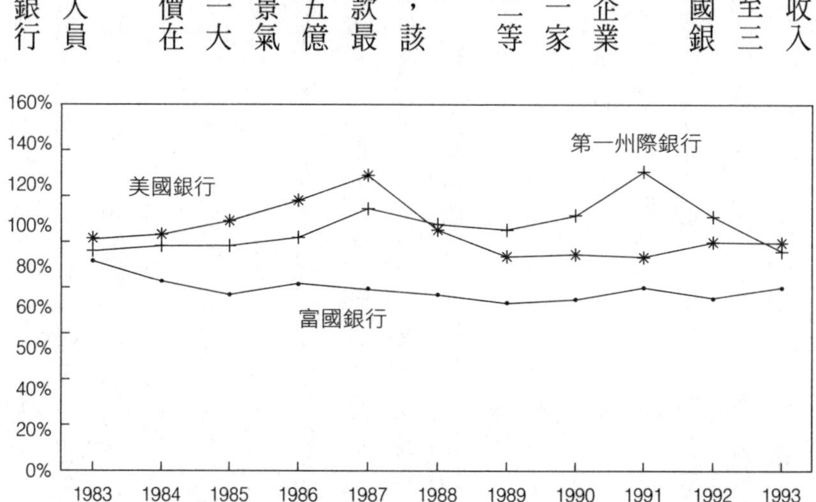

圖7.15　1983至1993年間美國銀行、第一州際銀行和富國銀行三家銀行，非利息費用占公司淨利息收入的百分比

在一九九一年撥出十三億美元做為該年的呆帳準備，並在下一年度再提列十二億美元做為該年的呆帳準備。因為準備金是每季撥出，投資人開始對每次的提列金額感到神經緊張。銀行並非一次足額提列放款損失準備金，而是在二年內慢慢提列。投資人開始對銀行是否會繼續撐到它的放款問題獲得解決，感到懷疑。

一九九〇年波克夏宣布擁有富國銀行的所有權之後，股價明顯地在一九九一年年上揚，達到每股九十八美元，為波克夏賺取了二億美元的利潤。但之後，一九九一年六月，銀行宣布另外一筆放款損失準備的提列，造成股價在二天內下跌十三點（或十三美元），成為每股七十四美元。雖然股價在一九九一年的第四季後稍微回升，但可明顯看出：富國銀行必須為它的放款損失再增撥另外一筆準備金，這將使盈餘減少。一九九一年末，富國銀行的股價以每股五十八美元收盤。之後，波克夏對它的投資是損益平衡。巴菲特承認：「我低估了加州的經濟不景氣，和那些公司的不動產問題。」

市場原則：決定實質價值

一九九〇年，富國銀行賺進七億一千一百萬美元，比一九八九年增加一八%。一九九一年，因為提列放款損失準備，富國銀行只賺進二千一百萬美元。一九九二年，公司盈餘小幅增加為二億八千三百萬美元，但仍小於公司前兩年盈餘的一半。銀行的盈餘和它的放款損失之間的關係互為消長（見下頁圖7.16），這點並不足為奇。但是，如果你將富國銀行的預計放款損失從公司的損益表移開不看，你會看到公司的盈餘動力（見下頁圖7.17）。自一九八三年以後，銀行的淨利息收入已經以一一．三％的速度成長，而它的非利息收入（投資費用、信託收入、存款管理費用），也已經以一五．三％的速度增加。如果不考慮一九九一、一九九二年所提列的放款損失準備，銀行大約有賺進十億美元的盈餘獲利能力。

一個銀行的實質價值，是看它的淨值加上預期的盈餘。當波克夏哈薩威在一九九〇年開始購買富國銀行股票的時候，該公司在上一年度已經賺進六億美元。一九九〇年，三十年期美國政府債券的平均收益大約是八．五％。保守起見，我們可以將富國銀行在一九八九年的盈餘六億美元以九％的貼現率折現，得到銀行價值約為六十六億美元。

如果銀行在未來三十年內，每年的盈餘至少

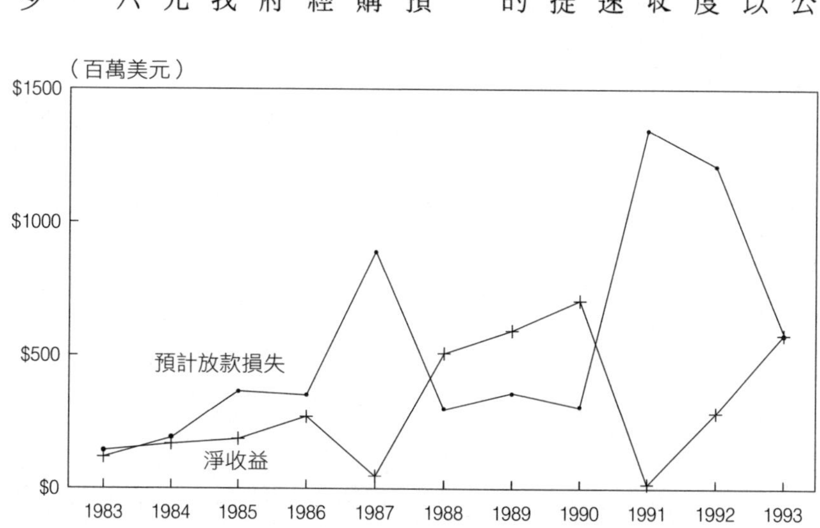

圖7.16　1983至1993年間富國銀行的預計放款損失和淨收益

超過六億美元，它最起碼也有六十六億美元的價值。當巴菲特在一九九〇年購買富國銀行股票的時候，它的每股購進價格是五十八美元。以五千二百萬股流通在外股票計算，這等於以五五折的實質價值購進股權，亦即以三十億美元購買。

當然，爭論焦點在於：究竟在考慮它所有的放款問題之後，富國銀行是否還有賺取盈餘的能力。那些賣空者認為它沒有這種能力，而巴菲特認為有。他知道持有富國銀行的股票並不是沒有風險。這就是他為波克夏哈薩威建立的理性購買模式。巴菲特表示：「加州銀行所面對的主要風險是地震，除了危及貸款者，也破壞了借款給他們的銀行……它所面對的第二個主要風險是系統性的，包括企業萎縮的可能性或嚴重的財務恐慌，以致不論經營者多麼精明管理，仍會危及每一個靠高負債運作的組織。」現在，巴菲特判斷發生這兩種重大風險的可能性不高。但是，巴菲

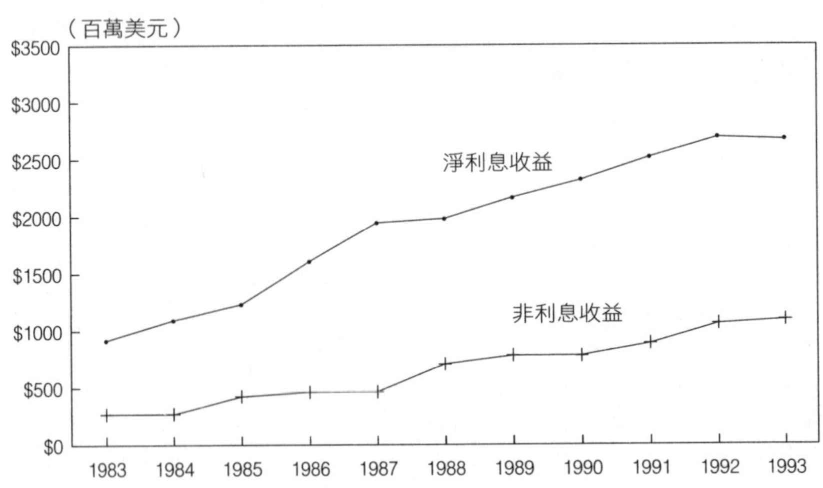

圖7.17　1983至1993年間富國銀行的淨利息和非利息收益

特仍然有個重大風險，「市場最懼怕的莫過於，」他解釋道，「西岸的不動產價值下挫，因為房屋興建過剩，而且會造成提供融資擴張的銀行極大的損失。因為富國銀行是不動產貸款的領導業者，外界尤其認為它容易因此而受到傷害。」

巴菲特知道富國銀行每年支付平均三億美元的貸款損失費用之後，仍賺進十億美元的稅前盈餘。他算出如果銀行在四百八十億美元的放款裡，不只包括商業性的不動產放款，也包含了其他所有銀行放款，其中一〇%是一九九一年的問題放款，並因此產生損失，包括利息損失，平均為放款本金的三〇%，則富國銀行會達到損益平衡點。依他判斷，這發生的可能性很低。即使富國銀行一年沒賺錢，這想法也不會令人沮喪。「在波克夏，」巴菲特表示，「**我們喜歡收購或投資的資本方案，是該年未賺取分文，但預期未來它的股東權益可能成長二〇%的企業。**」當巴菲特能夠以富國銀行五折的公司價值購買該公司股票時，富國銀行對巴菲特的吸引力就更強了。

「銀行業不一定經營不善，可是它經常就是這樣，」巴菲特說，「有許多愚蠢的事是銀行業者可以避免的，但它們卻常常幹下這些蠢事。」巴菲特描述高風險放款就是一例。當巴菲特購買富國銀行的時候，他打賭雷查德不是愚蠢的銀行業者。「所有的賭注都擺在經營者的品質上，」孟格表示，「我們認為他們將會比別人更快、更精確地找到問題所在。」波克夏的賭注是值得的，一九九三年年，富國銀行股票的每股價格達到一百三十七美元。

正當監管單位強迫雷查德停止累積呆帳準備金的時候，富國銀行早已超額準備十億美元。他們稱它為「雷查德的報仇」。湯瑪斯·布朗（Thomas Brown）表示：「沒有比富國銀行更讓監管當局注意的銀行，」布朗是帝傑證券的分析師。因為提列非必要放款損失準備，而產生超額的股東權益（每股十九美元），富國銀行有權選擇買回股權或是提高股利。

摘要：好企業就值得繼續買

巴菲特對富國銀行的信心繼續成長。一九九二年，波克夏買進更多該銀行的股票，使持股增加到六百三十萬股，占富國銀行股份的一一·五%，然後他利用從聯準會拿到的清算超額準備金，再買進該銀行的股票，使他在富國銀行的股份累加到二二%。一九九三年十一月，波克夏再度增加了富國銀行的持股，以每股介於一百零六美元和一百一十美元之間的價格買進。「我不想要開始吹噓富國銀行的股票或任何事，」巴菲特表示，「我只是認為它是真正的好企業，有最好的經營者，價格也合理。通常也就是這種情況，投資人可以賺得更多的錢。」

第8章

不景氣下的逆勢買股行動

當人們對一些大環境事件的憂慮升到最高點時，事實上也就是我們最佳交易的時機。恐懼是追趕流行者的大敵，卻是看重基本面的財經分析者的密友。

儘管一九九四年股票市場的報酬率走低，巴菲特在這年卻忙得不亦樂乎。事實上，每當市場不景氣時，就是巴菲特大張旗鼓之時。波克夏哈薩威在一九九四下半年，進行了四個重要而特別的收購。巴菲特一直都很看好大眾傳播和出版事業的前景，因此他買進美國最大的報紙發行企業甘尼特公司四．九％的股份，他也買進匹茲堡的大型地方銀行匹茲堡國民銀行（PNC Bank Corporation）八．三％的股份。

出人意料之外的是巴菲特在所羅門公司的鉅大投資。除了原來已有價值七億美元的可轉換特別股，現又加上六百六十萬股普通股。最後一項投資是在一九九四年夏季，波克夏轉換手上的美國運通特別股為普通股。之後從一九九四年下半年到一九九五年第一季，巴菲特一直持續買進美國運通的股份。總結下來，巴菲特在該公司共投資十三億六千萬美元。自從巴菲特在一九八八年和一九八九年買進可口可樂之後，這是波克夏第一個十億美元以上的投資。

迪士尼公司收購首都／美國廣播公司，為巴菲特帶來一個驚人的機會。波克夏持有二千萬股首都的股票，並以每股一七．二五美元買進，現在每股已超過一百二十美元。雖然併購事件允許首都的股東獲得較多的迪士尼股票或現金（視情況而定），但波克夏堅持每股至少六十五美元，而且以一股首都股票換一股迪士尼股票。於是巴菲特搖身一變成為迪士尼公司的第二大股東，擁有十三億美元（編註：巴菲特檢驗以下五家公司的原則，詳細內容請參見第四章）。

市場盪到谷底的甘尼特公司

甘尼特公司❶是採分散化經營的新聞和大眾傳播公司，總價七十七億美元。它的經營包括報紙出版、電台和戶外廣告，是美國最大的報業集團，有八十二種日報、五十種刊物，包括聞名的《今日美國》報和《週末美國》（*USA WEEKEND*）雜誌。《今日美國》迅速成為美國全國性日報。一九九四年甘尼特公司發行銷售的報紙，平均每日超過六百三十萬份。

甘尼特旗下有十家電視台，分別位在鳳凰城、丹佛、華盛頓特區、亞特蘭大、傑克森維爾等城市。該公司也經營六個調頻廣播電台和五個調幅廣播電台，分散在洛杉磯、聖地牙哥、芝加哥、達拉斯和休士頓等地。

此外，甘尼特公司也是北美最大的戶外廣告集團，在美國十一個州和加拿大都有營運。

企業原則：簡易且易於了解

報紙和電視台是巴菲特容易了解的行業。他擁有華盛頓郵報公司和《水牛城新聞報》二十年以上，之後又擁有首都／美國廣播公司。這些經驗不只使他有資格成為甘尼特的股

❶本書作者羅伯特·海格斯壯是焦點信託（Focus Trust）的投資組合經理。此共同基金持有甘尼特公司的普通股。

東，而且完全在他的「競爭優勢圈」內。

企業原則：長期前景看好

一九七三到一九八七年，是報紙和電視台蓬勃發展的時期。報紙當時是美國地方性和全國性廣告的重要媒介，並經常利用這項優勢調高廣告費。每當經濟遲緩，連帶影響發行量和分類廣告收入時，報紙就靠提高廣告費以獲取成長。同時期有線電視台也是低度競爭下的受益者。雖然那時有線電視的基本收視戶正逐漸擴展，無線電視廣播網仍是接觸多數觀眾的主要管道。

一九八〇年代晚期，這種情況開始改變，因為經濟不景氣，企業的廣告預算明顯縮水。此外，企業也開始試驗轉移廣告經費到其他媒體，例如直接郵寄廣告傳單（DM）、夾報傳單和目標行銷（target marketing，編註：依消費者特質，區隔不同的消費群，配合適當的行銷策略），因而轉移了對傳統報紙廣告的倚重，而有線電視廣告的效果逐漸也和無線電視不分軒輊。

一開始分析家和傳播公司都不確知這項改變的因素。這到底只是經營緊縮的結果呢？或是廣告界的永久性變革，顯示廣告已發現成本效益更高的方法去接觸消費者？不論是哪一種改變，報界和傳播業都了解它們無法再主控市場，因而不得不減緩費率的調漲，開始為爭取廣告而苦戰。

競爭無可避免會對公司的收入和利潤造成壓力，報費也不例外。「市場先生」如往常一般既興奮又絕望。當報界和媒體業開始報出較低的相對收益時，市場先生的熱情果然開始緊縮，這些企業的價碼立刻下降。市場先生在高峰和谷底時總是反應過度。

財務原則：股東權益報酬率

雖然報業獲利能力減少，這些企業的吸引力並未下滑到像股價那麼慘。一九八〇年代中期，整體報業股東權益報酬率的確比較高，平均接近一九％，到一九九〇年開始下降（見圖8.1）。然而，即使在那時，這個行業的股東權益報酬率平均為一三％，還是優於大部分企業的一〇％。就像其他報界同業，甘尼特的股東權益報酬率也下降了，但甘尼特不同於其他同業的，是它迅速重組，一九九三年將股東權益報酬率拉高到刷新紀錄的二三％。

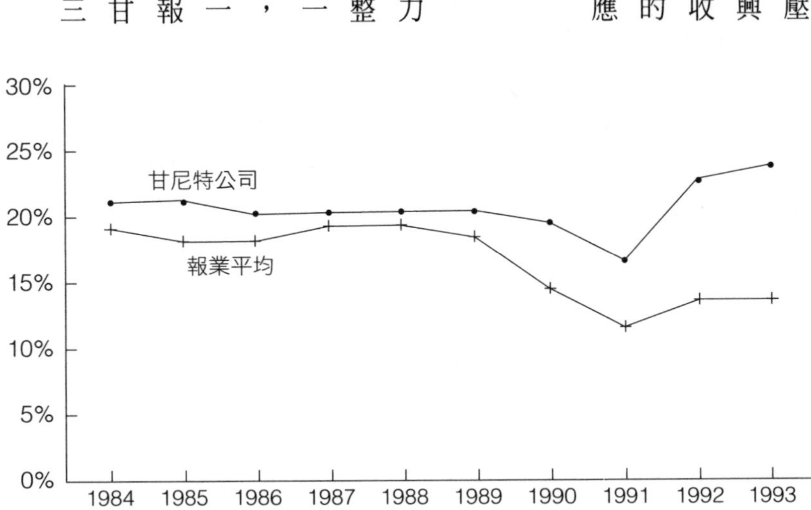

圖8.1　1984至1993年間甘尼特和報業平均的股東權益報酬率比一比

財務原則：毛利率

甘尼特公司能享有較高股東權益報酬率的原因之一，是管理階層不論時機好壞都嚴格控制成本。董事長兼總經理傑克·科里（Jack Curley）在一九八六年接管公司後，立刻大刀闊斧大幅削減支出。一九八〇年代晚期，甘尼特公司的支出和總銷售額的比例（百分比）接近二一·三%。一九九三年，這個比例掉到一·八%。和同業的毛利率比較（見圖8.2），更加凸顯甘尼特的管理階層在財務控制上不遺餘力。甘尼特的毛利率是一一%，較報業的平均值高出四%。

經營原則：理性

甘尼特的成功絕大部分要歸功給科里。他的前任者艾爾·紐哈斯（Al Neuharth）是擴張甘尼特的始作俑者。紐哈斯公然使用甘尼特的產權來收購其他報紙。事實上甘尼特平均流通在外股數從一

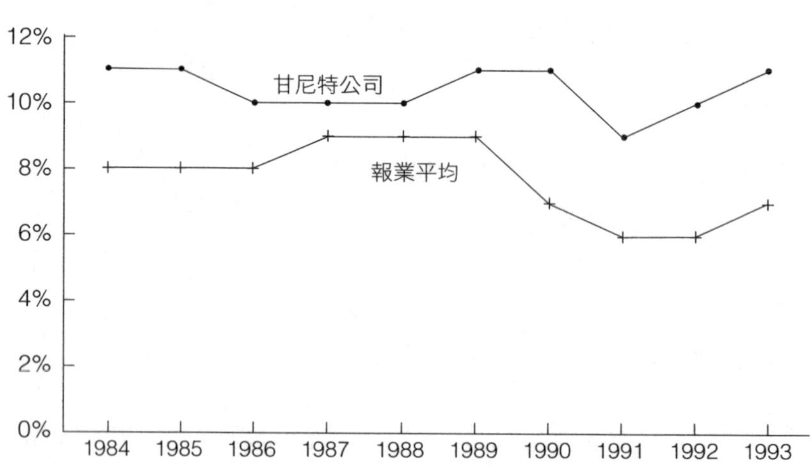

圖8.2　1984至1993年間甘尼特公司和報業平均的毛利率比一比

九七四年的九千四百萬股膨脹到一九八七年的一億六千二百萬股。科里自一九八六年就任總經理以來表現謹慎靈敏，注重股東報酬率而非擴張。一九九四年甘尼特自己投資三億九千九百萬美元，以平均每股五十美元的價位買回八百萬股（見圖8.3）。科里說：「和其他媒體企業的索價相較，我認為我們的股價是眾人信服的。」

市場原則：決定實質價值

甘尼特的股東盈餘（淨收入減掉資本支出，再加回折舊），在過去十年每年成長一二%。一九九三年甘尼特的股東盈餘達四億七千四百萬美元。我們知道巴菲特以當時的三十年期美國國庫債券利率來折現股東盈餘。然而當利率週期性降低時，他就調整貼現率，例如發生在一九九四年的案例。一九九四年第四季長期債券的利率在七．五%和八%附近盤旋。

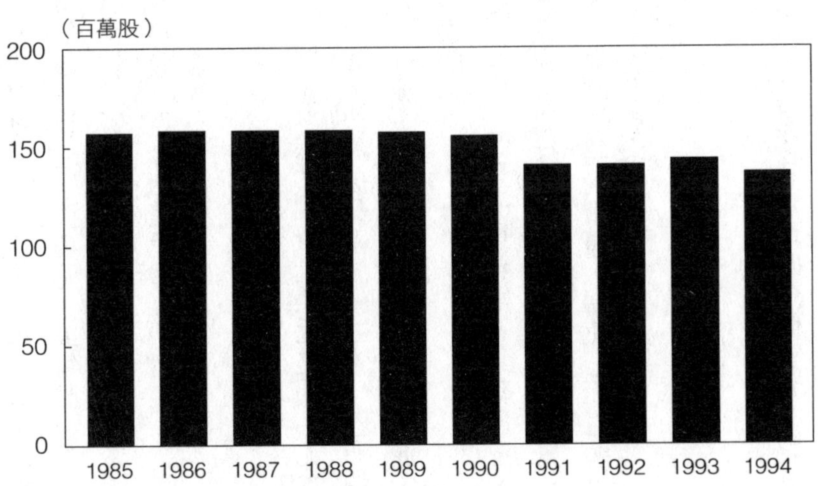

圖8.3　1985至1994年間甘尼特流通在外股份

若我們以保守的一〇%貼現率，假設甘尼特的股東盈餘在未來十年持續成長一二%，第十一年較遲緩為五%，那麼甘尼特未來的折現價值約為一百七十億美元，或每股一百二十二美元（見附錄表A.26）。若我們假設甘尼特將只持續成長一〇%，第十一年仍維持五%的成長率，則甘尼特的折現價值為一百四十六億美元，或每股一百零四美元。

市場原則：在理想價位買進

一九九四後半年，甘尼特的上市股價，每股介於四十五美元到五十美元之間（見下頁圖8.4）。巴菲特花在甘尼特的平均成本是每股四十八美元。假設成長率為一二%，巴菲特相當於以甘尼特實質價值的六折買進該公司股票。若是一〇%，巴菲特則是以五四折買進。不管是哪一種情況，巴菲特的投資都能達到明顯的安全邊際。

甘尼特是巴菲特的典型投資：買進他容易了解的公司，而且前景看好，又有負責、理智的管理階層，他則以合理的股價買進。當其他人意識到這個行業只有每下愈況，且瘋狂廉價傾銷他們在報紙企業的投資時，巴菲特才開始著手計算甘尼特的價值，即使它面臨競爭和考驗。市場先生的衝動情緒再一次跑向極端，巴菲特因此又撿到了一顆寶石。

一年就虧一億美元的銀行

匹茲堡國民銀行企業是全美十二大銀行控股公司，其資產為六百四十億美元。股東權益為四十四億美元。PNC是匹茲堡國民企業（Pittsburgh National Corporation）和位於費城的公積國家銀行（Provident National Bank）合併的結果。

投資失敗讓巴菲特看到機會

合併後的PNC一直以收購和設立非銀行業的子公司穩定持續擴展。今天PNC的分支機構遠至北邊的麻薩諸塞州，西至俄亥俄州，南至肯塔基州，東至紐澤西州均可見其蹤跡。PNC透過四種業務提供顧客多樣廣泛的金融服務和產品：普通的借貸、存款和付款系統給個人和小型企業；公

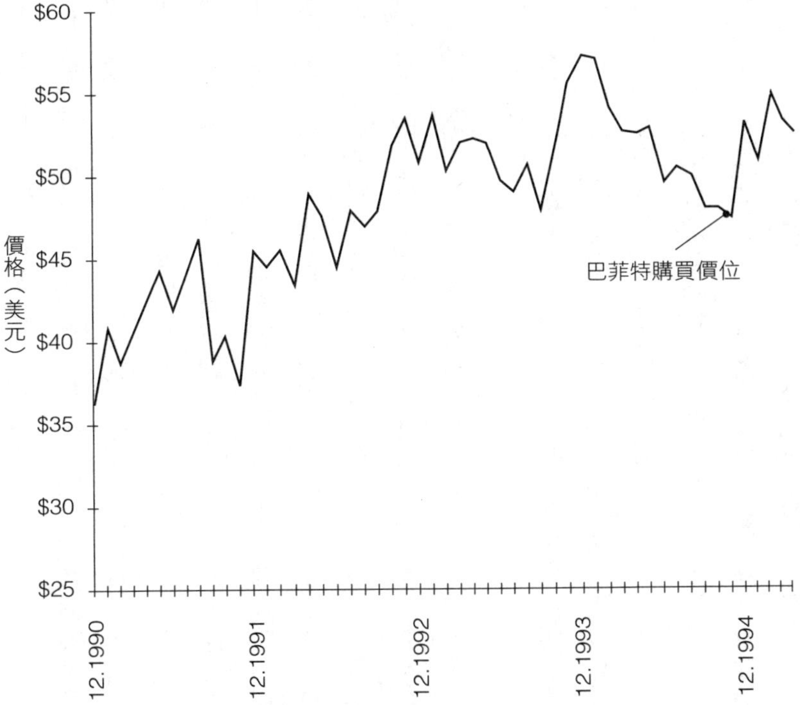

圖8.4　1990至1994年間甘尼特的股價

司銀行業務則提供傳統融資、財務管理和其他金融服務給企業或政府單位。

這家銀行的典型公司客戶行業涵蓋醫療保健、天然資源、房地產和電腦通訊業，它們的年銷售額從五百萬到兩億五千萬美元甚至更多。零售銀行業務和公司銀行業務二者結合，占PNC商業盈餘的大部分，一九九三年占總盈餘的七○%，一九九四年占九○%以上。

PNC的第三種業務是「投資管理和信託」，提供投資諮詢、資產管理和監護保管等服務，對象包括個人、機構和共同基金。PNC的投資管理和信託部門也是全美贊助投資研究的最大資金供應銀行之一。購買PNC的投資研究金融機構，超過兩百四十五家。PNC在共同基金銀行經理人當中名列第二大，在全美銀行投資經理人中排行第九大，而在所有投資經理人當中則排名第三十二大。在其管理下的資產不斷成長，一九九五年第一季，PNC完成對黑石（Black Rock）財務管理公司的收購，它是一家位於紐約的投資管理公司，旗下管理的資產超過兩百四十億美元。

研究金融業的分析家最近開始重視銀行的收費業務。收費業務的盈餘較易預測，有助於緩和銀行因貸款投資組合產生的不規則盈餘。雖然PNC的投資管理和信託部門很有吸引力，但這部分業務在一九九三年只占銀行盈餘的七%，一九九四年則為九%。

PNC的第四種業務是投資銀行業務，負責管理該銀行的資產與負債。包括管理銀行的證券財務狀況。投資銀行的業務也包括為超過兩百位有照經紀人提供經紀服務，及投機性資本投資和公司、政府金融服務等。此外，PNC的銀行投資業務也承銷醫療保健業、大專院校的收益債券，是最大的銀行承銷者之一。但巴菲特會注意到PNC，是因為這個投資銀行在一九九四年的失敗。

PNC一直都擁有比其他銀行更可觀的有價證券投資組合。原因可在匹茲堡呈週期性景氣循環的鋼鐵工業中找到。為抵消經濟遲緩影響，該銀行的傳統是靠有價證券投資組合來彌補貸款需求的降低，雖然匹茲堡的經濟已多元化，不再倚賴鋼鐵業，PNC仍擁有大筆有價證券投資組合。一九九四年PNC資產的三九%是有價證券投資組合，五九%是貸款。這和PNC的地方性銀行同業實在大不相同，它們平均值分別是前者二〇%，後者七五%。

經濟大蕭條以來最慘表現

擁有大量有價證券投資組合並不一定不好。若是負責的銀行能夠軋平資產和負債，事實上這是有利可圖的，只是大量的債券投資組合常因利率變化帶來風險。利率一改變，銀行的資產和負債極容易失衡。

PNC在一九九四年就陷入這種景況。該銀行為從降低的利率中獲利，一直有意不軋平資產和負債。頭三年這個策略都很成功，但在一九九四年，利率開始上揚，經濟學家也跌破眼鏡，因為美國聯準會在這一年中調高利率七次，債券市場經歷了自經濟大蕭條以來最慘的表現。和此時債券市場的損失相比，一九八七年股市的出清拋售都不算什麼。PNC的投資銀行業務部門這一年宣布損失一億三千六百萬美元。

利率一上揚，金融股股價就往下掉，尤其是銀行股。幾個主要地方銀行從一九九一到一九九三年，都遙遙領先標準普爾五百股票指數，卻在一九九四年開始直線下滑（見下頁圖8.5）。PNC的股東更是心驚膽戰，因PNC股價較同業下跌更慘。PNC是一九九四年表現最糟的銀行股之一，與一般銀行股的平均損失四%相較，事實上，PNC幾乎下降了三〇%。

除因利率上揚導致PNC盈餘銳減外，PNC的管理一直很上軌道。管理階層將各部門財務成績分開，小額銀行業務、公司銀行業務、投資管理和信託，以及投資銀行業務每個部門各自向股東報告，有如獨立自主的公司。每個部門宣布稅後的毛利率——盈餘除以收入的百分比，以及間接成本比率——非利息支出除以收入的百分比。資金分配也是根據各個管理階層的風險評估分配到四個部門。

公司銀行業務和小額銀行業務，過去二十年的股東權益報酬率分別為一八%和二〇%，投資管理和信託業務則超過四〇%，銀行投資業務的股東權益報酬率潛力更高。小額銀行業務以及投資管理信託業務的稅後利差收益是二〇%，相當可觀。公司銀行業務和投資銀行業務不像小額銀行業務須需要聘雇少數雇員和房屋，因此其稅後毛利率達四〇%到五〇%之間。

我們觀察PNC的淨利息收入和非利息收入（見下二頁圖8.6），就明白以上的高獲利報酬率其來有自。一九八四年的淨利息收入是四億美元，一九九三年成長為十九億美元，成長率一九%。同時期中非利息收入，由兩億美元成長到八億兩千兩百萬美元，成長率是一六%。

市場原則：決定實質價值

PNC在一九九三年中賺進六億一千萬美元，低於前一年的七億四千五百萬美元。巴菲特在一九九四年第四季，以平均每股二五．八五美元的價格開始收購PNC股份（見圖8.5），這個價格乘以

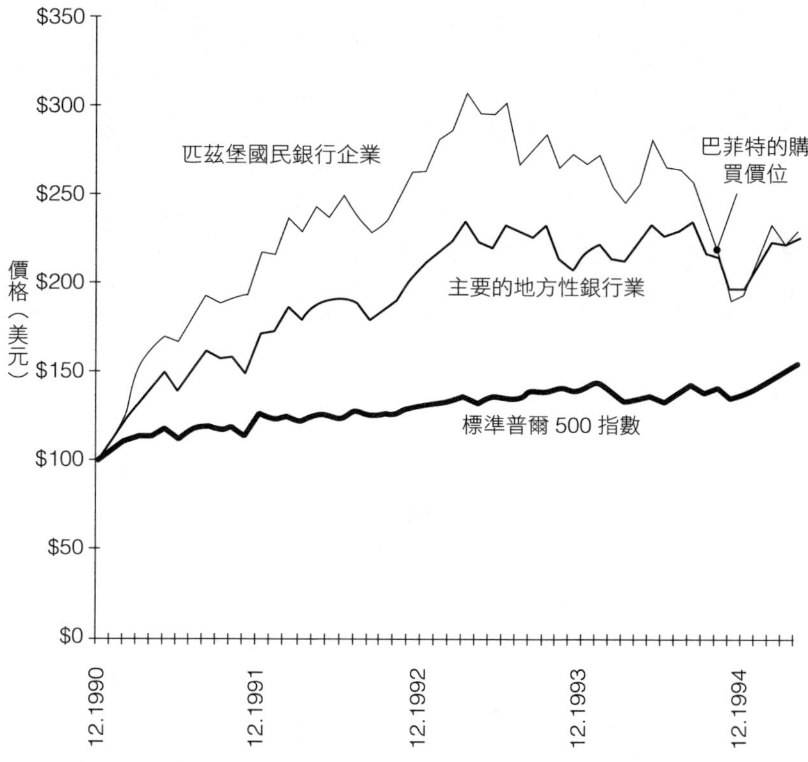

圖8.5　1990至1994年間匹茲堡國民銀行股價和標準普爾500指數和主要地方性銀行業指數比一比（起始日價格定為$100）

PNC流通在外的股數——兩億三千五百萬股，那麼PNC的市場價值大約為六十一億美元。

若我們將PNC一九九三年的盈餘六億一千萬美元以一〇％的貼現率換算現值，一〇％雖高於三十年期美國國庫債券的殖利率，卻是保守的比率。就算銀行在未來十年內，每年只賺上述的六億一千萬美元，一毛都不再多賺，也有六十一億美元的價值。然而觀察此銀行的品質、管理階層的用心和銀行淨利息收入和非利息收入的成長力，PNC將來每年可望賺六億一千萬美元以上。如此，PNC的市場價格和實質價值之間的差距，存在著安全邊際。

巴菲特近年來操練出這種能力，可以漠視那些他認為對公司只有暫時影響的大環境事件。他力排眾議，克服一般人對富國銀行的悲觀態度，結果波克夏在該銀行的投資跳升至三倍。

當然PNC不是富國，也沒有遭遇雷查德和

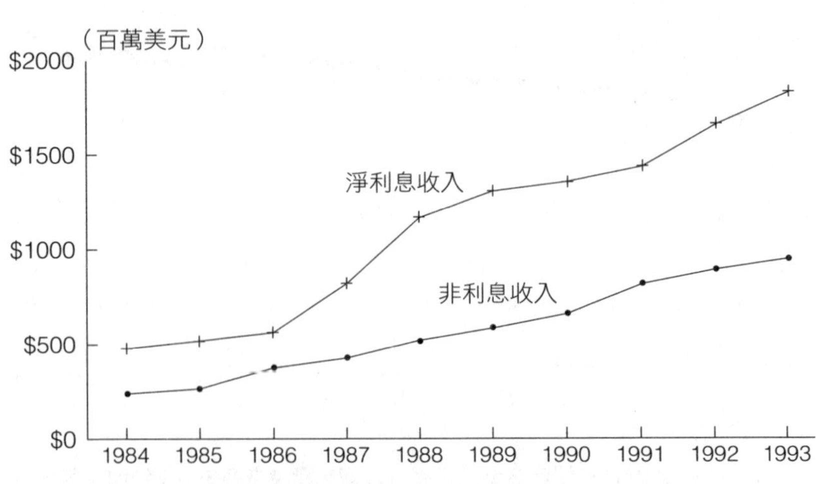

圖8.6　1984至1993年間匹茲堡國民銀行的淨利息與非利息收入

海山的財務困境。巴菲特純粹是下賭注，打賭利率上揚對PNC的負面影響是暫時的。其他投資者釋出股票，迫使價格掉到不合理的犧牲價位，讓巴菲特撿到便宜。巴菲特寫道：「當人們對一些大環境事件的憂慮升到最高點時，事實上也就是我們最佳交易的時機。恐懼是追趕流行者的大敵，卻是看重基本面的財經分析者的密友。」

紛爭不斷的所羅門公司

當你分析波克夏在所羅門公司的投資時，腦海浮現的第一個字就是「挫折」，巴菲特已經投資那麼多的時間、精力、金錢在這家公司，但結果並不盡如人意，至少表面看來是如此。然而，挫折並不表示失敗。

失敗意味著損失，不能獲得理想的報酬率。波克夏在美國航空的投資是個失敗的案例，甚至連巴菲特在波克夏一九九四年的年度報告中，都向股東承認那是個錯誤的投資決定。美國航空停止支付特別股股利給波克夏，該公司的股價從五十美元掉到個位數，巴菲特所投資的每一塊錢降值到只剩下二十五美分。

然而，所羅門並未停止支付波克夏哈薩威九％的特別股股利。對於波克夏七億美元的投資，所羅門自一九八七年以來，每年都盡責的回報六千三百萬美元。雖然過去幾年所羅門在同業中的表現並不突出（見下頁圖8.7），卻也從未慘到讓人質疑其存活能力。

值得注意的是，波克夏在所羅門投資的總報酬，包括特別股股利以及在三十八美元時可轉換為普通股的權利。雖然在目前將特別股轉換成普通股並無利益，但整個收入狀況還不差。因為企業從其他公司所得的股利收入，有七〇%可以免稅，所以波克夏在所羅門的特別股有接近八．一%的淨稅後報酬率，比起美國國庫券和其他相同到期日、相同信用評等的公司證券，算是相當好的。

企業原則：長期前景看好

投資銀行公司不是航空業，也不是飲料業。

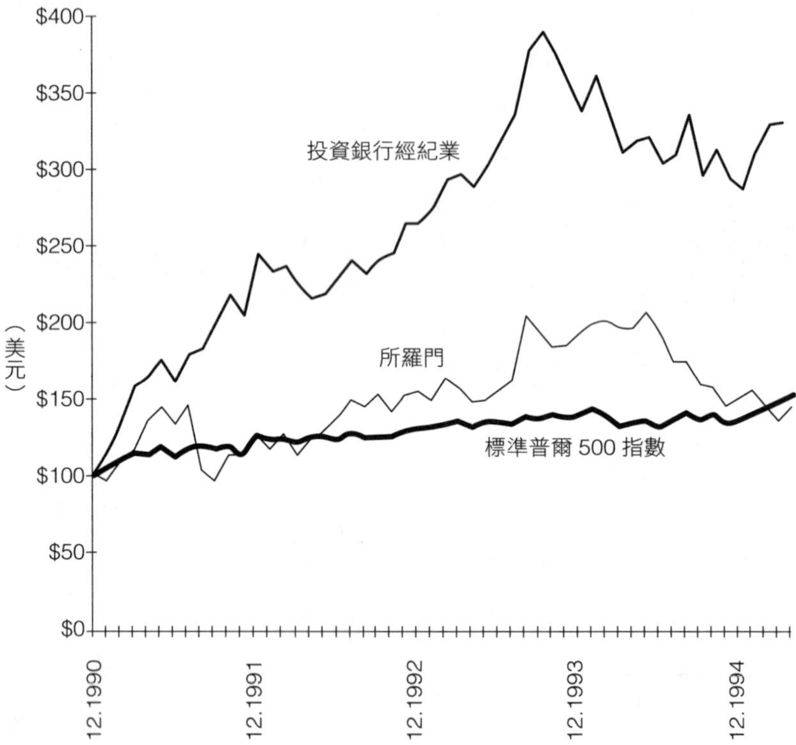

圖8.7　所羅門公司的股價和標準普爾500和投資銀行／經紀業指數比一比
（起始日價格定為$100）

也就是說，所羅門的產業景氣優於美國航空。但毫無疑問的，投資銀行的長期前景絕對無法媲美可口可樂，不管現在或將來都不能。

早在一九八七年，巴菲特就承認波克夏在銀行業的投資，一般而言並未遵行波克夏其他重要投資基本原則。畢竟，預測穩定行業的未來現金流量比較簡單，例如像是可口可樂、吉列公司、首都／美國廣播公司、華盛頓郵報公司，但要預測所羅門未來的現金流量則沒有那麼容易。

除此之外，波克夏的那些核心投資的風險也較小。我們很難想像可口可樂或《華盛頓郵報》整個倒閉。然而，投資銀行就有可能倒閉。管理者的行動通常可以成就或摧毀一家投資銀行，但對於有強大經濟力的特許權企業，歷史告訴我們，即使由庸才來管理也可以安然無恙。但就像巴菲特曾指出的，投資銀行企業若謹慎經營，長期下來會有較高的股東權益報酬率。

所羅門的投資銀行分公司——所羅門兄弟（Salomon Brothers），經營兩種主要業務。顧客導向的機構投資銀行業務，其股東權益報酬率可達一二%至一五%。另一個是自營部門，則有一五%至二〇%的股東權益報酬率。

兩者運作順利時，所羅門可以產生平均以上的經濟報酬率。然而只要兩者中有一個無法發揮潛力時，所羅門的報酬率可能令人震驚，這也正是巴菲特學到的教訓。

經營原則：理性

華爾街這個行業從不講究理性。有很多人反對巴菲特將錢投資在這個以缺乏理性聞名的行業。尤其是所羅門，多年來它的行動很少考慮到股東利益，彷彿不知理性為何物。雖引入來自外部股東，所羅門的表現卻不像公開招股公司，反倒比較像私人合夥企業。

以其報酬制度為例。對大部分私人合夥企業而言，企業的淨利要付給合夥人。所羅門成為公開招股公司，外部股東（公司股東）既有資金投入，自然會期待收到他們投資該得的利益報酬。所羅門曾經產生很大的利潤，以前的合夥人，現在的員工，卻仍冀望獲得所羅門大部分的總利潤。

巴菲特成為所羅門的股東後，自然關切公司分配資金的方式，結果他非常失望。他發現所羅門根深柢固的習慣是，人數日益龐大的經理們只知索求高額紅利和薪水，而不顧股東只能分到少許淨報酬。

一直到巴菲特安插丹漢擔任所羅門的董事長及莫漢為總經理後，他才得以建立所羅門以理性為基礎的報酬制度。這套制度的主要理念，就是讓股東先拿到合理的投資報酬之後，再根據經理人的貢獻給薪。所羅門的股東首次能獲得可觀的報酬，員工薪資也首度依能力論酬。

多年來，巴菲特在波克夏一直實施最低報酬制，所羅門的新制度在他看來自然非常合理。但是華爾街畢竟不是保守狹隘的小鎮居民，幾十年來巴菲特在波克夏行之有道的制度並不適用於所羅門。自新的報酬制度實施以來，員工都充滿怨恨，夢幻因此破滅。許多經理辭職，員工報酬引起的混戰看似無止無休，許多人開始懷疑所羅門未來是否還有前途。巴菲特卻不為所動，對於圍繞所羅門的擾攘，他沒有屈服也沒有動搖。他採取的行動是，除了已投資的可轉換特別股之外，又購進了六百六十萬股普通股，賦予波克夏對所羅門稍多於二〇%的表決權。

市場原則：在理想價位買進

波克夏以每股約四十九美元的價錢買了六百六十萬股普通股（見下頁圖8.8）。所羅門流通在外的股票，共計一億零五百萬股。因此，巴菲特買進所羅門股票的時候，該公司的市場價值是五十一億美元。若以一〇%的貼現率折現，此利率高於三十年期美國國庫債券的當期殖利率，那麼一個公司每年必須賺五億一千萬美元，才有五十一億美元的價值。所羅門在之前十年中每年平均賺三億八千萬美元，包括一九九三年破紀錄的八億六千四百萬美元收益。接著，於一九九四年損失了三億九千九百萬美元，一樣改寫公司紀錄。以三億八千萬美元為基準，若所羅門每年成長五%，該公司就值七十九億美元。然而即使五%這樣保守的成長率，所羅門也難以達成，因為它的前景實在無法預測。

事實上，所羅門的盈餘，不大可能依照上述預測。它的營業狀況很像波克夏轄下的一個事業：重大災害保險。任何一年，一個颶風引起的損害就足以賠光波克夏整年保費收入還不夠，迫使巴菲特還要動用準備金才能付出幾百萬美元的賠款。當然也可能都沒什麼重大災害特別在哪一年發生，則波克夏的所有保費收入皆可登帳為利潤。最有可能的情況是，波克夏有時須付出適度的賠償，同時也得到適度的利潤。就像難以預測何時會有大災難發生，所羅門哪一年會大豐收，哪時候會流年不利也難以預料。我們所能知道的，就是在長時間之後，風險會降低，盈餘的起伏會趨於平緩。

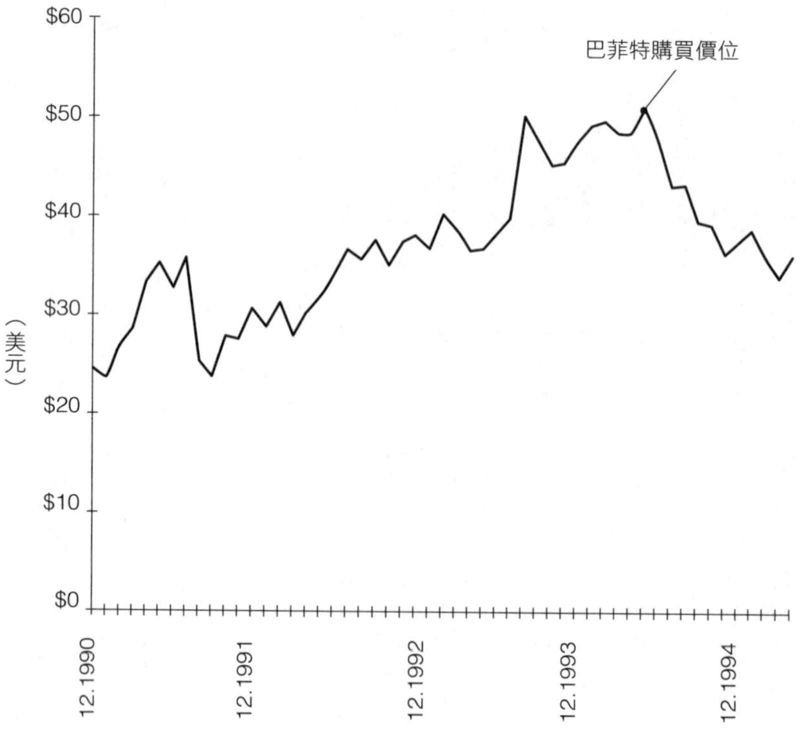

圖8.8　1990至1994年間所羅門公司的股價

一九九五年十月，所羅門必須開始贖回波克夏投資的可轉換特別股，每年須支付一億四千萬美元，連續五年。巴菲特可選擇贖回現金，或以每股三十八美元的轉換價兌換成三百六十八萬股普通股。各方都在猜測巴菲特在十月時會採取何種策略，兌換現金或股票？或兩者結合？

根據聯合資本管理公司（Combined Capital Management）羅伯特．柯曼（Robert Coleman）的分析，巴菲特在所羅門的投資頗具洞察力。依照柯曼的計算，即使巴菲特將特別股全部兌換成普通股，他在所羅門的投資也已經得到不差的報酬。柯曼的算法如下：波克夏投資所羅門十億美元，目前為止已淨得五億零四百萬美元的股利收入，若扣除股利，巴菲特投資的淨現金約達五億美元。現在公司的帳面價值為三十五億美元，又有高於一般平均值的股東權益報酬率，且波克夏擁有該公司二〇%的股權，柯曼算出，波克夏的投資價值超過七億美元。

二〇〇〇年之前，所羅門就遭遇和克服過許多難以置信的挑戰：佩雷爾曼（Ron Perelman）的企圖收購、一九八七年股市大崩盤、國庫債券醜聞、一九九四年債券市場大崩盤和引發高度爭議的報酬制度。回顧所羅門面對挑戰的回應，很難斷定它是失敗者。許多波克夏的其他股票都有令人滿意的結果，但所羅門的表現並不如意，這是事實。然而，正如巴菲特經常提醒波克夏股東的「條條大路通天堂」，所羅門這支股票最後可能走出一條與眾不同的道路，創造利潤。

盲目向外拓展的美國運通

巴菲特說：「我發現要評估一家公司，必須長期去熟悉它。」在波克夏持有的公司當中，除了可口可樂之外，美國運通❷是和巴菲特關係最長久的公司。一九六〇年代中期，美國運通爆發沙拉油醜聞案後，當時巴菲特就將自己四〇％的資產投資於美國運通。當時美國運通出具證明庫存大批沙拉油，但事實上，從來沒有什麼沙拉油存在。美國運通很快就負債數百萬美元，股價掉了一半，這時巴菲特以一千三百萬美元買進該公司五％的股票。三十年來，波克夏累積的股份已達該公司的一〇％，總成本約在十四億美元左右。

企業原則：穩定的經營史

雖然經歷過許多變革，美國運通三十年來的業務大致維持不變，和巴菲特購買它的時候差不多。它有三大部門，一是「旅遊相關服務」的部門，發行美國運通卡和美國運通旅行支票，占美國運通營業額的七二％；二是「美國運通財務諮詢」（前身是IDS財務部門），其業務包括財務規畫、保險和投資產品，占營業額的二二％。美國運通財務諮詢的專家超過三千六百位，負責的資產達一千零六十億美元，這個子公司因而成為美國最大的基金經理人之一；三為「美國運通銀行」，它只占該公司營業額的五％，卻是美國運通卡在各地的服務代表，其服務網分布全球逾一百二十個國家共二千三百個旅遊辦事處。

美國運通旅遊相關服務部門持續產生固定利潤。此部門一直都有鉅額的股東盈餘，用來資助其成長。但當一個公司所產生的多餘現金大於營運所需時，正可考驗經營者在分配資本時是否負責。通過考驗的經營者只投入須用的資本，以餘額增加股利或買回股份，利潤歸予股東。其他經營者則盲從法人機構，經常花掉現金以擴展其企業王國。很不幸地，這正是美國運通數年來在詹姆士．羅賓森領導下的命運。

羅賓森計畫用旅行相關服務部門的多餘現金收購同行企業，將美國運通建立為金融服務勢力集團。IDS被證明是一次有利可圖的購買，但西爾森雷曼則令人失望。西爾森不但不能資助自己，還日益需要旅遊相關服務部門的多餘現金才能維持營運。整個算來，羅賓森已投下四十億美元在西爾森身上。迫使羅賓森去接觸巴菲特的正是這個財務耗損。波克夏購買三億美元的特別股，雖然巴菲特那時願意投資買入美國運通的特別股，但是直到該公司變得理性，他才成為普通股股東。

經營原則：理性

大家都知道該公司的珍貴籌碼是出名的美國運通卡。只是美國運通的管理階層似乎並未意識到要珍惜把握該部門。還好，當羅賓森在一九九二年非正式辭職，由哈維．戈勒

❷作者是焦點信託的投資組合經理。該共同基金持有美國運通公司的普通股股票。

（Harvey Golub）繼任總經理之後，總算開始意識到正確的方向。戈勒和巴菲特有志一同，他開始強調美國運通卡的「專利權」和「品牌價值」，戈勒的當務之急是為強化旅遊相關服務部門的品牌意識，以及重整西爾森雷曼的資金結構以便拋售。

戈勒在接下來的兩年中，清算美國運通表現不好的資產，恢復該公司的獲利能力和股東權益報酬率。他在一九九二年公開出售第一數據企業，使美國運通淨賺十億美元以上。次年該公司又將其資金管理部門，波士頓公司（The Boston Company）以十五億美元賣給美隆銀行，不久西爾森雷曼也分割為兩部分。賣掉西爾森公司零售業務帳戶，至於雷曼兄弟，在戈勒投下最後十億美元之後，才得以免稅分配給美國運通的股東。

一九四四年，美國運通最有利潤的部門終於開始嶄露頭角。旅遊相關服務部門成了公司的龍頭老大。管理階層的目標是，建立美國運通卡成為「世界上最有威信的服務品牌」。該公司極力強調「美國運通」這名字的專利價值。甚至ＩＤＳ財務部門也被改名為美國運通財務諮詢。

一切上軌道後，戈勒定下該公司財務目標：每股盈餘每年成長一二％到一五％，股東權益報酬率達到一八至二〇％。一九九四年九月美國運通發布一項聲明，清楚表明公司理性新經營方式。宣布因應市場狀況，董事會授權管理階層買回二千萬股普通股。這對巴菲特真是大好消息。

一九九四年夏季，巴菲特轉換波克夏在美國運通的特別股。沒多久他開始收購更多普通股（見下頁圖8.9）。波克夏到年底已擁有二千七百萬股，平均每股二十五美元。美國運通繼它在一九九四年秋季宣布的股票回收計畫後，次年春季又宣布買回另外四千萬股，高達總流通在外股數的八％。

很明顯的，那時的美國運通公司和數年前截然不同。拋掉西爾森雷曼的重擔，與它龐大的資本需求後，美國運通有能力生產大量的多餘現金。該公司首次不再短缺資本和股票。巴菲特肯定美國運通所進行的改革，大量增加波克夏在該公司的持股地位。巴菲特在一九九五年三月另外增加了二千萬股，使波克夏持有美國運通幾乎一〇％的所有權。

市場原則：決定實質價值

一九九〇年起，美國運通這些年來的非現金支出、折舊和攤銷幾乎等於該公司取得的土地、建物和設備。當折舊和攤銷費用近於資本支出時，股東盈餘等於淨收入。然而，因該公司不穩定的營運歷史，我們很難預測美國運通股東盈餘的成長率。在此情況下，必須很保守地估計其成長率。

美國運通於一九九三年賣掉子公司的結果是，一九九四年底該公司的股東盈餘約達十四億美元。戈勒對該公司的目標是，盈餘能持續成長一二％至一五％。假設該公司的盈餘在未來十年內持續成長一〇％，第十一年以後只剩五％的成長率，這當然絕對低於管理階層自己的預估，再以一〇％來折現盈餘（比較三十年期美國國庫債券殖利率的八％，一〇％算是相當保守的折現係數），那麼美國運通的實質價值為四百三十四億美元，或每股八十七美元（見附錄表A.27）。倘若該公司的盈餘能夠成長一二%，那麼美國運通的實質價值就接近五百億美元，或每股一百美元。現採用較保守的估價，那麼巴菲特是以美國運通實質價值的七〇%買入該公司。那表示它有很大的安全邊際。

圖8.9　1990至1994年間美國運通股價和標準普爾500指數比一比（起始日價格定為$100）

企業原則：長期前景看好

有些投資人並不看好美國運通的專利價值，認為威士卡（Visa）和萬事達卡（Master Card）主控今天的一般信用卡市場。因為這兩家公司發卡不收年費，持卡者在大部分地區都可暢行無阻，美國運通怎麼和它們競爭呢？不過，有越來越多的商家接受美國運通。當時有八％的美國零售商店及八六％的加油站，以及世界上重要的旅遊業和娛樂業，幾乎百分之百接受美國運通卡。更重要的是第二個原因：持美國運通卡的消費者一年平均消費四千美元，多於威士卡和萬事達卡持有者的一千五百美元。消費額度對商家而言是重要考量，因此美國運通得以和更多商家順利簽約。

很多投資人觀察到消費性支出的景氣旺盛，因此一直看好餐飲業、俱樂部和娛樂事業的股票。巴菲特的做法則是免於承受這些企業風險，而又能善用此經濟現象。不論消費者選擇何種型態的娛樂和休閒，很多人都使用美國運通卡付費。巴菲特擁有該公司一〇％股份，意味著在這些每日大量進行的消費當中，他都抽了專利權使用費。

站在合併十字路口的迪士尼

巴菲特曾說：「我對公司合併並沒有太大興趣，我認為最好的合併就是首都公司及美國廣播公司結合的案子。」這是自從KKR公司在一九八九年買下RJR以來最大的企業合併。然而，隨後華特迪士尼公司又為市場帶來更大震撼，該公司總經理邁可．艾斯納

（Michael Eisner）宣布將以一百九十億美元買下合併後的首都／美國廣播公司，從此華特迪士尼公司將成為全世界最大的傳播及娛樂公司。

市場人士不僅被艾斯納的大膽嚇到，同時也不了解首都／美國廣播公司總經理墨菲心裡打什麼算盤。或許沒有一家公司總經理能像首都／美國廣播公司一樣，能在快速變遷的企業環境中，展現卓越的經營能力。首都公司在一九五七年掛牌上市的價格為每股五．七五美元，經過股票分割後，當初的一股已成為八十股，市價約一萬美元，這相當於在這三十八年間每年之報酬率高達二二％。

墨菲把首都／美國廣播公司賣給迪士尼公司所陪嫁的企業赫赫有名：如美國廣播公司是全美最大的電視網，旗下有八家電視台及二十一家廣播電台，有七家報紙及七十一家週刊，另有六十一家專業雜誌，同時擁有全美最大有線電視網ＥＳＰＮ公司八〇％的股權，並且投資兩家有線電視台Ａ＆Ｆ及生活時代。除此之外，首都／美國廣播公司合併之後，又買下幾家國際性電視及電影公司和電視廣播公司。

除上述眾多企業之外，首都／美國廣播公司扣除負債後，尚有四十億美元現金可供周轉。在企業併購市場中被高價買下的公司，通常會負債累累。與之相較，首都公司的條件真是令人垂涎三尺，更何況該公司是在一九五四年靠電視台及調幅電台起家，在紐約州阿爾巴尼多年打拚累積的成果，其成就更為市場所歆羨。

華特迪士尼與首都／美國廣播公司合併後的前景令人注目，對於首都／美國廣播公司的資產而言，迪士尼公司帶來了主題館（迪士尼樂園、迪士尼世界、艾比考特中心）、電影及電視製片公司（試金石暨迪士尼影業公司〔Touchstone and Walt Disney Pictures〕），動畫事業群（如《阿拉丁神燈》〔*Aladdin*〕、《獅子王》〔*Lion King*〕《風中奇緣》〔*Pocahontas*〕）、影片傳播公司（米拉麥克斯暨布恩那維斯塔〔Miramax & Buena Vista〕公司）及迪士尼頻道等，同時在全球擁有三百五十家迪士尼卡通人物專賣店。迪士尼公司亦擁有以下企業的股權如：迪士尼歐洲公司、海波林出版公司（Hyperion Press）、冰上曲棍球大力鴨隊（Mighty Duck）、職棒加州天使隊（Angels）及主演新版《美女與野獸》（*Beauty and the Beast*）的劇場公司。迪士尼公司與首都／美國廣播公司合併後之市場價值，將超過四百億美元。同時，每年營收高達一百六十五億美元。

企業原則：長期前景看好

媒體產業通常表現在兩個項目：實質內容及傳送過程。內容即是節目產品，換言之即電影及電視節目；傳送係指傳播之通路，或產品如何傳給觀眾。巴菲特認為：迪士尼與首都合併的重大意義是：將全世界最好的媒體產品公司（迪士尼）與全世界最強的媒體傳播公司（首都公司）結合起來。

過去的投資看法認為，節目內容應比通路更有價值，雖然媒體通路產生經濟規模後，其獲利不錯，但節目推出一旦受歡迎，其報酬將更為驚人。直到近年，這種看法才有所改變：如果同時擁有傳播通路及節目製作能力，則這家公司將是錦上添花前景看漲。所以媒體節目公司與傳播公司結合，被視為是理所當然的經營策略。直到聯邦法律的改變，才使這兩種公司有結合的機會。現在法律不再限制傳播公司不可以擁有自己的媒體節目公司，因此可彼此合併以追求更高的獲利能力，而媒體節目公司自此才有可靠的傳播公司來播送其產品。

不過迪士尼公司與美國廣播公司合併的例子，若以上述的理由解釋則過於簡化，因為艾斯納說：「我們買下首都／美國廣播公司並不是看上它是一家媒體傳播公司，而是它還有其他資產是我們所在意的。」的確，首都／美國廣播公司最偉大的寶藏莫過於ＥＳＰＮ，即體育娛樂節目電視網公司（Entertainment Sports Programming Network）。

ＥＳＰＮ觀眾遍及全美六千六百萬戶，及全世界一百五十個國家近九千五百萬戶家庭。當首都／美國廣播公司總經理墨菲被問到：在合併中ＥＳＰＮ是否是最有價值的資產？他回答說：「一點也沒錯。」迪士尼公司與首都／美國廣播公司合併後並未思考如何降低成本或確保節目如何順利播出，而是著眼於如何打開海外市場、如何持續有效並使營收成長？

電視網如果互爭收視第一，長久下來會是你丟我撿的零和遊戲。畢竟在美國只有二、三億觀眾，且收視人口成長有限。電視網營收成長之道不在節目上你爭我奪，而是如何去開發更多觀眾。正如同可口可樂、吉列、箭牌口香糖（Wrigley）等大企業，向海外市場積極促銷其產品一樣，媒體公司也應體驗此一趨勢來拓展業績。媒體娛樂事業的首要目標在於吸引更多觀眾，而海外的觀眾人數比起美國足足有數倍之多。運動及卡通在全球都是普受歡迎的節目，不僅老少咸宜、沒有政治立場，傳播語言也沒有障礙。迪士尼公司有了迪士尼頻道及ESPN後，就可強勢促銷其節目。

迪士尼這三個字全球知曉，但其節目的收視群並未普遍擴及到ESPN的觀眾群，因為ESPN全球體育節目的開播，比迪士尼頻道早了好幾年，可算得上是開山祖師爺了。

ESPN目前不僅播放受歡迎的體育節目，如籃球、美式足球、棒球及足球，它更播放各國所風行的體育節目以服務各國觀眾，藉此打好行銷關係。例如在印度，ESPN先轉播當地的曲棍球比賽，隨後再播放美式足球大賽；而在中國可能先播桌球比賽，再轉播美式足球。現在迪士尼頻道有了ESPN後，就可站在這個有數十年傳播經驗巨人的肩上，來促銷其動畫節目。了解了ESPN的價值後，就會知道迪士尼公司買下首都公司，不是單純看上該公司在美國的電視網市場。

經營原則：理性

艾斯納廣為人知的事有兩項：一是迪士尼公司給他的超額紅利；二是他的強勢主導性格，因此常被人忽略他也是一位成功的企業經營者。他對迪士尼公司所投入的心血，以及為公司及股東所創造的貢獻，是有目共睹的。

從八〇年代中期以來，艾斯納為迪士尼股東增加二百二十億美元財富，為公司賺一塊錢的同時，也為公司增值四塊錢。這結果反應出股市投資人對艾斯納經營能力的肯定。然而最重要的指標：評估公司是否為股東盡心謀利？就要看公司的股利政策，是否專以股票發放股利而稀釋了股東的財富？在這方面艾斯納絕不是這種人，事實上由於他不願以迪士尼股票增資，以致差點不能順利買下首都公司。

艾斯納與墨菲為兩家公司能否合併，協商了數年之久。期間曾因艾斯納拒絕以發行迪士尼新股籌資，而使談判破裂。墨菲在理解對方的立場後，提議避免雙方以現金進行併購而需繳一大筆資本利得稅，故以股權互換方式來進行合併，同時讓首都的股東能擁有未來合併後公司成長的利益。終於雙方同意此原則，並在細節上亦達成共識，最後以一股迪士尼股票交換每股六十五美元的首都股票，在此條件下，雙方達成合併。

市場原則：決定實質價值

投資人接下來面對的問題，並不是迪士尼買下首都的價錢是否合理？而是評估擁有新公司的股票是否會增值？雖然這兩家公司合併後，將面臨許多不確定性，更何況兩家公司又處於變化迅速的經營環境，因此想有效評估新公司的價值的確不易。但是只要把握巴菲特的方法，應該可以對新迪士尼公司客觀合理評估其價值。

新迪士尼公司的實質價值，來自於原來兩家公司分立的基礎下個別價值的總和。以兩家公司在一九九五年的營運資料，可保守估計出合併後的公司價值與併購成本間的差價。一九九五年底迪士尼公司可獲利十三．七億美元，年度折舊費用為四．九五億美元，資本支出達十一億美元，則迪士尼公司的股東盈餘約為七．六五億美元（即淨利加上折舊減去資本支出）。首都公司預估今年可獲利七．八五億美元，而折舊費用有一．七五億美元，資本支出有一．二五億美元，因此它的股東盈餘有八．三五億美元。

現以合併基礎評估新公司，在一九九五年公司將可獲利十六億美元，然而由於併購而舉債，新增了一百億美元債務，根據迪士尼公司財務長史蒂芬．博倫巴克（Stephen Bollenbach）估計，這一百億美元債務，一半以固定利率，一半以浮動利率計息，合計之負債成本約在年息七％，換言之，新迪士尼公司每年要多負擔七千萬美元的利息支出，再考慮迪士尼公司四〇％的公司稅率，則公司每年稅後新增負債淨支出為四千二百萬美元。

巴菲特一向用三十年期政府公債殖利率來折現股東盈餘，而當時美國利率水準為歷史低檔，因此他不願用如此低的報酬率來折現公司價值。假定新公司在往後十年間的股東盈餘以年報酬率一五％成長，而後其他年度以五％成長，則股東盈餘的貼現率要調高至一〇％，因此新迪士尼公司的總值將高達五百三十八億美元。

市場原則：在理想價位買進

迪士尼公司為買下首都公司，必須發行一億五千四百萬股來交換首都流通在外的股份，同時也使迪士尼公司總股數達到六億七千五百萬股。如果迪士尼公司在未來十年內股東盈餘以一五％成長，而往後時間以五％成長，則迪士尼每股價值將高達八十美元左右，而當時迪士尼之股價僅有六十美元，則相當於迪士尼股票以七五折在股市上交易，這種折價程度比起巴菲特常用的安全邊際並不算高，但顯示原來的迪士尼股東及首都股東在變成新公司之股東時，其股票價格並未被高估，且未來仍有增值潛力。只要增加股東盈餘的成長率，可以很容易得到更高的公司價值，例如確信迪士尼公司每年股東盈餘將以一七％成長，則其每股價值將高達九十三美元；而如果是二〇％成長率，則每股價值會提高至一百美元。

在巴菲特謹慎的投資準則中，並沒有過度膨脹對成長的認定，例如安全邊際的觀念，在於保護投資人避免無法預估的不確定因素，而可能對公司及股東盈餘造成傷害，同時也不能只為維持投資安全邊際，而一味提高成長率。況且以上所做的財務評估，並未考慮迪士尼公司及首都兩家公司合併後的經營「綜效」。

艾斯納表示：「此種綜效將會持續下去。」事實上他也表示：「討論公司合併中哪方付的價錢較合理，這種想法過於短視，因為經由合併後所帶來的商業機會，才是雙方共同成長的基礎。」迪士尼與首都公司合併不免招來一些批評，有人質疑媒體企業垂直整合是否明智？有人懷疑買進的傳播公司已達到經濟規模的高峰，合併真能創造更高獲利嗎？更有人認為這兩家不同企業文化的公司，要達到協調共處不是容易的事，更何況之前沒有這種媒體業結合的案例。

通常一家公司宣布要買下某家企業時，被買下公司的股價一定上漲，而花錢的金主公司之股價會下跌少許。以高價收購公司的消息一經發布，自然使被併購企業的股價上揚。華爾街股市對於出錢併購的企業，總是以公司的利空消息視之，這種反應不管是對是錯，總是認為舉債買下其他公司後，要面臨更大的經營風險，因此其股價總以下跌做反應。

巴菲特並不認同這種想法，反而持有另一種看法，他認為迪士尼與首都的結合，即是宣告更強勢的公司自此誕生。兩家公司合併消息公布前，公司主管擔心迪士尼股價到底會跌多少，巴菲特卻與迪士尼某主管賭一百美元：他認為迪士尼股價會違反市場表現，股價會以上漲收市。一九九五年七月三十一日早上，艾斯納與墨菲共同宣布：迪士尼公司正式併購首都／美國廣播公司。當日股市在下午四點收盤後，迪士尼股價果然上漲一．二五美元，成為每股五八．六二美元。

兩家公司合併的協議讓股東皆大歡喜，首都公司的股東可賣出更高價格的股票，或是繼續成為股東換取價值更高的股票，任由股東選擇。波克夏公司原先擁有二千萬股首都／美國廣播公司的股權，經過公司合併後，現在僅次於巴斯（Bass）家族，成為全球最大媒體傳播公司的第二大股東。此一新公司有多項特點，符合巴菲特對企業的投資原則。正如同多數波克夏投資事業群所具備的特點一樣，因此巴菲特說：「我們未來將持有更多的迪士尼股票，此種可能性越來越高。」

第 9 章

四個步驟讓你成為巴菲特

巴菲特的投資策略簡單到令人難以置信。不用學習電腦程式或研讀二吋厚的投資銀行業務手冊。巴菲特自己就說：「我們所做的事，不超出任何人的能力範圍。」

英國劇作家蕭伯納（George Bernard Shaw）寫過這麼一段話：「世故者改變自己來適應這個世界，而特立獨行者卻堅持嘗試改變世界來適應自己。因此，所有的進步都是仰賴後者來促成。」我們是否應該將巴菲特歸納為「特立獨行的人」？如要這麼說，那麼就是假定他的投資方法在金融界象徵著一種進步。不過，這是我隨便做的一種假設，因為當我們看到「世故」者近來的成就時，最好的狀況頂多是認為世道不公；嚴重時，恐怕是一場災難。

一九八〇年代，在人們的記憶中，被認為是震撼財務管理界的十年。電腦程式交易（編註：利用電腦程式掌握不同市場的行情，對股票、期貨、選擇權等進行買賣）、舉債收購、垃圾債券、衍生性金融商品和指數期貨，如人們所預料，讓許多投資人震驚。基金經理人之間的那些界限已經變得模糊；基礎證券研究在彈指之間已經被電腦取代；黑箱作業已經取代了經營訪問和調查；自動化則代替了直覺。

今天，一般投資人已經變得不再容易被蠱惑，並且與金融市場疏遠了。隨著大多數基金經理人無法再替他們委託人的投資組合增加資產價值，我們很容易了解到消極的指數投資為何如此受到歡迎。

在往後的數十年中，投資人遊走於許多不同的投資方法間：小資本化或是大資本化、成長法、價值法、動態法（momentum）、主題法、產業循環法（sector rotation）等，都曾證明它們在投資上是有益的。但有的時候，這些方法也不管用，使得他們的追隨者無法突破瓶頸。

巴菲特則是個例外，他尚未經歷過投資策略無效的時期，他的投資績效被廣泛證明是持續的領先者。當投資人和投機客都分心於尋找更好的投資策略時，巴菲特已經悄悄聚集了一筆數十億美元的財富。自始至終，他都將投資視為一種企業經營活動，而以一般常識做為他的投資哲學。

他是如何做到的？

當我們知道巴菲特成功的事實和他的簡單投資方法時，較為適當的問題設定方式，並不在於他的投資方法是什麼，而是其他的投資人為什麼不會應用他的方法？答案可能在於投資人對投資存有何種認知。

他觀察企業的全貌

巴菲特從事投資的時候，會觀察一家公司的全貌，而大多數的投資人只觀察其股價而已。他們花費太多時間和精力觀察、預測和期望價格改變，卻很少花時間了解手中持股公司的經營狀況。

這種基本態度的不同，造成一般投資人與巴菲特根本上的差異。他擁有股權，並管理過各式各樣的公司，同時又投資普通股股票，這種凡事都要插手的經驗，將巴菲特和所有其他專業投資人區別開來。

擁有並且經營企業，帶給巴菲特莫大的好處。在他事業的冒險生涯中，已經經歷過成功和失敗，並將所學習到的教訓運用在股票市場。其他的專業投資人還沒有機會接受如此有益的教育。

當其他專業投資人忙於學習資本資產定價模式（capital assets pricing model）、貝它係數，和現代有價證券投資組合理論學說時，巴菲特研究損益表、資本轉投資的條件和公司產生現金的能力。「你能對一條魚解釋清楚在陸地上行走的滋味嗎？」巴菲特問，「在陸地生活一天的真實感覺，勝過以言語解釋一千年，而實地經營企業一天，也是如此。」

依照巴菲特的理論，投資人和企業家應該以同樣的方法觀察一家公司，因為他們實際想要的東西相同。企業家希望買下整個公司，而投資人希望購買公司部分股票。如果你問一個企業家，當他購買一家公司時，他想要的是什麼，答案經常是：「這家企業能產生多少現金？」財務理論告訴我們，隔一段時間，公司的價值和它的現金產生能力間有直接的關聯。理論上，企業家與投資人為了獲利，應該要注意相同的變數。

他固定檢查三個變數

如果接受巴菲特的投資策略只需要觀念上的改變，那麼大概會有更多的投資人成為他的支持者。很不幸，應用巴菲特的方法需要改變的不只是觀念，還包括績效如何被評估和溝通方式的改變。

衡量績效的傳統準繩是價格變化，亦即股票購進價格和市價間的差異。長期來看，股票的價格應該近似於企業價值的改變；然而短期來看，價格很可能大幅在公司的實質價值上下盤旋，這是受企業成長之外的因素左右。問題仍然在於，大多數的投資人使用短期價格變化來計算他們投資方法的成功或失敗。但是這些短期價格變化，對於預測企業的經濟價值變動往往少有助益，反而對於預測其他投資人的行為較有幫助。

除此之外，委託人還要求專業投資人報告每季績效。而委託人在等候他們的投資組合達到某一價格時，經常顯得不耐煩。如果投資組合並未出現短期價格上漲，委託人會表現出不滿和懷疑他們投資上的專業能力。專業投資者知道，他們必須在改善短期績效或冒著損失客戶的風險之間做選擇，於是開始陷入追漲殺跌的漩渦中。

巴菲特相信，使用短期價格判斷一家公司的成敗是愚蠢的行為。取而代之的是，他要公司向他報告因經濟實力成長所獲得的價值。每年一次，他固定檢查幾個變數：

- **初始的股東權益報酬率**
- **營運毛利、負債水準與資本支出需求的變化**
- **該公司的現金產生能力**

如果這些經濟指標正在進展，他知道長期下來，結果會反應在股價上。短期之內，股價所發生的事往往是不合常理的。

使用經濟指標當作績效評量的標準，其困難點在於這不是習慣上的用法。委託人和投資專家同樣被價格起伏牽著鼻子走，每天股票市場報導價格變化，委託人的會計報表反應每個月價格變化，而投資專家的績效又是根據價格變化每季被評估。要解決這種兩難的處境，答案可能就要運用巴菲特不透明盈餘的概念。如果投資人使用不透明盈餘評估他們投資組合的績效，也許這種僅是追逐價格起伏的不合理行為，可以被調整過來。

如果你認為用經濟上的變數來代替短期的價格變化以預測股價還屬遙不可及，可以考慮「關係投資」（relationship investing）這個漸為機構投資人接受的概念。

他是關係投資的先行者

隨著一九九〇年代的展開，一個新的投資策略慢慢浮現。曾經以短線交易為操作方法的機構投資者，在行為上已逐漸表現出自己像是手上持股公司的老闆。這個主意開始被人們稱為「關係投資」，反應出一種建立在投資人和公司間長期關係的概念。經由證券管理委員會的支持，機構投資者被鼓勵購買目標公司的更大股份，使他們的行為更像長期股權持有者。

投資人與經營者要能互利

「關係投資」的邏輯是明確的。投資人提供長期資金，以便經營者可以透過這筆資金的運用來追求公司的長期目標。投資人和經營者都不擔心短期價格變化的衝突。「關係投資」的價值對機構投資者相當有吸引力，因為它具有潛在報酬。雖然一九八〇年代，被動的股市指數投資提供了充足的報酬，但對一九九〇年代而言，可能是更為困難的獲利環境。

今天，退休基金幾乎占了全美普通股股票的五五％。過去，當投資人對公司和它的經營方式失去信心時，大部分都會立即賣掉手上的股票，並找尋另外的投資管道。但是當一大筆退休基金決定移動某特定資金的時候，即使該基金可能僅移動了資產的一％，這一％可能就代表一家公司股票的大部分。在一次交易中，數百萬美元的股票被賣出，一筆交易就可能分散某家公司的股權，而使其難以獲利。另一方面，機構投資者正在學習長期持有普通股股票，並與經營者共事以改良公司的績效，這樣可能比單純銷售股票更能獲利。

關係投資的理念仍在發展中。在它最激進的形式中，包括經營者和投資人之間的對立。但是不像一九八〇年代公司的侵入者會設法逐出原來的經營者，並將公司解體，現在關係投資人寧願與經營者共事以強化這家企業。在最溫和的例子中，「關係投資」只限於提供長期資金和監督公司，這使得經營者得以繼續執行公司的政策，而不用擔心潛在的接收者或不耐煩的投資人。巴菲特所運用的就是這種「關係投資」的模式。

避開須大幅度改變的公司

先買下一家公司，再尋求大規模轉變，這並不是巴菲特的創見。相反地，他盡量避免選擇需要做大幅度改變的公司。此外，因為他只購買持有經營者重視股東權益的公司，所以股東與經營者靠著對立手段來企圖改善股東權益報酬率，這個主意實在令人無法想像。

大多數的情況中，巴菲特會把他的股票表決權指派給經營者。雖然這種做法有時會為他在公司董事會上贏得一席之地，但這並不是常態。在通用動力公司和富國銀行裡，巴菲特雖指派了投票表決權的代表，但未取得董事會席次。

巴菲特在「關係投資」這一名詞出現且遠在它大為流行之前，就已認同這一概念。當波克夏大量購買某公司的股票時，巴菲特已確認經營者能無所顧忌做他們的工作。「這種情況，再加上一位優秀的經營者和良好的企業，」他表示，「如此才能供應最優良的土壤，供給豐盛的財務收穫。這就是我們在經濟上安排的發展環境。」

我們知道巴菲特的投資方法，經過時間的考驗後，已證實是成功的。他的方法不難理解，同時，他的關係投資模式在過去雖顯得相當獨特，但現在已有許多擁護者。關於這一點，你可能會懷疑你如何能運用他的投資策略。答案可以在巴菲特的投資策略裡找到。

他的方法其實很容易學

這本書的主要目標，是為了幫助投資人了解並運用那些曾經使巴菲特成功的投資策略。我希望經由學習他過去的經驗，你能夠更進一步應用這個方法。未來你可能會看到類似巴菲特投資策略購買股票的例子，並且在理解巴菲特所採取的行動之後，就會從他的理論中獲益。

理想上，這本書最大的助益，在於幫助投資人觀察未來投資機會，而能夠辨認出像華盛頓郵報這種股票並進場購買，或富國銀行、可口可樂，也可能是通用動力這類股票。當股票市場迫使一家優良企業（如華盛頓郵報所遭遇到的）的股票價格下跌，或遭特殊風險而暫時受挫（如富國銀行所遇到的），或當投資人冷漠地允許上好的企業（例如可口可樂）定價為公司實質價值的一半，或當經營者的做法不盲從法人機構的行為時（例如通用動力的安德斯），投資人將會經由如巴菲特般的思考和行動模式得到報酬。

華倫．巴菲特的投資策略

步驟一：不理會股票市場每日的漲跌
步驟二：不擔心經濟情勢
步驟三：買下一家公司，而不是股票
步驟四：管理企業的投資組合

巴菲特的投資策略簡單到令人難以置信。不用學習電腦程式，或研讀二吋厚的投資銀行業務手冊。你只需要評價一家公司，並支付低於該家公司實質價值的股票市價，沒有科學

道理可循。「我們所做的事，不超出任何人的能力範圍，」巴菲特說，「很多時候你就是不需要用與眾不同的手段才能得到與眾不同的結果。」

諷刺的是，巴菲特成功了，但其他與他一樣具備超群能力的人卻失敗了。「它對我來說已經證實是有幫助的，」他解釋道，「商學院教導數以萬計的學生出來，但是這項教育對思考卻沒有任何好處。」我並不是暗示巴菲特僅達一般水準，事實上，他遠遠超前許多。毫無疑問他成就顯赫。但是巴菲特和其他專業投資人之間的差距，在於那些人自願玩「失敗的遊戲」，差距因此不斷擴大。巴菲特不會選擇去玩「失敗的遊戲」，這本書的讀者也會做出相同的抉擇。

在財務上，不管你是否有能力購買一家公司的一〇%，或只能買下一百個股份，「巴菲特的投資策略」能幫助你達成有利潤的投資報酬。但是巴菲特的投資策略只會協助那些樂意幫助他們自己的投資人。要成功，投資人得為自己理清思路。如果你意志不堅，任何投資決策都受股票市場的風吹草動影響，那麼巴菲特的投資策略能幫你的就很少了。但如果你能自己多思考，懂得應用比較簡單的方法，並對自己有信心和有勇氣，則獲利的機會就會大為增加。

人們在嘗試新事物時，很自然會遭遇一些不適應。在巴菲特的投資策略中，第一步驟是最具挑戰性的。如果你能夠掌握第一步驟，其餘的就容易多了。

步驟一：不理會股票市場每日的漲跌

請記得股票市場是顛狂與抑鬱交替發作的場所。有時它對未來的期望感到興奮，而在其他時候，又顯出不合理的沮喪。當然，這樣的行為創造出投資機會，特別是傑出企業的股價跌到不合理低價時。但是，正如你不會採信情緒起伏不定的顧問的建議，你也不應該允許股市操縱你的投資行動。股票市場並不是投資顧問，它存在只為幫助你買進或賣出股票罷了。如果你相信股票市場比你更聰明，你可以照著股價指數的引導來投資你的金錢。但是如果你已經做好準備作業，並徹底了解你打算投資的企業，同時堅信自己比股票市場更了解這家企業，那就拒絕市場的誘惑吧！

在巴菲特的辦公室，並沒有股票行情終端機，而且，沒有它，巴菲特似乎也能輕易過關。如果你打算擁有一家傑出企業的股份並長期持有，但又去注意每日股市變動，那是不合邏輯的。而你將會驚訝地發現，不持續注意市場變化，你的投資組合反而變得更有價值。如果你不相信這點，不妨為自己做個測驗，試著不要注意市價四十八個小時，不要看著機器、不要對照報紙、不要聽股票市場的摘要報告、不要閱讀市場日誌。如果二天之後你持股公司的狀況仍然不錯，試著離開股票市場三天，接著離開一整個星期。很快地，你將會相信你的投資狀況仍然健康，而你投資的公司依舊運作良好，雖然你並未注意它們的股票報價。

「在我們買了股票之後，即使市場休市一兩年，我們也不會有任何困擾，」巴菲特說。「我們不須對擁有百分之百股權的時思或布朗鞋業，每天注意它們的股價，以確認我們的權益。既然如此，我們是否也須注意可口可樂的報價呢？我們只擁有它七％的股權。」很顯然地，巴菲特告訴我們，他不需要市場的報價來確認波克夏的普通股投資。對於投資個人，道理是相同的。

你知道，當你的注意力轉向股票市場，而且在你心中的唯一疑問是：「有沒有人最近做了什麼蠢事，讓我有機會用不錯的價格購買一家好企業的股票？」這時，你已經接近巴菲特的水準了。

步驟二：不擔心經濟趨勢

正如人們徒勞無功花費時間擔心股票市場價格，同樣地，他們也無需擔心經濟趨勢。如果你發現自己正在討論或思考經濟是否穩定成長，或走向蕭條，利率是否上揚或下跌，或是否有通貨膨脹或通貨緊縮，慢點！讓你自己喘口氣。巴菲特原本就認為經濟有通貨膨脹的傾向，除此之外，他並不浪費時間或精神去分析經濟趨勢。

投資人時常以一個經濟上的假設做為起點，然後在這完美的設計裡選擇股票來巧妙配合它。巴菲特認為這個想法是愚蠢的。首先，沒有人具備預測經濟趨勢的能力，同樣，對股票市場也無預測能力。其次，如果你選擇的股票會在某一特定的經濟環境裡獲益，你不可避免會面臨變動與投機。

不管你是否能正確預知經濟走勢，你的投資組合將視下一波經濟景氣如何，而決定其報酬。巴菲特較喜歡購買在任何經濟趨勢中都有機會獲益的企業。當然，整體經濟力量可以影響毛利率，但整體來看，不管經濟景氣如何，巴菲特的企業都能得到不錯的收益。在選擇並持有能在任何經濟環境中獲利的企業，時間將被更聰明地運用，而不定期地短期持有股票，就只能在正確預測經濟景氣時，才可獲利。

步驟三：買下一家公司，而不是股票

假設你現在必須做一個非常重要的決定，明天你將會有一個機會選擇，那麼你要投資哪一家企業？為了讓它更有趣，讓我們也假設，一旦你已做了決定，它將無法改變，此外，你必須持有這個投資十年。最後，因為擁有這個企業的所有權而產生的財富，將會隨著你結束股份持有而歸於你的名下。現在，你打算考慮些什麼？大概會有許多問題閃過腦海，剛開始會招來很多迷惑。但是，如果把此相同的測驗留給巴菲特，他會非常有系統地開始問自己一些問題：

企業原則：這家企業是簡單且可以了解的嗎？

你無法對你選擇的企業的未來做出聰明預測，除非你了解它如何賺錢。投資人在投資股票時，經常對一家公司如何產生銷售、費用、利潤等沒有任何線索。如果你能了解這個經濟流程，你就有能力明智地進行你的研究調查。

巴菲特的原則

企業原則

- 這家企業是簡單且可以了解的嗎？
- 這家企業的營運歷史是否穩定？
- 這家企業的長期發展前景是否看好？

經營原則

- 經營者是否理性？
- 經營者對它的股東是誠實坦白的嗎？
- 經營者是否會盲從其他法人機構的行為？

財務原則

- 把重點集中在股東權益報酬率，而不是每股盈餘
- 計算出「股東盈餘」
- 尋找高毛利率的公司
- 對於保留的每一塊錢盈餘，確定公司至少已創造一塊錢的市場價值

市場原則

- 這家企業的價值是什麼？
- 這家企業是否能以顯著的價值折扣購得？

企業原則：企業的營運歷史是否穩定？

如果你打算將家庭的未來投資到一家公司，你有必要知道該公司是否能夠經得起時間的考驗。你不太可能將自己的未來押注在一家沒有經歷過不同經濟循環和競爭力的新公司上。你應該確認你的公司已經步上軌道，該家企業已經證明自己的能力，能夠賺得顯著的利潤。然而，任何公司都會有一段利潤中斷期，像富國銀行和蓋可保險，但仍然有穩定的營運歷史。通常這個中斷時期會提供投資者一次機會，以一個特別低廉的價格買到好的企業。

企業原則：這家企業的長期發展前景是否看好？

最值得擁有的企業，是長期有最佳遠景，且擁有市場特許權的特性（產品有獨占性及差異性）。市場特許權是指銷售產品或顧客需要或想要的服務，市場中沒有類似的替代品，但是它的利潤並不穩定。市場特許權也持有大量經濟上的商譽，允許公司比較能抵抗通貨膨脹的影響。最不值得擁有的企業是商品企業。如果某家企業銷售的產品或服務與競爭者沒有差別的話，就幾乎沒有任何經濟商譽上的優勢，唯一的差異就是價格。擁有一家商品企業的困難是，有時候競爭者會以價格為武器，以低於企業的成本銷售產品來暫時吸引顧客，希望他們能因此保持忠誠。如果你的競爭對手中，經常出現以低於成本的價格銷售產品，你就會完蛋了。

一般而言，大多數的企業是界於兩者之間：他們不是擁有弱勢特許權，就是強勁的商品企業。長期來看，弱勢特許權比強勢的商品企業更有獲利希望。即使是弱勢特許權仍然有一些定價的能力，可以使公司賺得比平均投資報酬率更多利潤。可口可樂在美國被視為擁有弱勢特許權，但在國際上，特別是在沒有類似替代品的市場，可口可樂則有強勢的特許權。吉列和可口可樂有相同性質的特許權。

相反地，一家強勢的商品企業，只有當它是最低成本供應者時，才可能賺得平均水準之上的報酬。蓋可保險、房地美和富國銀行等在商品市場中，能產生高於平均水準之上的報酬，是因為它們保持低成本的供給者地位。特許權的一個優點是能耐久經營，沒有競爭力還是能生存，然而在商品企業，經營無能卻是致命的弱點。

經營原則：經營者理性嗎？

既然你不需注意股票市場或經濟情勢，就注意公司的現金吧！經營者如何轉投資現金盈餘，決定你是否將會在你的投資上得到適當的報酬。如果你看中的企業賺到的現金比維持營運所需的現金多，這就是你所想要的企業類型。你應密切地觀察那些經營者的行動。理性的經營者將只會把多餘的現金，投資在那些能產生較資金成本報酬率為高的計畫裡。否則理性的經營者將會藉由增加股利發放和買回股票，將盈餘歸還給股東。缺乏理性的經營者卻不斷地尋找花費多餘現金的方法，而不把錢還給股東。當他們的投資報酬率低於資金成本的時候，他們的作為終究會被揭發出來。

經營原則：經營者對他的股東坦白誠實嗎？

雖然你可能從沒有機會坐下來與你想投資企業的董事長或總經理說話，但是你可以藉著他們和股東溝通意見時，了解他們的為人。經營者在向你報告企業的進展時，是否能讓你了解每個營業部門是如何營運的？經營者是否像他吹噓自己的成功一樣坦承他的失敗？最重要的是，經營者是否直截了當地表示，公司主要的目的是使股東權益報酬率達到最大？

經營原則：經營者是否出現盲從法人機構的行為？

一股看不見的強烈力量，使得經營者失去理性，採取行動，而且剝奪公司股東利益。這股力量是盲從法人機構的行為──無心的，像旅鼠一樣模仿其他法人機構的經理人，不論他們的行動多麼荒謬。當心那些會以「其他的公司也這麼做，一定沒問題」為邏輯，來替自己行動辯護的經營者。衡量經營者競爭力的一個方法是，看他們如何運用自己的思考能力以避免依附群眾心理。

財務原則：把重心集中在股東權益報酬率，而不是每股盈餘。

大多數的投資人藉著每股盈餘來判斷公司年度績效，看看它們是否創下紀錄或較上一年度有顯著的進步。但是既然公司藉著保留上年度盈餘的一部分來增加公司的資本，盈餘的成長（自動增加的每股盈餘）就顯得毫無意義。當公司高聲宣布「每股盈餘破紀錄」的時候，投資人就被誤導，而相信經營者一年比一年表現更好。衡量每年度績效的比較真實的方法是：股東權益報酬率——營運收益與股東權益比，因為它已考慮了公司逐漸增加的資本額。

財務原則：計算「股東盈餘」

企業產生現金的能力決定它的價值。巴菲特找出那些生產超過營運所需現金的公司，而將不斷消耗現金的公司排除在外。但是，在決定一家企業價值時，很重要的一點是，要了解並不是所有盈餘都是在平等的基礎下創造出來的。有高固定資產的公司，相對於固定資產較低的公司，將需要更多的保留盈餘，因為盈餘的一部分必須被提撥出來，以維持和提升那些資產的價值。因此，會計盈餘需要被調整以反應此一產生現金的能力。

巴菲特提供一份較為正確的計算方式，他稱之為「股東盈餘」。決定股東盈餘的方法，是將折舊、耗損和分期攤銷的費用加上淨利，然後減去那些公司用以維持其經濟狀況和銷售量的資本支出。

財務原則：尋找高毛利率的公司

高毛利率反應出的不只是一家壯大的企業，同時也反應出經營者控制成本緊黏不放的精神。巴菲特欣賞注意成本觀念的經營者，而憎惡放任成本不斷擴大的經營者。股東也間接獲得那些企業的利潤。被不智花費的每一塊錢，都將剝奪股東利潤。多年來，巴菲特已經觀察到，高營運成本的公司通常會尋求維持或補貼這些成本的辦法。而低於平均成本的公司，則多半自傲於它們自己能夠找到削減支出的辦法。

財務原則：對於保留的每一塊錢盈餘，確定公司至少已創造一塊錢的市場價值

這是一個便捷迅速的財務檢測，它不只會告訴你這家企業的優勢，同時也讓你知道經營者如何理性分配公司資源。公司的淨收入減去所有支付給股東的股利，所剩餘的就是公司保留盈餘。現在，再加上十年來這家公司的保留盈餘。下一步，找出公司目前市價和它十年前市價的差價。如果你的企業在這十年間的保留盈餘轉投資毫無生產力，市場最後將會把這個企業定出低價格。如果市場價值的改變小於保留盈餘的總和，這家公司便走上衰退的道路了。但是如果你的企業已經能夠賺得較平均水準為高的保留盈餘報酬率，企業市場價值的上漲利潤，應該會超過公司保留盈餘的總和，如此，每一塊錢都創造出超過一塊錢的市場價值。

市場原則：企業的價值是什麼？

評估企業價值的方法是在企業的生命週期中，預期將會產生的現金流量，以適當利率加以折現成現值。企業的現金流量就是公司的股東盈餘。藉由測量一段長時期的股東盈餘，

你將會了解它們是否正持續以某平均成長率增值，或只是在一些固定價值之間徘徊。

如果公司的盈餘上下波動，你應該以長期利率計算出這些盈餘的現值。如果股東盈餘出現一些可預測的成長模式，貼現率可隨此成長率減少。對公司未來的成長率別過度樂觀。對該公司未來的成長最好使用較為保守的估計，而不要狂熱地過度膨脹它的價值。

巴菲特使用三十年期的美國政府公債利率，將預期的現金流量加以折現。對於這個利率，他並不加上風險溢酬。然而，當利率下跌時，他將會慎重調高折現率。

市場原則：這家企業是否能以明顯的折扣價值購得？

一旦你決定了某家企業的價值，下一個步驟是注意價格。巴菲特的原則是，只有在某企業能以明顯的折扣購得時，他才會買下它。記住：巴菲特只在這個最後步驟，才注意股票市場的價格。

計算一家企業的價值在數學上並不複雜。然而，問題常發生在分析師錯估一家公司未來的現金流量。巴菲特以二種方式處理這個問題，首先，他藉著只盯住具有簡單和穩定特性的企業，來增加他正確預測未來現金流量的機會。其次，他堅持購買每一家公司的購進價格和他計算出的企業價值之間，一定要有安全邊際。這個安全邊際的緩衝效果將會保護他和你，不受到公司未來現金流量變動的影響。

步驟四：管理企業的投資組合

既然你是企業主而不僅是股東，你的投資組合將會改變。因為你不再只以價格的改變，或比較普通股每年的價格變化來衡量你的成功與否，你有選擇最好企業的自由。沒有法律規定你必須在你的投資組合裡，投資每項主要產業，你也沒有必要在你的投資組合中包括二十、三十、四十或五十種股票以達成適當的分散投資。如果企業主只願意擁有十家不同的企業，普通股股東為什麼不行？

巴菲特相信，只有投資人不了解他們在做什麼的時候，廣泛分散的投資策略才能得到報酬。如果這些「一無所知」的投資人想要擁有普通股股票，他們應該擁有一大筆股票，並每隔一段時間出清。換句話說，「一無所知」的投資人應該使用指數型基金和平均單位購置成本。成為一個「指數投資人」，事實上，是沒有什麼好覺得可恥的，巴菲特指出，這種指數投資人實際上將會打敗大多數的專業投資人。

「另一方面，」巴菲特說，「如果你是一個略知一二的投資人，也了解商業經濟學，而且發現五到十家具備長期主要競爭優勢、價位合理的公司，傳統的分散投資策略對你是沒有意義的。」巴菲特要你考慮：如果你目前所持有的最好企業，它的財務風險最少，且長期遠景最佳，為什麼你會把錢投資在你心目中排名第二十位的企業，而不把錢投入在那個頂尖的選擇上呢？

投資人能藉由計算不透明盈餘，測量他們投資組合的經濟發展實力，正如巴菲特所做的。將每股盈餘乘上你所持有的股份，計算出公司的總獲利能力。企業主的目標，巴菲特解釋說，是創造公司的投資組合，在十年之中，將會產生最高水準的不透明盈餘。

因為不透明盈餘的成長已取代價格變化，成為你現在投資組合裡的主要優先考慮項目，許多事情因此開始改變。首先，你不太可能賣掉你所持有的最好企業的股票，只為有利潤可得。諷刺的是，當公司的經營者把注意力集中在自己企業的經營活動時，他們很清楚這一點。巴菲特解釋：「擁有一家長期經濟狀況深具潛力的子公司，母公司不可能無視出價的高低就出售該公司」。想要增加企業價值的總經理，將不會賣掉公司的「王冠珠寶」，然而，他卻會因為無法容忍停止獲利，而衝動地把他個人投資組合裡的股票賣掉。

「在我們的看法裡，」巴菲特解釋：「經營企業的道理一樣活用於股票：儘管一個投資人應經常持有傑出企業的一小部分股票，但他的心態跟擁有整個企業的業主其實是毫無分別的。」

既然你正在管理企業的投資組合，你不只要避免賣掉手中持有的最強企業股票，而且應該更加謹慎選擇購買新的企業股票。做為一名企業投資組合經理人，你不能單憑手上持有現金就購買瀕臨破產邊緣企業的股票，你必須抵抗這種誘惑。如果這家公司沒有經過你的投資原則檢驗，千萬不要購買。要有耐心並且等待適當的企業出現。不買進或賣出，你就不會有進展，這假設是錯誤的。在巴菲特的想法裡，要在一生之中做出數百個聰明的決定，實在太困難了。他寧願穩定其投資組合，如此他只需要做出一些聰明的決定。

他的成功在於堅守策略

推動巴菲特投資策略的主力，在於資金的理性分配。決定如何配置一家公司的盈餘，是經營者要做的最重要決定；決定如何配置個人儲蓄，則是投資人必須做的最重要決定。理性——做選擇時展現於外的理性思考——是巴菲特最推崇的特質。儘管他的投資策略隱含一些奇特觀念，但它仍有一堆足以風行整個金融市場的理念。巴菲特投資策略的成功是在於堅守理性的投資策略，且從不偏離。

巴菲特曾經失敗過，無疑地，在未來一些失敗仍不可避免。但是投資成功與不會犯錯，並不是同義字。相反地，成功是因為做對的事情比做錯的事情多。巴菲特的投資策略也一樣。之所以成功，是因為這種投資方法既可以減少你可能會犯下的錯誤（預測市場、經濟和股票價格等，種類多樣且複雜），也要求你把少而簡單的事情做對（計算一家企業的價值）。

當巴菲特購買股票的時候，他只注意兩個簡單的變數：企業的價格以及企業的價值。一家企業的價格可藉由查詢它的報價找出來。決定價值則需要一些計算，但是這並不會超過那些樂意做一點點家庭作業人的能力。

因為你不再擔心股票市場、經濟或預測股票價格，你現在有更多時間可以自由運用在了解你有興趣的企業上。有更多高效率的時間可以花費在閱讀年報，以及和企業與產業有關的文章上，這些都會增進你做為企業股東必須具備的知識。事實上，願意對自己想投資的企業進行調查研究，可以減少你對別人的依賴，特別是那些往往以建議人們採取無理性的行動來謀生的人。

最後，那些最好的投資主意，將得自於你做的家庭作業。但是，你不應該因此而覺得受到壓力。巴菲特的投資策略並未超過大多數認真投資人的理解力。你不需要具備企管碩士的水準，就能評估企業價值，並成功運用它。如果你還無法應用自如，勇敢問你的財務顧問這些相同的問題。事實上，你越深入於這種價格和價值上的對話，就會越加了解和欣賞巴菲特的方法。

巴菲特的一生已經嘗試過不同的投資策略。在年輕的歲月，他甚至嘗試親手繪製股票的走勢圖。他曾經與上個世紀最具財務觀的班傑明．葛拉漢學習；並且和他的合夥人查理．孟格共同經營和擁有一家企業。在最後的四十年中，巴菲特已經歷過二位數字的利率、嚴重的通貨膨脹和股票市場大跌。經歷過所有的混亂與顛覆，他發現了自己的利基，這讓所有的事情變得有意義：讓投資策略和人格特質能夠並存。「我們的（投資）態度，」巴菲特說，「配合我們的個性和我們想要過的生活方式。」

這種和諧的思想，很容易在巴菲特的態度裡找到。他總是保持樂觀，並支持夥伴們。能每天去公司工作讓他興奮，而且是一種出自真心的歡喜。「我生活中所有想要的正好就在這兒，」他說：「我愛每一天。我的意思是說，我在這兒跳著踢踏舞，並和我喜歡的人一起工作。在這世界上沒有任何一種工作比經營波克夏更有趣了，我覺得自己很幸運，能在這個地方工作。」

【附錄】

表 A.1　波克夏哈薩威 1977 年普通股投資組合

股數	公司名	成本	市場價值	占投資組合之百分比	產業別	企業別
934,300	華盛頓郵報公司	$10,628	$33,401	18.4	週期性消費	出版
1,969,953	蓋可保險可轉換特別股	19,417	33,033	18.2	金融	保險
592,650	聯眾集團	4,531	17,187	9.5	週期性消費	廣告
220,000	首都傳播股份有限公司	10,909	13,228	7.3	週期性消費	廣播
1,294,308	蓋可保險普通股	4,116	10,516	5.8	金融	保險
324,580	凱薩鋁業化學公司	11,218	9,981	5.5	基本原料	金屬／礦
226,900	騎士報	7,534	8,736	4.8	週期性消費	出版
170,800	奧美國際公司	2,762	6,960	3.8	週期性消費	廣告
1,305,800	凱薩工業公司	778	6,039	3.3	基本原料	金屬／礦
	合計	$71,893	$139,081	76.8		
	其他普通股	34,996	41,992	23.2		
	普通股合計	$106,889	$181,073	100.0		

來源：1977 年波克夏哈薩威年報。　　註：金額單位：一千美元。

表 A.2　波克夏哈薩威 1978 年普通股投資組合

股數	公司名	成本	市場價值	占投資組合之百分比	產業別	企業別
934,000	華盛頓郵報公司	$10,628	$43,445	19.7	週期性消費	出版
1,986,953	蓋可保險可轉換特別股	19,417	28,314	12.8	金融	保險
953,750	SAFECO 公司	23,867	26,467	12.0	金融	保險
592,650	聯眾集團	4,531	19,039	8.6	週期性消費	廣告
1,066,934	凱薩鋁業化學公司	18,085	18,671	8.5	基本原料	金屬／礦
453,800	騎士報	7,534	10,267	4.6	週期性消費	出版
1,294,308	蓋可保險普通股	4,116	9,060	4.1	金融	保險
246,450	美國廣播公司	6,082	8,626	3.9	週期性消費	廣播
	合計	$94,260	$163,889	74.2		
	其他普通股	39,506	57,040	25.8		
	普通股合計	$133,766	$220,929	100.0		

來源：波克夏哈薩威 1978 年年報。　　註：金額單位：一千美元。

表 A.3　波克夏哈薩威 1979 年普通股投資組合

股數	公司名	成本	市場價值	占投資組合之百分比	產業別	企業別
5,730,114	蓋可保險普通股	$28,288	$68,045	20.3	金融	保險
1,868,000	華盛頓郵報公司	10,628	39,241	11.7	週期性消費	出版
1,007,500	漢帝哈曼公司	21,825	38,537	11.5	基本原料	金屬／礦
953,750	SAEFCO 公司	23,867	35,527	10.6	金融	保險
711,180	聯眾集團	4,531	23,736	7.1	週期性消費	廣告
1,211,834	凱薩鋁業化學公司	20,629	23,328	7.0	基本原料	金屬／礦
771,900	吾爾渥斯公司	15,515	19,394	5.8	週期性消費	零售
328,700	通用食品	11,437	11,053	3.3	週期性消費	食品
246,450	美國廣播公司	6,082	9,673	2.9	週期性消費	廣播
289,700	聯合出版	2,821	8,800	2.6	週期性消費	出版
391,400	奧美國際公司	3,709	7,828	2.3	週期性消費	廣告
282,500	大眾媒體公司	4,545	7,345	2.2	週期性消費	出版
112,545	阿姆拉達赫斯公司	2,861	5,487	1.6	能源	石油
	合計	$156,738	$297,994	89.0		
	其他普通股	28,675	36,686	11.0		
	普通股合計	$185,413	$334,680	100.0		

來源：波克夏哈薩威 1979 年年報。　　註：金額單位：一千美元。

表 A.4　波克夏哈薩威 1980 年普通股投資組合

股數	公司名	成本	市場價值	占投資組合之百分比	產業別	企業別
7,200,000	蓋可保險	$47,138	$105,300	19.9	金融	保險
1,983,812	通用食品	62,507	59,889	11.3	日常消費	食品
2,015,000	漢帝哈曼公司	21,825	58,435	11.0	基本原料	金屬／礦
1,250,525	SAFECO 公司	32,062	45,177	8.5	金融	保險
1,868,600	華盛頓郵報公司	10,628	42,277	8.0	週期性消費	出版
464,317	美國鋁業公司	25,577	27,685	5.2	基本原料	金屬／礦
1,211,834	凱薩鋁業化學公司	20,629	27,569	5.2	基本原料	金屬／礦
711,180	聯眾集團	4,531	22,135	4.2	週期性消費	廣告
667,124	吾爾渥斯公司	13,583	16,511	3.1	週期性消費	零售
370,088	平克頓公司	12,144	16,489	3.1	交通／服務	專業服務
475,217	克里夫蘭一克里夫斯鋼鐵公司	12,942	15,894	3.0	基本原料	金屬／礦
434,550	聯合出版	2,821	12,222	2.3	週期性消費	出版
245,700	雷諾菸草公司	8,702	11,228	2.1	日常消費	菸草
391,400	奧美國際公司	3,709	9,981	1.9	週期性消費	廣告
282,50O	大眾媒體公司	4,545	8,334	1.6	週期性消費	出版
247,039	底特律全國銀行	5,930	6,299	1.2	金融	銀行
151,104	時代鏡報公司	4,447	6,271	1.2	週期性消費	出版
881,500	全國學生貸款公司	5,128	5,895	1.1	金融	金融服務
	合計	$298,848	$497,591	93.9		
	其他普通股	26,313	32,096	6.1		
	普通股合計	$325,161	$529,687	100.0		

來源：波克夏哈薩威 1980 年年報。　　註：金額單位：一千美元。

表 A.5　波克夏哈薩威 1981 年普通股投資組合

股數	公司名	成本	市場價值	占投資組合之百分比	產業別	企業別
7,200,000	蓋可保險	$47,138	$199,800	31.3	金融	保險
1,764,824	雷諾菸草公司	76,668	83,127	13.0	日常消費	菸草
2,101,244	通用食品	66,277	66,714	10.4	日常消費	食品
1,868,600	華盛頓郵報公司	10,628	58,160	9.1	週期性消費	出版
2,015,000	漢帝哈曼公司	21,825	36,270	5.7	基本原料	金屬／礦
785,225	SAFECO 公司	21,329	31,016	4.9	金融	保險
711,180	聯眾集團	4,531	23,202	3.6	週期性消費	廣告
370,088	平克頓公司	12,144	19,675	3.1	交通／服務	專業服務
703,634	美國鋁業公司	19,359	18,031	2.8	基本原料	金屬／礦
420,441	阿卡塔公司	14,076	15,136	2.4	基本原料	紙業
475,217	克里夫蘭一克里夫斯鋼鐵公司	12,942	14,362	2.2	基本原料	金屬／礦
451,650	聯合出版	3,297	14,114	2.2	週期性消費	出版
441,522	GATX 公司	17,147	13,466	2.1	資本商品	機械
391,400	奧美國際公司	3,709	12,329	1.9	週期性消費	廣告
282,500	大眾媒體公司	4,545	11,088	1.7	週期性消費	出版
	合計	$335,615	$616,490	96.4		
	其他普通股	16,131	22,739	3.6		
	普通股合計	$351,746	$639,229	100.0		

來源：波克夏哈薩威 1981 年年報。　　註：金額單位：一千美元。

表 A.6　波克夏哈薩威 1982 年普通股投資組合

股數	公司名	成本	市場價值	占投資組合之百分比	產業別	企業別
7,200,000	蓋可保險	$47,138	$309,600	32.7	金融	保險
3,107,675	雷諾菸草公司	142,343	158,715	16.8	日常消費	菸草
1,868,600	華盛頓郵報公司	10,628	103,240	10.9	週期性消費	出版
2,101,244	通用食品	66,277	83,680	8.8	日常消費	食品
1,531,391	時代公司	45,273	79,824	8.4	週期性消費	出版
908,800	克朗佛斯特公司	47,144	48,962	5.2	金融	保險
2,379,200	漢帝哈曼公司	27,318	46,692	4.9	基本原料	金屬／礦
711,180	聯眾集團	4,531	34,314	3.6	週期性消費	廣告
460,650	聯合出版	3,516	16,929	1.8	週期性消費	出版
391,400	奧美國際公司	3,709	17,319	1.8	週期性消費	廣告
282,500	大眾媒體公司	4,545	12,289	1.3	週期性消費	出版
	合計	$402,422	$911,564	96.4		
	其他普通股	21,611	34,058	3.6		
	普通股合計	$424,033	$945,622	100.0		

來源：波克夏哈薩威 1982 年年報。　　註：金額單位：一千美元。

表 A.7　波克夏哈薩威 1983 年普通股投資組合

股數	公司名	成本	市場價值	占投資組合之百分比	產業別	企業別
6,850,000	蓋可保險	$47,138	$398,156	31.1	金融	保險
5,618,661	雷諾菸草公司	268,918	314,334	24.6	日常消費	菸草
4,451,544	通用食品	163,786	228,698	17.9	日常消費	食品
1,868,600	華盛頓郵報公司	10,628	136,875	10.7	週期性消費	出版
901,788	時代公司	27,732	56,860	4.4	週期性消費	出版
2,379,200	漢帝哈曼公司	27,318	42,231	3.3	基本原料	金屬／礦
636,310	聯眾集團	4,056	33,088	2.6	週期性消費	廣告
690,975	聯合出版	3,516	26,603	2.1	週期性消費	出版
250,400	奧美國際公司	2,580	12,833	1.0	週期性消費	廣告
197,200	大眾媒體公司	3,191	11,191	0.9	週期性消費	出版
	合計	$558,863	$1,260,869	98.6		
	其他普通股	7,485	18,044	1.4		
	普通股合計	$566,348	$1,278,913	100.0		

來源：波克夏哈薩威 1983 年年報。　　註：金額單位：一千美元。

表 A.8　波克夏哈薩威 1984 年普通股投資組合

股數	公司名	成本	市場價值	占投資組合之百分比	產業別	企業別
6,850,000	蓋可保險	$45,713	$397,300	31.3	金融	保險
4,047,191	通用食品	149,870	226,137	17.8	日常消費	食品
3,895,710	埃克森公司	173,401	175,307	13.8	能源	石油
1,868,600	華盛頓郵報公司	10,628	149,955	11.8	週期性消費	出版
2,553,488	時代公司	89,237	109,162	8.6	週期性消費	出版
740,400	美國廣播公司	44,416	46,738	3.7	週期性消費	廣播
2,379,200	漢帝哈曼公司	27,318	38,662	3.0	基本原料	金屬／礦
690,975	聯合出版	3,516	32,908	2.6	週期性消費	出版
818,872	聯眾集團	2,570	28,149	2.2	週期性消費	廣告
555,949	西北工業	26,581	27,242	2.1	多元化	分散化
	合計	$573,340	$1,231,560	97.1		
	其他普通股	11,634	37,326	2.9		
	普通股合計	$584,974	$1,268,886	100.0		

來源：波克夏哈薩威 1984 年年報。　　註：金額單位：一千美元。

表 A.9　波克夏哈薩威 1985 年普通股投資組合

股數	公司名	成本	市場價值	占投資組合之百分比	產業別	企業別
6,850,000	蓋可保險	$45,713	$595,950	49.7	金融	保險
1,727,765	華盛頓郵報公司	9,731	205,172	17.1	週期性消費	出版
900,800	美國廣播公司	54,435	108,997	9.1	週期性消費	廣播
2,350,922	比阿特麗斯公司	106,811	108,142	9.0	日常消費	食品
1,036,461	聯合出版	3,516	55,710	4.6	週期性消費	出版
847,788	時代公司	20,385	52,669	4.4	週期性消費	出版
2,379,200	漢帝哈曼公司	27,318	43,718	3.6	基本原料	金屬／礦
	合計	$267,909	$1,170,358	97.7		
	其他普通股	7,201	27,963	2.3		
	普通股合計	$275,110	$1,198,321	100.0		

來源：波克夏哈薩威 1985 年年報。　註：金額單位：一千美元。

表 A.10　波克夏哈薩威 1986 年普通股投資組合

股數	公司名	成本	市場價值	占投資組合之百分比	產業別	企業別
2,990,000	首都／美國廣播公司	$515,775	$801,694	42.8	週期性消費	廣播
6,850,000	蓋可保險	45,713	674,725	36.0	金融	保險
1,727,765	華盛頓郵報公司	9,731	269,531	14.4	週期性消費	出版
2,379,200	漢帝哈曼公司	27,318	46,989	2.5	基本原料	金屬／礦
489,300	里耳西格勒公司	44,064	44,587	2.4	資本財	航空
	合計	$642,601	$1,837,526	98.1		
	其他普通股	12,763	36,507	1.9		
	普通股合計	$655,364	$1,874,033	100.0		

來源：波克夏哈薩威 1986 年年報。　　註：金額單位：一千美元。

表 A.11　波克夏哈薩威 1987 年普通股投資組合

股數	公司名	成本	市場價值	占投資組合之百分比	產業別	企業別
3,000,000	首都／美國廣播公司	$517,500	$1,035,000	48.9	週期性消費	廣播
6,850,000	蓋可保險	45,713	756,925	35.8	金融	保險
1,727,765	華盛頓郵報公司	9,731	323,092	15.3	週期性消費	出版
	普通股合計	$572,944	$2,115,017	100.0		

來源：波克夏哈薩威 1987 年年報。　　註：金額單位：一千美元。

表 A.12 波克夏哈薩威 1988 年普通股投資組合

股數	公司名	成本	市場價值	占投資組合之百分比	產業別	企業別
3,000,000	首都／美國廣播公司	$517,500	$1,086,750	35.6	週期性消費	廣播
6,850,000	蓋可保險	45,713	849,400	27.8	金融	保險
14,172,500	可口可樂	592,540	632,448	20.7	日常消費	飲料
1,727,765	華盛頓郵報公司	9,731	364,126	11.9	週期性消費	出版
2,400,000	聯邦住宅貸款抵押公司	71,729	121,200	4.0	金融	金融服務
	普通股合計	$1,165,484	$3,053,924	100.0		

來源：波克夏哈薩威 1988 年年報。　　註：金額單位：一千美元。

表 A.13　波克夏哈薩威 1989 年普通股投資組合

股數	公司名	成本	市場價值	占投資組合之百分比	產業別	企業別
23,350,000	可口可樂	$1,023,920	$1,803,787	34.8	日常消費	飲料
3,000,000	首都／美國廣播公司	517,500	1,692,375	32.6	週期性消費	廣播
6,850,000	蓋可保險	45,713	1,044,625	20.1	金融	保險
1,727,765	華盛頓郵報公司	9,731	486,366	9.4	週期性消費	出版
2,400,000	聯邦住宅貸款抵押公司	71,729	161,100	3.1	金融	金融服務
	普通股合計	$1,668,593	$5,188,253	100.0		

來源：波克夏哈薩威 1989 年年報。　　註：金額單位：一千美元。

表 A.14　波克夏哈薩威 1990 年普通股投資組合

股數	公司名	成本	市場價值	占投資組合之百分比	產業別	企業別
46,700,000	可口可樂	$1,023,920	$2,171,550	40.2	日常消費	飲料
3,000,000	首都／美國廣播公司	517,500	1,377,375	25.5	週期性消費	廣播
6,850,000	蓋可保險	45,713	1,110,556	20.5	金融	保險
1,727,765	華盛頓郵報公司	9,731	342,097	6.3	週期性消費	出版
5,000,000	富國銀行	289,431	289,375	5.4	金融	銀行
2,400,000	聯邦住宅貸款抵押公司	71,729	117,000	2.2	金融	金融服務
	普通股合計	$1,958,024	$5,407,953	100.0		

來源：波克夏哈薩威 1990 年年報。　　註：金額單位：一千美元。

表 A.15　波克夏哈薩威 1991 年普通股投資組合

股數	公司名	成本	市場價值	占投資組合之百分比	產業別	企業別
46,700,000	可口可樂	$1,023,920	$3,747,675	41.5	日常消費	飲料
6,850,000	蓋可保險	45,713	1,363,150	15.1	金融	保險
24,000,000	吉列公司	600,000	1,347,000	14.9	日常消費	衛生用品
3,000,000	首都／美國廣播公司	517,500	1,300,500	14.4	週期性消費	廣播
2,495,200	聯邦住宅貸款抵押公司	77,245	343,090	3.8	金融	金融服務
1,727,765	華盛頓郵報公司	9,731	336,050	3.7	週期性消費	出版
31,247,000	健力士公司	264,782	296,755	3.3	日常消費	飲料
5,000,000	富國銀行	289,431	290,000	3.2	金融	銀行
	普通股合計	$2,828,322	$9,024,220	100.0		

來源：波克夏哈薩威 1991 年年報。　　註：金額單位：一千美元。

表 A.16　波克夏哈薩威 1992 年普通股投資組合

股數	公司名	成本	市場價值	占投資組合之百分比	產業別	企業別
93,400,000	可口可樂	$1,023,920	$3,911,125	34.2	日常消費	飲料
34,250,000	蓋可保險	45,713	2,226,250	19.5	金融	保險
3,000,000	首都／美國廣播公司	517,500	1,523,500	13.3	週期性消費	廣播
24,000,000	吉列公司	600,000	1,365,000	11.9	日常消費	衛生用品
16,196,700	聯邦住宅貸款抵押公司	414,527	783,515	6.8	金融	金融服務
6,358,418	富國銀行	380,983	485,624	4.2	金融	銀行
4,350,000	通用動力	312,438	450,769	3.9	資本商品	航空
1,727,765	華盛頓郵報公司	9,731	396,954	3.5	週期性消費	出版
38,335,000	健力士公司	333,019	299,581	2.6	日常消費	飲料
	普通股合計	$3,637,831	$11,442,318	100.0		

來源：波克夏哈薩威 1992 年年報。　　註：金額單位：一千美元。

表 A.17　波克夏哈薩威 1993 年普通股投資組合

股數	公司名	成本	市場價值	占投資組合之百分比	產業別	企業別
93,400,000	可口可樂	$1,023,920	$4,167,975	37.0	日常消費	飲料
34,250,000	蓋可保險	45,713	1,759,594	15.6	金融	保險
24,000,000	吉列公司	600,000	1,431,000	12.7	日常消費	衛生用品
2,000,000	首都／美國廣播公司	345,000	1,239,000	11.0	週期性消費	廣播
6,791,218	富國銀行	423,680	878,614	7.8	金融	銀行
13,654,600	聯邦家庭貸款抵押公司	307,505	681,023	6.0	金融	金融服務
1,727,765	華盛頓郵報公司	9,731	440,148	3.9	週期性消費	出版
4,350,000	通用動力	94,938	401,287	3.6	資本商品	航空
38,335,000	健力士公司	333,019	270,822	2.4	日常消費	飲料
	普通股合計	$3,183,506	$11,269,463	100.0		

來源：波克夏哈薩威 1993 年年報。　　註：金額單位：一千美元。

表 A.18　波克夏哈薩威 1994 年普通股投資組合

股數	公司名	成本	市場價值	占投資組合之百分比	產業別	企業別
93,400,000	可口可樂	$1,023,920	$5,150,000	36.9	日常消費	飲料
24,000,000	吉列公司	600,000	1,797,000	12.9	日常消費	衛生用品
20,000,000	首都／美國廣播公司	345,000	1,705,000	12.2	週期性消費	廣播
34,250,000	蓋可保險	45,713	1,678,250	12.0	金融	保險
6,791,218	富國銀行	423,680	984,272	7.0	金融	銀行
27,759,941	美國運通	723,919	818,918	5.9	金融	金融服務
13,654,600	聯邦住宅貸款抵押公司	270,468	644,441	4.6	金融	金融服務
1,727,765	華盛頓郵報公司	9,731	418,983	3.0	週期性消費	出版
19,453,300	匹茲堡國民銀行企業	503,406	410,951	2.9	金融	銀行
6,854,500	甘尼特公司	335,216	365,002	2.6	週期性消費	出版
	普通股合計	$4,280,693	$13,972,817	100.0		

來源：波克夏哈薩威 1994 年年報。　　註：金額單位：一千美元。

表 A.19　企業支出占保費收入的百分比

	蓋可保險	Chubb	Continental	General Re	SAFECO	St. Paul	USF$G	同業 5 家平均值
1983	16.4	35.1	32.6	31.6	33.0	31.8	32.2	32.7
1984	15.6	34.9	32.1	31.2	31.9	30.9	31.4	32.1
1985	15.0	34.5	29.6	26.0	30.6	28.5	30.0	29.9
1986	14.7	28.4	28.6	23.7	30.0	27.9	29.1	27.9
1987	15.5	31.0	29.4	25.5	30.2	28.9	30.1	29.2
1988	18.6	33.7	31.9	29.1	28.8	30.0	31.1	30.8
1989	16.3	34.7	34.1	24.9	13.7	30.5	31.0	28.2
1990	15.2	34.4	33.7	31.2	28.8	30.0	29.9	31.3
1991	16.8	34.1	35.2	29.7	29.5	26.9	33.1	31.4
1992	15.3	34.4	32.7	29.6	28.2	32.2	34.9	32.0
平均	15.9	33.5	32.0	28.2	28.5	29.8	31.3	30.5

表 A.20　保險業合計比例：保單理賠損失加企業支出的合計百分比

	蓋可保險	保險業*	蓋可保險合計比例的優越性
1977	99.1	97.2	-1.9
1978	95.9	97.5	1.6
1979	96.3	100.6	4.3
1980	96.4	103.1	6.7
1981	96.2	106.0	9.8
1982	95.3	109.6	14.3
1983	95.5	112.0	16.5
1984	95.0	118.0	23.0
1985	102.9	116.0	13.1
1986	96.9	108.0	11.1
1987	96.7	104.6	7.9
1988	97.8	105.4	7.6
1989	97.4	109.2	11.8
1990	96.4	109.6	13.2
1991	96.4	108.8	12.4
1992	100.1	114.8	14.7
平均	97.1	107.5	10.4

*資料來源：恩倍斯特公司（AM Best）。

表 A.21　以二階段股利折現模型折現可口可樂股東盈餘（第一階段爲 10 年）

	年度									
	1	2	3	4	5	6	7	8	9	10
前一年的股東盈餘	$828	$952	$1,095	$1,259	$1,448	$1,665	$1,915	$2,202	$2,532	$2,912
成長率（加）	15%	15%	15%	15%	15%	15%	15%	15%	15%	15%
股東盈餘	$952	$1,095	$1,259	$1,448	$1,665	$1,915	$2,202	$2,532	$2,912	$3,349
貼現乘數（乘）	0.9174	0.8417	0.7722	0.7084	0.6499	0.5963	0.5470	0.5019	0.4504	0.4224
每一年的折現價值	$873	$922	$972	$1,026	$1,082	$1,142	$1,204	$1,271	$1,341	$1,415
股東盈餘現值總合					$11,248					
殘值										
第 10 年的股東盈餘			$3,349							
成長率（加）			5%							
第 11 年的股東盈餘			$3,516							
收益比（ k-g ）			4%							
第 10 年年末的價值			$87,900							
第 10 年年末的貼現乘數（乘）			0.4224							
殘值現值					37,129					
公司的實質價值					$48,377					

註：假設第一階段的成長率 =15.0%；第二階段的成長率 =5.0%；k= 貼現率 =9.0%，金額單位為百萬美元。

表 A.22　吉列公司

	年銷售額	年收入	折舊	資本支出	股東盈餘
1981	$2,334	$124.3	$76.7	$116.1	$84.9
1982	2,239	135.1	77.5	90.5	122.1
1983	2,183	145.9	78.2	90.1	134.0
1984	2,288	159.3	76.0	155.3	80.0
1985	2,400	159.9	77.7	158.1	79.5
1986	2,818	15.8	97.3	229.7	-116.6
1987	3,166	229.9	114.1	168.0	176.0
1988	3,581	268.5	127.4	189.0	206.9
1989	3,818	284.7	134.6	222.6	196.7
1990	4,344	367.9	162.1	255.2	274.8
1991	4,683	427.4	172.4	286.0	313.8
1992	5,162	513.4	188.0	321.4	380.0
			年複利成長率		
1981-1985	0.6%	5.2%	0.3%	6.4%	-1.3%
1987-1990	11.1%	17.0%	12.4%	15.0%	16.0%
1987-1992	10.3%	17.4%	10.5%	13.9%	16.6%

註：金額單位為百萬美元。

表 A.23　以二階段「股利」折現模型折現吉列公司股東盈餘（第一階段爲 10 年）

	年度									
	1	2	3	4	5	6	7	8	9	10
前一年的股東盈餘	$275	$316	$363	$417	$480	$552	$635	$730	$840	$966
成長率（加）	15%	15%	15%	15%	15%	15%	15%	15%	15%	15%
股東盈餘	$316	$363	$417	$480	$552	$635	$730	$840	$966	$1,111
貼現乘數（乘）	0.9174	0.8417	0.7722	0.7084	0.6499	0.5963	0.5470	0.5019	0.4604	0.4224
每一年的折現價值	$290	$306	$322	$340	$359	$379	$399	$422	$445	$469
股東盈餘現值總合					$3,731					
殘值										
第 10 年的股東盈餘			$1,111							
成長率（g）（加）			5%							
第 11 年的股東盈餘			$1,167							
收益比（k-g）			4%							
第 10 年年末的價值			$29,175							
第 10 年年末的貼現乘數（乘）			0.4224							
殘值現值					$12,324					
公司的實質價值					$16,055					

註：假設第一階段的成長率 =15.0%；第二階段的成長率 =5.0%；k= 貼現率 =9.0%，金額單位為百萬美元。

表 A.24　以二階段「股利」折現模型折現聯邦住宅抵押貸款公司股東盈餘（第一階段爲 10 年）

	年度									
	1	2	3	4	5	6	7	8	9	10
前一年的股東盈餘	$555	$638	$734	$844	$971	$1,117	$1,285	$1,478	$1,700	$1,955
成長率（加）	15%	15%	15%	15%	15%	15%	15%	15%	15%	15%
股東盈餘	$638	$734	$844	$971	$1,117	$1,285	$1,478	$1,700	$1,955	$2,248
貼現乘數（乘）	0.9174	0.8417	0.7722	0.7084	0.6499	0.5963	0.5470	0.5019	0.4604	0.4224
每一年的折現價值	$585	$618	$652	$688	$726	$766	$808	$853	$900	$950
股東盈餘現值總合					$7,546					
殘值										
第 10 年的股東盈餘			$2,248							
成長率（g）（加）			5%							
第 11 年的股東盈餘			$2,360							
收益比（k-g）			4%							
第 10 年年末的價值			$59,000							
第 10 年年末的貼現乘數（乘）			0.4224							
殘值現值					$24,922					
公司的實質價值					$32,468					

註：假設第一階段的成長率 =15.0%；第二階段的成長率 =5.0%；k= 貼現率 =9.0%，金額單位為百萬美元。

表 A.25　以二階段「股利」折現模型折現健力士公司股東盈餘（第一階段爲 10 年）

	年度									
	1	2	3	4	5	6	7	8	9	10
前一年的股東盈餘	£ 534	£ 587	£ 646	£ 711	£ 782	£ 860	£ 946	£ 1,041	£ 1,145	£ 1,260
成長率（加）	10%	10%	10%	10%	10%	10%	10%	10%	10%	10%
股東盈餘	£ 587	£ 646	£ 711	£ 782	£ 860	£ 946	£ 1,041	£ 1,145	£ 1,260	£ 1,386
貼現乘數（乘）	0.9174	0.8417	0.7722	0.7084	0.6499	0.5963	0.5470	0.5019	0.4604	0.4224
每一年的折現價值	£ 539	£ 544	£ 549	£ 554	£ 559	£ 564	£ 569	£ 575	£ 580	£ 585
股東盈餘現值總合					£ 5,618					
殘值										
第 10 年的股東盈餘			£ 1,386							
成長率（ g ）（加）			5%							
第 11 年的股東盈餘			£ 1,455							
收益比（ k-g ）			4%							
第 10 年年末的價值			£ 36,375							
第 10 年年末的貼現乘數（乘）			0.4224							
殘值現值					£ 15,365					
公司的實質價值					£ 20,983					

註：假設第一階段的成長率 =10.0%；第二階段的成長率 =5.0%；k= 貼現率 =9.0%，金額單位為百萬英鎊。

表 A.26　以二階段「股利」折現模型計算甘尼特公司股東盈餘（第一階段爲 10 年）

	年度									
	1	2	3	4	5	6	7	8	9	10
前一年的股東盈餘	$474	$531	$595	$666	$746	$836	$936	$1,048	$1,174	$1,315
成長率（加）	12.0%	12.0%	12.0%	12.0%	12.0%	12.0%	12.0%	12.0%	12.0%	12.0%
股東盈餘	$531	$595	$666	$746	$836	$936	$1,048	$1,174	$1,315	$1,473
貼現乘數（乘）	0.9091	0.8264	0.7513	0.6830	0.6209	0.5645	0.5132	0.4665	0.4241	0.3855
每一年的折現價值	$483	$492	$500	$510	$519	$528	$538	$548	$558	$568
股東盈餘現值總合					$5,244					
殘值										
第 10 年的股東盈餘			$1,473							
成長率（g）（加）			5.0%							
第 11 年的股東盈餘			$1,547							
收益比（k-g）			5.0%							
第 10 年年末的價值			$30,940							
第 10 年年末的貼現乘數（乘）			0.3855							
殘值現值			$11,927							
公司的實質價值					$17,171					
每股實質價值（1 億 4 千萬股股份流通在外）					$122.65					

註：假設第一階段的成長率 =12.0%；第二階段的成長率 =5.0%；k= 貼現率 =10.0%，金額單位為百萬美元。

表 A.27　以二階段「股利」折現模型計算美國運通公司股東盈餘（第一階段爲 10 年）

	年度									
	1	2	3	4	5	6	7	8	9	10
前一年的股東盈餘	$1,400	$1,540	$1,694	$1,863	$2,049	$2,254	$2,479	$2,727	$3,000	$3,300
成長率（加）	10.0%	10.0%	10.0%	10.0%	10.0%	10.0%	10.0%	10.0%	10.0%	10.0%
股東盈餘	$1,540	$1,694	$1,863	$2,049	$2,254	$2,479	$2,727	$3,000	$3,300	$3,630
貼現乘數（乘）	0.9091	0.8264	0.7513	0.6830	0.6209	0.5645	0.5132	0.4665	0.4241	0.3855
每一年的折現價值	$1,400	$1,400	$1,400	$1,399	$1,400	$1,399	$1,399	$1,400	$1,400	$1,399
股東盈餘現值總合					$13,996					
殘值										
第 10 年的股東盈餘			$3,630							
成長率（g）（加）			5.0%							
第 11 年的股東盈餘			$3,812							
收益比（k-g）			5.0%							
第 10 年年末的價值			$76,240							
第 10 年年末的貼現乘數（乘）			0.3855							
殘值現值					$29,391					
公司的實質價值					$43,387					
每股實質價值（5 億股股份流通在外）					$86.77					

註：假設第一階段的成長率 =10.0%；第二階段的成長率 =5.0%；k= 貼現率 =10.0%，金額單位為百萬美元。

表 A.28　以二階段「股利」折現模型計算迪士尼／首都公司的合計股東盈餘（第一階段為 10 年）

	年度									
	1	2	3	4	5	6	7	8	9	10
前一年的股東盈餘	$1,180	$1,357	$1,561	$1,795	$2,064	$2,374	$2,730	$3,140	$3,611	$4,153
成長率（加）	15.0%	15.0%	15.0%	15.0%	15.0%	15.0%	15.0%	15.0%	15.0%	15.0%
股東盈餘	$1,357	$1,561	$1,795	$2,064	$2,374	$2,730	$3,140	$3,611	$4,153	$4,776
貼現乘數（乘）	0.9091	0.8264	0.7513	0.6830	0.6209	0.5645	0.5132	0.4665	0.4241	0.3855
每一年的折現價值	$1,243	$1,290	$1,349	$1,410	$1,474	$1,541	$1,611	$1,685	$1,761	$1,841
股東盈餘現值總合					$15,196					
殘值										
第 10 年的股東盈餘			$4,776							
成長率（g）（加）			5.0%							
第 11 年的股東盈餘			$5,015							
收益比（k-g）			5.0%							
第 10 年年末的價值			$100,300							
第 10 年年末的貼現乘數（乘）			0.3855							
殘值現值					$38,666					
公司的實質價值					$53,862					
每股實質價值（6 億 7 千 5 百萬股股份流通在外）					$79.80					

註：假設第一階段的成長率 =15.0%；第二階段的成長率 =5.0%；k= 貼現率 =10.0%，金額單位為百萬美元。

國家圖書館出版品預行編目（CIP）資料

巴菲特勝券在握 : 傳奇股神的投資奧義 / 羅伯特 . 海格斯壯 (Robert G. Hagstrom) 著 ; 羅若蘋譯 . -- 三版 . -- 台北市 : 遠流 , 2020.06
面；　公分 .
譯自：The Warren Buffett way : investment strategies of the world's greatest investor
ISBN 978-957-32-8783-4(平裝)
1. 巴菲特（Buffett, Warren） 2. 投資 3. 傳記
563.5　109006273

實戰智慧館 482

巴菲特勝券在握

傳奇股神的投資奧義

作　者——羅伯特 · 海格斯壯 (Robert G. Hagstrom,Jr.)
譯　者——羅若蘋

責任編輯——陳嬿守
副 主 編——陳懿文
校　對——呂佳真
封面設計——陳文德
行銷企劃——舒意雯
出版一部總編輯暨總監——王明雪

發 行 人——王榮文
出版發行——遠流出版事業股份有限公司
104005 台北市中山北路一段 11 號 13 樓
電話：(02)2571-0297　傳真：(02)2571-0197　郵撥：0189456-1
著作權顧問——蕭雄淋律師
□ 1996 年 8 月 1 日 初版一刷
□ 2011 年 10 月 1 日 二版一刷
□ 2023 年 5 月 25 日 三版三刷

定　價 / 新台幣 480 元（缺頁或破損的書，請寄回更換）

ISBN / 978-957-32-8783-4

ylib 遠流博識網　http://www.ylib.com　E-mail:ylib@ylib.com
遠流粉絲團　https://www.facebook.com/ylibfans